Nando Belardi

Supervision
Eine Einführung für soziale Berufe

Nando Belardi

Supervision

Eine Einführung
für soziale Berufe

Lambertus

Die Deutsche Bibliothek – CIP-Einheitsaufnahme
Belardi, Nando:
Supervision: eine Einführung für soziale Berufe /
Nando Belardi. – Freiburg im Breisgau: Lambertus,
1996
ISBN 3-7841-0890-3

Alle Rechte vorbehalten
© 1996, Lambertus-Verlag, Freiburg im Breisgau
Umschlaggestaltung: Grafik-Design Christa Berger, Solingen
Umschlagfoto: Uwe Stratmann, Wuppertal
Herstellung: Druckerei Franz X. Stückle, Ettenheim
ISBN 3-7841-0890-3

Inhalt

9	Vorwort
11	EINLEITUNG: ZUM BEDARF VON SUPERVISION IN DER SOZIALEN ARBEIT
13	0.1. Arbeitsdefinitionen von Supervision
14	0.2. Welche Kompetenzen benötigen Sozialarbeiter?
19	1. HISTORISCHES: GESCHICHTLICHE ENTWICKLUNG
24	1.1. Die Entwicklung der Supervision in Deutschland
28	1.2. Supervision in Europa und den USA
31	1.3. Supervision als Vorbeugung gegen Helfersyndrom und Burn-out
34	2. TERMINOLOGISCHES: VON DER PRAXISBERATUNG ZUR SUPERVISION
35	2.1. Externe Supervision, interne Supervision, Supervision in Stabsfunktion, Supervisionsverbund
40	2.2. Vorgesetztensupervision
40	2.3. Feldkompetenz und Beratungskompetenz
44	2.4 Aktuelle Definitionen von Supervision
46	3. ABGRENZUNGSFRAGEN: ZUR UNTERSCHEIDUNG DER SUPERVISION VON DER FACHBERATUNG UND PSYCHOTHERAPIE
53	3.1. Einige Unterscheidungskriterien
56	3.2. Die „Tiefungsebenen" der Supervision
59	4. DER SUPERVISIONSPROZESS: ZUM RICHTIGEN UMGANG MIT GRENZEN UND BEDÜRFNISSEN
63	4.1. Vorphase der Supervision
63	4.1.1. Das Erstgespräch
64	4.1.2. Die Nachfrageanalyse
65	4.1.3. Einigung über Rahmenbedingungen

Seite	Abschnitt
66	4.1.4. Der Supervisionskontrakt
67	4.1.5. „Geheime Aufträge"
68	4.1.6. Auftraggeber der Supervision
69	4.1.7. Die Probesupervision
71	4.1.8. Checkliste für alle Beteiligten
74	4.2. Verschiedene Formen von Supervision
77	4.3. Probleme bei der Supervision
77	4.3.1. Druck aushalten
78	4.3.2. Idealisierung und Entwertung
79	4.3.3. Wer hat die Verantwortung wofür?
80	4.3.4. Mesallianz-Gefahren
81	4.3.5. Grenzen erhalten und ausbauen
82	4.3.6. Präsentierprobleme und ihre Hintergründe
83	4.4. Umgang mit Problemen und Widerständen
83	4.4.1. Vorbehalte ernstnehmen
84	4.4.2. Umgang mit Widerständen und Ambivalenzen
85	4.4.3. Polaritäten erkennen und produktiv nutzen
85	4.4.4. Der Nutzen von Resonanzphänomenen
87	4.5. Wichtige Aspekte des Supervisionsprozesses
87	4.5.1. Körpersprache beachten
87	4.5.2. „Innere Bilder" nicht vernachlässigen
88	4.5.3. Übersetzungsleistungen vollbringen
89	4.5.4. Weitere Kommunikationsvorschläge
91	4.5.5. Frauen und Männer in der Supervision
91	4.5.6. Emotionales Halten und Aufnehmen in der Supervision
93	4.5.7. Diagnostik und Prozeßanalyse
93	4.5.8. Typische „Fehler" in der Supervision
95	4.6. Abläufe von Supervisionsprozessen
96	4.7. Auch Supervisoren benötigen Supervision
96	4.8. Zusammenfassung von Lern- und Interventionsmöglichkeiten
98	5. SETTINGS: METHODEN UND VERFAHREN IN DER SUPERVISION
99	5.1. Supervision für eine Person
106	5.2. Supervision für Gruppen
106	5.2.1. Weshalb sind Gruppenerfahrungen wichtig?
110	5.2.2. Gruppensupervision für Lernende

111	5.2.3. Gruppensupervision als Teil der Supervisionsausbildung
111	5.2.4. Gruppensupervision für Berufstätige
112	5.2.5. Kollegiale Supervision
113	5.2.6. Die Balint-Gruppe
115	5.3. Supervision für Teams
121	5.3.1. Differenzierung von Teamsupervision ist notwendig
122	5.3.2. Leitungsteam-Beratung in einer Drogenklinik (Fallanalyse)
127	5.4. Supervisionskonzepte
134	6. INSTITUTIONELLES: WISSENSWERTES ÜBER DEN SUPERVISIONS-MARKT
135	6.1. Die „Deutsche Gesellschaft für Supervision"
136	6.2. Professionalisierung und Akademisierung der Supervision
137	6.3. Verwissenschaftlichung der Supervision
138	6.4. Marktorientierung und Konkurrenz
140	6.5. Zahlen zum Supervisions-Markt
143	6.6. Supervision in den neuen Bundesländern
149	6.7. Kritisches zum Supervisions-Markt
153	7. DER GESETZLICHE RAHMEN: RECHT UND SUPERVISION
153	7.1. Das Zeugnisverweigerungsrecht
154	7.2. Besteht eine Verpflichtung zur Supervisionsteilnahme?
155	7.3. Haben Sozialarbeiter Anspruch auf Supervision?
155	7.4. Die Schweigepflicht
157	7.5. Sind Supervisoren für ihre Beratung rechtlich verantwortlich?
157	7.6. Müssen Straftaten angezeigt werden?
158	7.7. Der Supervisionskontrakt
160	7.8. Fehlendes Berufsrecht für Beratungsarbeit
160	7.9. Ethische Überlegungen
163	8. ANWENDUNGEN: ADRESSATEN FÜR SUPERVISION

164	8.1. Supervision in der Ausbildung (Ausbildungssupervision)
165	8.1.1. Weshalb ist die Ausbildungssupervision wichtig?
167	8.1.2. Erfahrungen mit der Ausbildungssupervision
170	8.2. Supervision für Praktiker (Weiterbildungssupervision)
171	8.3. Supervision als nachholende Qualifizierung (Qualifizierungssupervision)
174	8.4. Wie man Supervisor werden kann (Lehrsupervision)
177	8.5. Supervision in neuen Feldern
185	9. Forschungsergebnisse über Supervision
189	Schlussbemerkung
193	Anhang
193	1. Anschriften
194	2. Standards für die Weiterbildung zum/zur Supervisor/in der „Deutschen Gesellschaft für Supervision" (DGSv)
195	3. Richtlinien und Empfehlungen für die Supervision seitens einiger Träger der Jugendhilfe und der freien Wohlfahrtspflege
196	3.1. Empfehlungen zur Supervision (Arbeiterwohlfahrt)
197	3.2. Bedeutung und Bedingungsrahmen von Supervision (Caritas)
198	3.3. Rahmenrichtlinien für Supervision (v. Bodelschwinghschen Anstalten Bethel / Diakonisches Werk)
200	4. Supervisionsvertrag (Muster)
202	Anmerkungen
209	Weiterführende und vertiefende Literatur
209	1. Weiterführende Literatur: Monographien
211	2. Weiterführende Literatur: Periodika
213	3. Zitierte Literatur
227	Autor

Vorwort

Mit diesem Buch verfolge ich mehrere Ziele:

(a) Als erstes möchte ich einen breiten Einblick in Entwicklung, Arbeitsformen, Leistungsmöglichkeiten und Angebote von Supervision für soziale, pädagogische und weitere helfende Berufe im deutschsprachigen Raum geben und wende mich vor allem an Studierende und Praktiker im Sozialwesen.

(b) Darüber hinaus soll diese Einführung auch möglichen Abnehmern von Supervisions-Leistungen, also den Trägern öffentlicher und freier Institutionen der Jugendhilfe und des Wohlfahrtswesens, Orientierungshilfen für die Beschäftigung mit der Supervision liefern.

(c) Ebenso werden Interessenten für eine Zusatzausbildung in Supervision sowie bereits tätige Supervisoren in diesem Buche neue Informationen und in jedem Falle eine Gesamtdarstellung der aktuellen Situation im Supervisionsgeschehen finden.

(d) Zusätzlich möchte ich bei den Fachwissenschaftlern der Sozialen Arbeit dafür werben, sich vermehrt mit der Supervision zu beschäftigen. Denn diese feldübergreifende Beratungsform führt direkt zum Zentrum der sozialen Berufstätigkeit. Die supervisorische Sichtweise beschäftigt sich nämlich mit der Alltagstätigkeit der Sozialen Arbeit: dem Handlungs-, Klienten- und Organisationsaspekt. Leffers hat das in einem zentralen Beitrag 1994 hervorgehoben, indem er darauf verweist, daß die Supervision „als der Universalschlüssel zur Professionalisierung der Sozialen Arbeit ausgegeben wird" (1994, S. 81).

(e) In jüngster Zeit findet die Supervision auch außerhalb des Sozialwesens immer mehr Anklang. In der freien Wirtschaft, bei Verbänden und Behörden sowie beim selbständigen Mittelstand werden zunehmend supervisionsähnliche Beratungs- und Weiterbildungsformen nachgefragt. Auch Angehörige dieser Berufsfelder werden in diesem Buch Informationen für ihre Zwecke finden können. Allerdings wird in dieser Publikation die Supervision Sozialer Arbeit vorrangig behandelt. Darüberhinaus ist die inzwischen etablierte Supervision Teil der Beratungswissenschaft geworden und hat einen eigenen Publikationskreis entwickelt, der auch von fachfremden Disziplinen beeinflußt wird. Insgesamt ist dieses Buch die erste breit angelegte deutschsprachige Einführung in diese Beratungsform für berufliche Zusammenhänge im Sozialwesen. Um den aktuellen Stand der Supervision zur Sozialen Arbeit im deutschen Sprachraum möglichst umfassend wiedergeben zu können, habe ich viele Personen befragt und ihre Informationen im Text eingearbeitet.[1]*

Im Text ist vorwiegend von Sozialarbeitern die Rede. Damit sind natürlich auch Sozialpädagogen, Diplom-Pädagogen, Heilpädagogen, Diplom-Psychologen, Erzieher und Mitarbeiter in den Pflegeberufen sowie Laienhelfer gemeint.

In der ersten Fassung des nachstehenden Textes hatte ich sowohl weibliche als auch männliche Berufsbezeichnungen gleichermaßen verwendet. In den Zitaten kamen dann noch andere Versionen vor, so daß insgesamt vier verschiedene Schreibweisen vorhanden waren. Bei der Schlußredaktion meines Textes habe ich mich für eine bessere Lesbarkeit entschieden und die gewohnte „männliche" Schreibweise verwendet. Damit sind natürlich nicht nur gleichermaßen die Frauen gemeint, sondern vorwiegend. Denn in der Sozialen Arbeit und in der Supervision sind überwiegend Frauen tätig. Schließlich möchte ich mich noch bei allen bedanken, die mir geholfen haben, diesen Text inhaltlich und sprachlich zu verbessern.[2]

Bergisch-Gladbach / Chemnitz   Nando Belardi

---

* Anmerkungen siehe S. 202 ff.

Einleitung:
zum Bedarf von Supervision in der Sozialen Arbeit

Ein Blick in die Wochenzeitschrift „Die Zeit", beispielsweise vom 4. Februar 1994 zeigt, daß etwa jede zweite Stellenanzeige für Sozial-, Gesundheits- und auch pädagogische Berufe Hinweise auf angebotene Supervisionsmöglichkeiten enthält.

So sucht beispielsweise eine Jugendhilfeeinrichtung im Sauerland mit acht Plätzen für Jugendliche ab 14 Jahren, die rund um die Uhr betreut werden, eine Erzieherin oder Sozialarbeiterin/Sozialpädagogin zur Vervollständigung des Teams. Neben der üblichen Vergütung bietet man *Supervision*. Für ein Mädchenhaus in Melsungen (Hessen) wird eine Sozialpädagogin oder Heilpädagogin als Leiterin gesucht. Neben den üblichen Angaben über Arbeitszeit und Gehalt finden wir in der Anzeige, daß zu den Leistungen des Arbeitgebers, des Diakonischen Werkes, auch kostenlose *Supervisionsmöglichkeiten* gehören. Auch in Osnabrück benötigt man für ein Mädchenhaus eine Sozialpädagogin oder Psychologin. Außer den Aufgabenbeschreibungen und den finanziellen Bedingungen steht in der Anzeige, daß regelmäßige *Supervisionsmöglichkeit* geboten wird. Die Oberberg-Kliniken suchen Therapeutinnen bzw. Therapeuten für die Suchtbehandlung. Das Gehalt kann frei vereinbart werden. Es existiert ein Curriculum zur tiefenpsychologischen Behandlung, und es werden *Supervisionen* angeboten. Die Psychotherapeutische Klinik Bad Liebenwerda will die therapeutische Leitungsposition mit einem Diplom-Psychologen oder Sozialarbeiter neu besetzen. Neben den üblichen Bedingungen wird auf folgendes hingewiesen: „Durch interne und externe Supervision tragen wir zu ihrer Weiterbildung bei". Die Psychosomatische Fachklinik in Bad Dürkheim möchte eine Teampsychologin einstellen. Dort offeriert man „ein angenehmes Arbeitsklima, gute Kooperation der Berufsgruppen, regelmäßige Supervision und Fortbildung". Eine von der Arbeiterwohlfahrt in Bayern betriebene Langzeiteinrichtung für psychisch kranke Menschen offeriert freie Stellen für Beschäftigungstherapeutinnen, Erzieherinnen und Sozialpädagoginnen. Im Anzeigentext heißt es: „Wir bieten: Individuelle Dienstplangestaltung, überschaubare Gruppengrößen und ein Bezugspersonensystem, intensive unterstützende Reflexion im Team, Supervision, interne und externe Fortbildungen". Auch im Schulbereich kennt man Supervision. Die Integrative Schule im Frankfurt am Main sucht zwei Sonderschullehrer bzw. Sonderschullehrerinnen. Man erwartet abgeschlossene Aus-

Einleitung

bildung und Berufserfahrung. Man bietet: „Lernzieldifferenzierter Unterricht, Team-Teaching, Supervision".

Diese Untersuchung von Stellenanzeigen könnte man auch in den sozialpädagogischen Fachzeitschriften fortsetzen und erhielte ein vergleichbares Ergebnis: Neben der Besoldungsgruppe und der näheren Beschreibung der Arbeitsbedingungen rangieren Supervision und Weiterbildung an einer wichtigen Stelle, um Interessenten diesen Arbeitsplatz schmackhaft zu machen. Darüber hinaus ist vielen Stellenangeboten zu entnehmen, daß Supervision längst nicht mehr nur in den Feldern der Sozialen Arbeit zu den normalen Angeboten eines Arbeitgebers gehört, sondern auch im medizinischen Bereich und sogar in der Schulpädagogik.

Förderung durch Träger Aber die freien Träger der Jugendhilfe und Wohlfahrtspflege haben bereits entsprechende Regelungen erlassen, *wer* unter *welchen* Bedingungen eine Förderung durch Supervision erhalten kann. Eine Stellungnahme der Arbeiterwohlfahrt zur Sozialpädagogischen Familienhilfe (SPFH) sieht pro Jahr eine zehntägige Fortbildung vor. Dazu wird ausgeführt:

„Supervision ist Bestandteil der Sozialpädagogischen Familienhilfe. Sie erfolgt anstellungs- und kostenträgerunabhängig und wird selbständig vom Team organisiert. Sie soll in der Regel eine Stunde je zu betreuende Familie pro Monat umfassen." (Arbeiterwohlfahrt, S. 10)

Auch die Evangelische Landeskirche in Baden betont, daß die Supervision „in der kirchlichen Arbeit zunehmend an Bedeutung" gewinnt, und hat deswegen entsprechende „Richtlinien" erlassen. Diese orientieren sich an den fachlichen Standards der Deutschen Gesellschaft für Supervision (DGSv) und empfehlen den jeweiligen Trägern vor Ort, sich die Supervisoren aus dem Mitgliederverzeichnis der DGSv auszusuchen (siehe S. 193). Wie andere Träger fördert auch diese Landeskirche die Weiterbildung ihrer Mitarbeiter zum Supervisor mit maximal DM 6.000,–.

„Die vom Bundesministerium für Arbeit und Sozialordnung herausgegebene ‚Psychiatrie-Personalverordnung' (PsychPV), in der die Tätigkeit von psychiatrischem Pflegepersonal detailliert beschrieben wird, verlangt Supervision beziehungsweise Balint-Gruppenarbeit in 14tägigem Rhythmus" (Becker 1995, S. 15).

Auch spätestens seit dem „Achten Jugendbericht" der Bundesregie-

rung gilt Supervision als ein anerkanntes Verfahren für die Weiterbildung im Sozialwesen (Bundesminister 1990, S. 166 ff.).
Schließlich taucht der Begriff „Supervision" bzw. „Supervisor" immer häufiger auch in der freien Wirtschaft auf, vor allem bei Unternehmen, die international tätig sind und sich deswegen oftmals der „Amerikanismen" bedienen. So suchte das TNT-Transportunternehmen Express Worldwide einen „Teamsupervisor/Lagermeister" (Kölner Stadtanzeiger, 13/14.2.1994). An manchen deutschen Flughäfen tragen Mitarbeiter des Bodenpersonals in Aufsichtsfunktion die Bezeichnung „Supervisor". Sogar bei der Polizei wird dieser Begriff verwendet. Nach der Geiselnahme in Köln im Sommer 1995 soll es bei einigen der beteiligten Beamten des Sondereinsatzkommandos zu „persönlichen Problemen" gekommen sein. „Durch eine Supervision, die Polizeibeamte aus anderen Städten geleitet hätten, sei das Problem nun zunächst beigelegt worden" (Kölner Stadtanzeiger, 28.9.1995). Im folgenden Beispiel wird Supervision als „Krisenmanagement" verstanden. Am 30.12.1995 brachte die gleiche Zeitung ein Interview zur drohenden Schließung eines Rehabilitationszentrums an der Kölner Sporthochschule auf dem Hintergrund langandauernder personeller Querelen. Auf die Frage, was er zur Klärung des Konfliktes alles unternommen habe, betonte der interviewte Professor, er habe ja auch „eine Supervision vorgeschlagen". Wir sehen also, daß der Begriff „Supervision" neuerdings in vielen Arbeitszusammenhängen verwendet wird: Nicht nur in seinem Ursprungsgebiet, den sozialen Berufen, sondern auch im Gesundheitswesen, dem Pflegebereich sowie den pädagogischen Berufen gehört die Supervision verstärkt zur regulären Aus- und Weiterbildung. Aber auch in Wirtschaft und Verwaltung erfreuen sich Supervision oder verwandte Beratungsformen wie Coaching, Leitungs- oder Organisationsberatung zunehmenden Zuspruchs.

Neue Arbeitszusammenhänge

0.1. Arbeitsdefinitionen von Supervision

Bevor in den einzelnen Kapiteln die Begriffe differenzierter mit Inhalten gefüllt werden, mögen folgende Kurzdefinitionen genügen: Supervision bedeutet berufsbezogene Beratung und Weiterbildung.

Einleitung

> (a) *Supervisor* ist jemand, der Supervisionsleistungen anbietet.
> (b) *Supervisand* ist eine Person, welche die Supervisionsleistungen in Anspruch nimmt.
> (c) *Klient* oder *Ratsuchender* ist ein Mensch, der das Beratungsangebot der Supervision bzw. des Supervisanden nutzt.

0.2. WELCHE KOMPETENZEN BENÖTIGEN SOZIALARBEITER?

Organisation im sozialen Bereich
Inzwischen ist es selbstverständlich geworden, die Organisationen des Wirtschaftslebens (Industriebetriebe) oder der Verwaltung (Behörden) nicht ohne weiteres mit den Organisationen des Sozialwesens gleichzusetzen. Denn hier geht es weniger darum, etwas „herzustellen" und zu verkaufen, um Gewinne zu erzielen bzw. um Sachverhalte oder Menschen zu verwalten.

Das vorrangige Ziel der meisten Organisationen im sozialen Bereich (und im Gesundheitswesen) besteht darin, „auf eine Personengruppe einzuwirken, die zu diesem Zweck – zumindest vorübergehend – in die Organisation aufgenommen wird. Die Art der beabsichtigten Einwirkung kann sehr verschieden sein. Beispiele dieser Kategorie sind u. a. Gefängnisse, Schulen, Universitäten, Krankenhäuser und Kirchen." (Mayntz 1969, S. 59)

Vor allem aber die vielen Einrichtungen des Sozialwesens – Kindergärten, Jugendeinrichtungen, Erziehungsheime, Beratungsstellen u. a. – gehören in den Bereich der Non-Profit-Dienstleistungsunternehmen. Schwerpunktmäßig geht es in diesen Fällen eher um „Handeln" – nicht um das „Herstellen". Allerdings hat sich diese starre Grenzziehung zwischen diesen Organisationstypen in den letzten Jahren aufgelockert. Auch in Industrie und Verwaltung wird auf soziale, psychologische und zwischenmenschliche Kompetenzen immer mehr Wert gelegt; und in den helfenden Berufen kommt man nicht mehr ohne Organisationsmanagement und wirtschaftliches Denken aus.

helfende Berufe
Der geschichtliche Ursprung der Supervision liegt vor allem in den besonderen Herausforderungen und Problemen der helfenden Berufe begründet. Welches sind nun diese speziellen Merkmale helfender beruflicher Tätigkeiten?
Schon vor über siebzig Jahren verwies die Pionierin der deutschen

Sozialarbeit Alice Salomon (1872–1948) auf die besonderen Anforderungen hauptberuflicher Sozialarbeit:

„Die soziale Berufsarbeit beansprucht die ganze Persönlichkeit, nicht nur die Kräfte des Körpers, des Verstandes oder der Seele, sondern den ganzen Menschen. Sie trägt Enttäuschungen und Entmutigungen ohne Zahl ein." (Salomon 1927, S. 199 f.)

Bevor die Sozialarbeit (und Sozialpädagogik) an die Hochschulen kam, war sie äußerst praxisorientiert und verschult. Ein anderer Pionier der deutschen Sozialarbeit, Walter Friedländer, trug auf der vierten Hauptversammlung des Bundes Deutscher Sozialbeamten (1929) folgende Leitsätze zur „Einführung des Praktikanten in die soziale Arbeit vom Standpunkt der offenen Fürsorge" vor:

„Für den Ausbildungsgang des Praktikanten ist ein systematischer Plan aufzustellen. (...) Für die Ausbildung in der sozialen Außenfürsorge ist es in der Regel zweckmäßig, den Praktikanten einem einzelnen Fürsorger zur Ausbildung zu überweisen. (...) Für den Gang der Ausbildung empfiehlt sich zunächst die Einführung in die allgemeine Außenfürsorge, später die Arbeit in einer Verwaltungsabteilung der Wohlfahrtspflege, zuletzt die erneute, abschließende Arbeit in der sozialen Fürsorge. (...) Bei der Einführung des Praktikanten ist die Gewinnung eines Vertrauensverhältnisses zum ausbildenden Fürsorger von entscheidender Bedeutung. Auf die persönliche Verständigung zwischen beiden ist Rücksicht zu nehmen. (...). Bei Übertragung weiterer sozialer Arbeiten ist sorgfältig auf die allmähliche Steigerung der Schwierigkeiten und die Gewinnung einer umfassenden Übersicht über die sozialen Arbeitsgebiete zu achten. (...) Neben der praktischen Einführung in die fürsorgerische Tätigkeit und den Verwaltungsdienst erscheinen laufende Arbeitsbesprechungen aller Praktikanten unter dem Vorsitze der leitenden Fürsorgerin wertvoll, in denen die aufgetauchten Zweifelsfragen unter allgemeinen Gesichtspunkten erörtert und die sozialen Kenntnisse über die praktische Arbeit im Rahmen des einzelnen Wohlfahrtskreises erweitert werden. (...) Als Ergänzung ist erwünscht Teilnahme an den Sitzungen der Wohlfahrts- und Jugendkommissionen sowie Beschäftigung in einem halboffenen Heim (z. B. Lehrlingsheim, Tagesheim für jugendliche Erwerbslose oder Abendhort für ältere Jugendliche)." (Reinicke 1990, S. 132)

Bemerkenswert an diesem Text aus dem Jahre 1929 ist die Praxisbezogenheit der Ausbildungsziele sowie die mehrfachen Hinweise auf supervisionsähnliche Arbeitsbesprechungen. Dabei wird besonderer Wert auf die Beziehung zum auszubildenden Sozialarbeiter gelegt.

Einleitung

gegenwärtige Ausbildung
Im Gegensatz zu den Zeiten von Alice Salomon findet die gegenwärtige Ausbildung für die sozialen Berufe vorwiegend an überfüllten Ausbildungsgängen von Fachschulen, Fach- oder Hochschulen statt. Für die Beschäftigung mit komplexen und oft persönlich bedingten Hintergründen vieler Studienanfänger, einen helfenden Beruf zu ergreifen, gibt es weder Zeit noch Gelegenheit. Viele Lernende sind sehr jung und verfügen deshalb über wenig Lebenserfahrung.

Man kann die Inhalte der Ausbildung für die helfenden Berufe grob in folgende drei Schwerpunkte (Biscioni 1978, S. 128) unterteilen:

(a) Wissen, Theorien, abstraktes Denken;
(b) Soziales und emotionales Lernen;
(c) Fertigkeiten und Handwerkszeug.

theoretisches Wissen und praktische Anwendung
Dabei wird deutlich, daß die herkömmliche Ausbildung vor allem den Bereich des Wissens fördert. In vielen alltäglichen Arbeitssituationen werden sicherlich mehr soziale und emotionale Kompetenzen benötigt als in der Ausbildung vermittelt werden können. Unter *sozialen Kompetenzen* verstehe ich z. B. die Fähigkeit, eine Situation angemessen zu begreifen. Zu den *emotionalen Fähigkeiten* gehört z. B., adäquat mit eigenen und fremden Gefühlen wie Freude und Ärger umgehen zu können. Aber auch praktische Fertigkeiten und „Handwerkszeug" braucht man in den helfenden Berufen mehr als man es an den Ausbildungsstätten erlernen kann: Umsetzen von allgemeinem Wissen in konkrete Handlungen, Gesprächstechniken, Wichtiges von Unwichtigem unterscheiden, rangrichtige Erledigung von täglichen Arbeitsaufgaben u. a. Diese Kluft zwischen dem vermittelnden und dem für die konkrete Anwendung notwendigen Wissen ist sicherlich nie ganz zu überwinden – auch weil vieles nicht vorwegnehmend (antizipatorisch) erlernt werden kann. In den letzten Jahren hat man sich in vielen Ausbildungsstätten jedoch mehr oder minder erfolgreich bemüht, diese Lücke zu verkleinern: durch Praktika, Projektstudien und Supervision. Trotzdem bleibt für Praktiker immer ein gewisser „Nachholbedarf" für Weiterbildung (Groddeck 1994). Bevor wir uns der Supervision zuwenden, noch ein Blick auf typische Strukturen und Probleme professionellen Handelns in den helfenden Berufen.

Probleme professionellen Helfens
(a) Die Klienten haben eine Fülle von Problemen, welche oft auch durch noch so intensive sozialpädagogische oder andere Betreuung nicht beseitigt werden können.

(b) Viele Problemlagen haben ökonomische, soziale oder psychische Ursachen. Wenn sie schließlich Gegenstand von sozialpädagogischer Hilfe werden, ist es oft zu spät: Negative Erfahrungen und daraus resultierendes Fehlverhalten haben sich dann bereits verfestigt. Auch die Supervision wird in der Folge mit diesen *Verspätungseffekten* konfrontiert.

(c) Sozialarbeiter/-pädagogen sind häufig Mitglieder beruflich gemischter d. h. interdisziplinärer bzw. multiprofessioneller Teams und müssen mit Angehörigen anderer, teilweise ranghöherer, Berufsgruppen zusammenarbeiten. Diese an sich positive Interdisziplinarität führt häufig zu *Überforderungen* (Rollenüberlastung): Sozialpädagogen sind für alles zuständig, was die anderen Berufsgruppen nicht verrichten können, wollen oder dürfen.

(d) Ärzte und Juristen haben es im Gegensatz zu Sozialpädagogen eher mit eindeutigen beruflichen Handlungsvollzügen zu tun. Sozialpädagogischer Arbeit fehlt meistens diese Eindeutigkeit; das Berufsfeld ist *mehrdeutig* und *unspezifisch*. Häufig werden Sozialpädagogen zum „Handeln" gezwungen, obwohl sie nicht über vorgegebene Handlungsmuster oder exakte Daten und Vorgaben verfügen.

(e) Das hat zur Folge, daß in den helfenden Berufen ein hoher berufsspezifischer *Aushandlungs- und Reflexionsbedarf* besteht. Auch deshalb ist Teamarbeit besonders wichtig – und auch diese kann erst in der Praxis, und nicht schon in der Ausbildung, gelernt werden.

(f) Diese Mehrdeutigkeit in der Alltagsarbeit, die mit einem schwer nachzuweisenden Erfolg einhergeht, macht die Sozialarbeiter aber angreifbar gegenüber den Verwaltungsstellen. Hier liegt auch ein Konflikt zwischen Sozialer Arbeit und Verwaltung begründet, der sich im bekannten *Widerspruch* zwischen *Kontrolle* und *Hilfe* ausdrückt.

(g) Da im Zentrum sozialpädagogischen Arbeitens auch emotionale und soziale Kompetenzen stehen, kann die berufliche Tätigkeit nicht vom *persönlichen Hintergrund* der jeweils Handelnden losgelöst betrachtet werden. Persönliche Biographie und Berufsbiographie gehen oft unmerklich ineinander über; sie werden sich wechselseitig fördern aber auch negativ beeinflussen. Auch deswegen erhoffen sich viele Träger mit Hilfe der Supervision eine klare Trennung zwischen Person, Rolle und Funktion (siehe S. 195 ff.).

(h) So können in den Gesprächen eines Sozialarbeiters mit einem Klienten kontrollierende, unterstützende, erzieherische, pflegende, vermittelnde oder beratende Aspekte enthalten sein. Während die

Einleitung

Sozialarbeiter gegenüber den Verursachern psychosozialer Problemlagen und den übergeordneten Behörden *Ohnmacht* empfinden, verfügen sie zuweilen im Verhältnis zu diesen Klienten jedoch über sehr viel *Macht*.
(i) Um eine humane, ethisch gerechtfertigte, wirtschaftlich sinnvolle und persönlich befriedigende Arbeit zu leisten, bedarf es der Weiterbildung nach der Erstausbildung und der *Selbst- und Fremdreflexion*, etwa in Form der Supervision eigener Berufstätigkeit von Helfern (Schütze 1994a, 1994b).

Nutzen der Supervision für die Soziale Arbeit

Supervision mag für den Fachfremden eine sonderbare Konstruktion sein. Wie soll eigentlich ein Außenstehender, der die Klientel nicht persönlich kennt, in der Lage sein, die Soziale Arbeit zu verbessern? Ein Anliegen meines Buches ist es, den darin enthaltenen *systemischen Aspekt* zu erläutern. Gerade weil sich eine fachkompetente Person *außerhalb des Interaktionssystems* mit Klienten und Kollegen befindet, kann sie *anderes* sehen und Hilfestellungen leisten. Inzwischen haben alle großen Trägerverbände der sozialen Arbeit Richtlinien zum Gebrauch von Supervision für ihre nachgeordneten Dienste erlassen. Stellvertretend soll am Ende dieser Einleitung die Begründung für die Supervision der Katholischen Bundesarbeitsgemeinschaft der Träger von Erziehungsberatungsstellen, Ehe-, Familien- und Lebensberatungsstellen und der Telefonseelsorge stehen.

Um ihre Fähigkeiten und Kompetenzen zu verbessern, „benötigen die Berater und Beraterinnen Unterstützung. Hier setzt Supervision an als methodisch strukturierte Reflexion des beruflichen Handelns auf kognitiver wie affektiv-emotionaler Ebene, um die erforderliche Integration von Wissen, Können und Haltung als wichtige Voraussetzung für das Gelingen von Hilfe sicherzustellen." (Katholische Bundesarbeitsgemeinschaft, S. 2)

Die Unterscheidung zwischen Person, Rolle und Funktion verhilft dem Sozialarbeiter zum Kompetenzzuwachs in den Bereichen Wissen, Können und Haltung. Supervision kann dazu beitragen.

1. Historisches: geschichtliche Entwicklung

Aus der Geschichte kennen wir gesellschaftliche Tätigkeiten, die als Vorläufer der Supervision bezeichnet werden können. Dazu gehört nach Lippenmeier (1990a, 1990b) der „sokratische Dialog", bei dem der Lehrende durch geschicktes Fragen den Schüler die Antworten und Einsichten selber finden läßt. Verunsicherung steht dabei am Anfang. In den meisten bürgerlichen Berufen wurden Leistungskontrollen errichtet, die bei aller Unterschiedlichkeit als „kollegiale Supervision" oder „Peer-Group-Supervision" (siehe S. 112) d.h. als Selbstkontrolle im Berufsvollzug beschrieben werden können.

Die Entstehung der Supervision im engeren Sinne ist jedoch stark mit der Entwicklung der Sozialarbeit in England und den USA verknüpft. Als Folge der harten Arbeitsbedingungen im Rahmen der Industrialisierung wuchs das soziale Elend. Repressive Maßnahmen, wie Einweisung in das Arbeitshaus, waren häufig die einzigen Reaktionen auf abweichendes Verhalten. In dieser Zeit entstanden auch freiwillige Wohlfahrtsangebote des Bürgertums, die nach und nach Stellenwert in den sozialen Aktivitäten der damaligen Zeit erhielten. So kritisierte beispielsweise das englische Pfarrerehepaar Barnett, das seit 1873 in dem östlich von London gelegenen Slum-Gebiet Whitechapel tätig war, die für die Armen beleidigenden Unterstützungsmaßnahmen und propagierte Hilfe zur Selbsthilfe. Sozialpädagogische Hilfe im modernen Sinne stand auf dem Programm. Seit 1883 wurden auch junge Universitätsabsolventen für helfende Aktivitäten eingesetzt, und Pfarrer Barnett begann, jeden dieser Helfer einmal wöchentlich zu einem halbstündigen Gespräch in sein Arbeitszimmer zu bitten, um mit ihm „soziale und sozialpädagogische Fragen zu besprechen" und ihn zu beraten. „Diese Vieraugen-Gespräche sind wohl auch das Vorbild für jenen Prozeß geworden, der später in der angelsächsischen Fachliteratur Praxisberatung (Supervision) genannt werden wird" (Müller 1982, S. 58). Dieser englische Vorläufer der Supervision wurde dann in den USA institutionell weiterentwickelt. Schon einige Jahre vor Barnetts Aktivitäten hatte man im Jahre 1871 im Staate New York eine Wohlfahrtseinrichtung mit dem Namen „Charity Organization Society" (C.O.S.) gegründet.

Vorläufer der Supervision

Geschichtliche Entwicklung

„Die C.O.S. war ins Leben gerufen worden, um Ordnung zu schaffen im Dickicht der vielen privaten Wohltätigkeitsvereine und -institutionen im Lande, die oftmals mehr gegeneinander als miteinander gearbeitet hatten und deren Unternehmungen sich als kontraproduktiv erwiesen hatten." (Biscioni 1978, S. 5)

Dabei waren vor allem freiwillige Helferinnen (Volunteers) aus dem Bürgertum aktiv. Angeleitet wurden sie von wenigen bezahlten hauptamtlichen Kräften *(career workers, paid agents)*. Letztere erhielten von den Volunteers Informationen über die Klientel; auf dieser Grundlage haben Hauptamtliche eine vorläufige Diagnose erstellt, welche für die Volunteers verbindlich wurde.

Social Casework
Für die Entwicklung der Supervision ist die ehemalige Buchhalterin Mary Richmond, die eine leitende Funktion in der New Yorker C.O.S. innehatte, wichtig. Schnell hatte sie die organisatorischen Schwächen der bisherigen unsystematisch verteilten finanziellen Mittel für die Armen erkannt und begann, die soziale Arbeit geschäftsmäßig zu verwalten. Mit ihrem 1917 erschienen Buch „Social Diagnosis" wurde sie weltweit bekannt und zur Begründerin der sozialen Einzelhilfe, also des *social casework*. Darin wird der Ermittlungstätigkeit durch die Sozialarbeiter ein großer Raum gegeben. In einer Einwanderungsgesellschaft sollte vor jeder Almosenvergabe die Frage geklärt werden, warum die Betreffenden nicht in der Lage sind, ihren Lebensunterhalt selber zu erwirtschaften. Das zu klären war die Aufgabe der ehrenamtlichen Helferinnen und der wenigen hauptamtlichen Mitarbeiter: „Diese bezahlten Mitarbeiter waren die Vorgänger des heutigen Supervisors" (Kadushin 1990a, S. 5). Jeder dieser Supervisoren war für eine recht große Anzahl von Armenbesuchern verantwortlich. Neben der Kontrollfunktion hatten sie auch Hilfs- und Unterstützungsmaßnahmen zu gewähren. Die ehrenamtlichen Armenbesucher waren oft „schwer anzuwerben, aber leicht wieder zu verlieren, dazu oft frustriert und enttäuscht" (ebd., S. 7). Sie benötigten Unterstützung von den wenigen hauptamtlichen Kräften. Daraus entstand der Vorläufer des Supervisors.

Mit diesem Verfahren hängen mehrere bis heute wirksame Merkmale der Sozialarbeit zusammen: die Unterteilung zwischen Diagnose *(career worker)* und Therapie (Volunteer) (Biscioni 1978, S. 20) sowie die Einzelhilfe (Casework), die wichtigste Gesprächs- und Beratungsmethode der Sozialarbeit. Die Anleitung und Kontrolle (Supervision) dieser Volunteers erfolgte durch den hauptamtlichen career worker,

Geschichtliche Entwicklung

paid agent oder wie man ihn nach und nach bezeichnete – den Supervisor. Wie sah das konkret aus? Als junge Sozialarbeiterin *(friendly visitor)* ging man zu einem erfahrenen Sozialarbeiter (Supervisor) in „die Lehre", um das „Handwerk" zu erlernen. Man sah zunächst dem Älteren bei der Arbeit zu, begleitete ihn bei den Hausbesuchen und sprach dann selbst mit dem Klienten unter Aufsicht des älteren Sozialarbeiters (Biscioni 1978, S. 19).

Bis heute ist diese Lehr- und Modellfunktion der Supervision geblieben. Auch wenn sicher ist, daß die heutigen Fachtermini der Supervisoren damals noch nicht so gebräuchlich waren, so können wir dennoch annehmen, daß alle die für Sozialarbeit und Supervision wichtigen Inhalte damals schon bekannt waren (siehe Ausführungen in Kapitel 4 und 5, S. 59 ff.). In diesem Lehrschema finden wir neben der zu Anfang dieses Kapitels erwähnten Selbstkontrolle im Berufsvollzug noch ein zweites charakteristisches Element: Supervision (und eigentlich auch Sozialarbeit) kann man optimal wohl nur im Meister-Lehrling-Verhältnis erlernen. „Personengebundenes Wissen und Können" nannte Fürstenau diese Lernweise viele Jahre später (1979, S. 24).

Schon kurz vor der Jahrhundertwende kam es an der Summer School in New York City zum ersten Universitätskurs für die Sozialarbeiter-Ausbildung. Diese Einrichtung wurde später Teil der weltbekannten School of Social Work an der New Yorker Columbia University. Dort fanden auch ab 1898 kurze Seminare zur Supervision statt. Das erste Buch über Supervision, das allerdings sehr organisationsbezogen ist, erschien kurz danach; es stammt von Brackett und hat den Titel „Supervision and Education in Charity" (1903).

Erste Seminare und Veröffentlichungen

Soweit wir heute wissen, waren schon kurz nach Ende des Ersten Weltkrieges sowohl die Grundzüge des Casework als auch der Supervision zumindest einigen deutschen Fachleuten bekannt. So gab es bereits im Jahre 1920 an der Sozialen Frauenschule in München eine Lehrveranstaltung mit dem Titel „Besprechung der sozialen Praxis (2stündig) unter Heranziehung von Fachvertretern" (Duensing 1920, S. 15). Zur Form des Unterrichts an dieser Frauenschule heißt es an anderer Stelle:

„Die bereits erwähnte seminaristische Methode des Unterrichts kennt kein passives Hören und sich dabei Etwas- oder auch Nichtsdenken, sondern rechnet auf aktives Verhalten der Schülerinnen." (Duensing 1920, S. 21 f.)

Ein weiterer Hinweis auf die frühe Supervision findet sich in der Zeitschrift „Soziale Berufsarbeit" von 1922. Dort wurde über einen einjährigen Fortbildungskurs berichtet. Dieser sollte den Teilnehmerinnen „Anleitung zur geistigen Verarbeitung ihrer praktischen Erfahrungen geben. An eine rein wissenschaftliche Ausbildung ist nicht gedacht" (Beerensson 1922, S. 6). Die Schülerinnen an der Wohlfahrtsschule in Jena mußten pro Woche zwei Tage in einer Praxisstätte und vier Tage in der Schule verbringen. „Nach den Praktika fanden bereits 1926 Auswertungen statt, nämlich ‚eine vierstündige Arbeitsgemeinschaft über die praktischen Erfahrungen'."[3]

Verbreitung des Casework
Obwohl die Supervision als berufliche Qualifizierung und Praxisreflexion damals schon bekannt war, wird der Begriff erst viele Jahre später in der Literatur verwendet. Wichtiger als die Supervision schien damals nämlich die Verbreitung des Casework für den deutschen Sprachraum zu sein. Die Gedanken aus Mary Richmonds „Social Diagnosis" (1917) gelangten dann einige Jahre später für ein breiteres Fachpublikum durch Alice Salomons Buch „Soziale Diagnose" (1926) in den deutschsprachigen Raum – allerdings mit einer wichtigen Erweiterung: Die Ermittlungstätigkeit des Sozialarbeiters wird durch sozialpädagogische Zielvorstellungen ergänzt. Denn die reine Beschreibung von Fakten und Daten zur Erstellung einer „sozialen Diagnose", wie Mary Richmond es vorgeführt hatte, half nicht viel weiter, um die Armen zu einer Verhaltensänderung zu veranlassen. Dem Ansatz von Richmond fehlte eine Persönlichkeitstheorie und daraus abgeleitete psychologisch-pädagogische Strategien. Heute wissen wir, daß etwa die Hälfte dieser im Werk von Richmond vorgestellten Klienten eigentlich psychiatrische „Fälle" waren und einer psychotherapeutischen Behandlung bedurft hätten (Biscioni 1978, S. 34).

Einfluß der Psychoanalyse
Dieser Sachverhalt führt zur nächsten Frage. Wann und wie kam das heute in der Supervisionsliteratur enthaltene psychoanalytische Denken zu den Theorien von Casework und Supervision hinzu? Sigmund Freuds Vortragsbesuche in den USA (seit 1909) hatten in der dortigen Sozialarbeit keine Spuren hinterlassen. Erst später, im Jahre 1926, finden wir in der amerikanischen Sozialarbeiter-Fachliteratur eine stärkere Beschäftigung mit der Psychoanalyse. In deren Persönlichkeitstheorie, Neurosenlehre und Beschreibung der Abwehrmechanismen schienen die amerikanischen Sozialarbeiter auch eine Erklärung dafür zu finden, weshalb sich die Armen mit positiven Veränderungen so schwer taten und wie man die Gespräche mit ihnen psychologisch

untermauern konnte, was allerdings auch die bis heute wirksamen Tendenzen zur Psychologisierung sozialer Probleme begünstigte. Zunehmend wurde den Sozialarbeitern bewußt, daß es für sie auf der Beziehungsebene des Gespräches noch eine Menge zu lernen gab: Umgang mit Ängsten, mit Distanz und Nähe zur Klientel, mit Abwehrformen, Aggressionen usw. Ein großes Problem stellte das Unverständnis dem fremden Leben gegenüber dar, sowie Verstrickungen und regelrechte „Gesprächsfallen" (siehe Ausführungen in den Abschnitten 4.3. und 4.4., S. 77 ff. und S. 83 ff.).
Die Erweiterung des bis dahin eher kontrollierenden Casework und ihrer Supervision durch tiefenpsychologisches Verständnis und Gesprächstechniken im Sinne einer *psychologischen Interventionslehre* wurde begünstigt durch eine Reflexionsform, welche seit 1920, von Berlin ausgehend Bestandteil der Ausbildung der Psychotherapeuten wurde. Angehende Psychoanalytiker mußten ihre *eigenen* Behandlungsfälle in Form einer „Kontrollanalyse" mit einem erfahrenen Psychoanalytiker („Kontrollanalytiker") reflektieren. Dieses zuerst nur einem kleinen Kreise bekannte Verfahren, gelangte seit 1933 durch die Emigration deutschsprachiger Psychoanalytiker in die USA. Durch deren Tätigkeit in der Sozialarbeiter-Ausbildung kam es dann zu einer psychoanalytischen Bereicherung von Casework und Supervision.

Die Probleme der Klientel wie auch die Verstrickungen der Sozialarbeiter/-pädagogen mit diesen schienen jetzt durch psychoanalytische Begriffe nicht nur verstehbar, sondern oft auch lösbar (Munson 1983, S. 42 ff.). Das Casework war für die berufliche Entwicklung der Sozialarbeiter von unschätzbarem Wert. Nur mit einer eigenständigen Theorie – und vor allem einer monopolisierten Methodik – konnte sich die Soziale Arbeit gegenüber der sie dominierenden Medizin, Psychologie oder Rechtswissenschaft behaupten. In den nächsten Jahren fand nun eine *Professionalisierung über Methoden* statt (Müller 1982, 1988). Weil viele Vertreter sozialwissenschaftlicher und psychoanalytischer Ansätze vor den Nationalsozialisten fliehen mußten oder gar umgebracht wurden, waren diese Konzepte nach 1950 bei uns so unbekannt, daß viele meinten, Casework und Supervision seien psychoanalytische Theorien.[4] Nicht zuletzt aus berufspolitischen Gesichtspunkten soll hier betont werden, daß Supervision eine bedeutende Entdeckung der Sozialarbeit ist. In den USA ist der Supervisor auch heute noch ein an der Universität ausgebildeter berufserfahrener Vorgesetz-

(Randnotiz: Professionalisierung der Sozialen Arbeit)

ter. Er steht *zwischen* den Sozialarbeitern und der Leitung der Wohlfahrtseinrichtung. Etwa ein Fünftel der amerikanischen Sozialarbeiter nehmen gegenwärtig ganz oder teilweise supervisorische Aufgaben wahr (Kadushin 1985, S. 28 f.). Häufig ist der Supervisor für die Verwirklichung der Organisationsziele (*administrative supervision*) zuständig. Was auch zur Folge hat, daß Supervision dann vorwiegend als Kontrolle erlebt werden kann. Außerdem sind Supervisoren auch für die Qualifizierung von Berufsanfängern im Sinne einer Ausbildungs-Supervision (*educational supervision*) zuständig.

Amerikanische Begriffe
Aufgrund der Vielfalt der Aufgaben ist der Supervisions-Begriff in den USA gegenwärtig unklar und widersprüchlich. Zuweilen werden statt Supervision auch Begriffe wie „consultation" oder „field instruction" verwendet. *Field instruction* als Ausbildungs-Supervision für Studierende wurde seit den 1930er Jahren von Lehrkräften der Universitäten aber auch von Mitarbeitern der Wohlfahrtseinrichtungen angeboten (Munson 1983, S. 49). Zuweilen unterscheidet man in den USA deswegen auch zwischen der eher administrativen Sozialarbeiter-Supervision (*social work supervision*) oder der mehr soziotherapeutischen Supervision (*clinical supervision*). Dabei kommen dann oft stärker kontrollierende oder unterstützende Gesichtspunkte zum Tragen. Insgesamt bietet die gegenwärtige amerikanische Supervisions-Szene ein für deutsche Leser unklares Bild – was auch mit einer verspäteten und unkritischen Übernahme der amerikanischen Methoden bei uns zusammenhängt (Belardi 1994a).

1.1. Die Entwicklung der Supervision in Deutschland

Wie kam es dazu, daß sich die deutsche Supervision anders entwickelte als im Ursprungsland? Eine Erklärung hierfür ist schon genannt worden. In Deutschland hat man vor allem während der Jahre 1950 bis 70 die amerikanische Supervision nicht nur verspätet, sondern mit verschiedenen psychologischen Ansätzen untermauert aufgenommen, weiterentwickelt und ihren Organisationsbezug (administrative Supervision) eher ignoriert. Weitere Gründe der deutschen Entwicklung sind auch in den geschichtlichen Umständen zu suchen. Vor allem die amerikanische Besatzungsmacht bemühte sich um eine Demokratisierung der gesellschaftlichen Einrichtungen im Nachkriegsdeutschland. Schon 1946 kamen amerikanische Fachleute – viele davon waren Emigranten aus Deutschland – zurück, um Weiterbildung für die deutschen Sozialarbeiter anzubieten. Einige von ihnen wurden später auch als Autoren von Standardliteratur zur Methodik der Sozialarbeit bei uns bekannt.[5] Parallel dazu gingen deutsche Sozialarbeiter zum Studium in die USA oder nach England und erlernten dort die Methodenkonzepte, um sie dann in der Bundesrepublik Deutschland zu verbreiten.[6]

Wie bereits erwähnt, wurde mit Sicherheit schon seit 1920 an einigen Wohlfahrtsschulen Deutschlands supervisionsähnlich gearbeitet. Nach dem gegenwärtigen Kenntnisstand wurde „Supervision" als Begriff bei uns zum ersten Mal benannt von Hertha Kraus (1897–1968). Sie war 1910 Mitarbeiterin der Sozialen Arbeitsgemeinschaft Berlin-Ost, der ersten deutschen Vereinigung der Nachbarschaftsheim-Bewegung. Hiervon gingen Einflüsse aus bis zur gegenwärtigen Gemeinwesenarbeit. Mit 26 Jahren wurde Hertha Kraus Stadtdirektorin und Leiterin des Wohlfahrtsamtes der Stadt Köln. Nach ihrer Entlassung durch die Nationalsozialisten Ende 1933 emigrierte sie in die USA. Als Professorin für Social Economy am Bryn Mawr College (Philadelphia) kam sie nach 1945 mehrfach zur Weiterbildung deutscher Sozialarbeiter in ihre Heimat (Wieler 1992, S. 1235). Hertha Kraus ist neben Gisela Konopka (geb. 1910) und Louis Lowy (1920–1991) eine der großen Vermittlungspersonen amerikanischer Methoden der Sozialarbeit (*casework, social group work, community work, supervision*).[7]

Zum Begriff „Supervision"

Das von Hertha Kraus im Jahre 1950 in Frankfurt/M. publizierte Buch „Casework in USA" sollte genau derartige Vermittlungsaufgaben leisten. Es enthält die Übersetzung von mehr als 40 Artikeln aus amerikanischen Fachzeitschriften der Jahre 1937 bis 1949, vorwiegend für den Bereich Einzel- und Familienhilfe. Auf verschiedenen Seiten (S. 265; 406; 419) findet sich in den Fußnoten der englische Originalbegriff „Supervisor". Im deutschen Text ist dieser allerdings mit „Praxislehrer" bzw. „Leitender Fürsorger" übersetzt worden.

Zwei Jahre nach dem Erscheinen dieses Buches traf sich am 16. und 17. August 1952 in Gandersheim der „Niedersachsenkreis" der „Gilde Soziale Arbeit"[8] zu einem „Gespräch über Supervision". Dabei hielt der Lüneburger Psychologie-Professor Eduard Hapke einen Vortrag über die amerikanische Supervision, die er dort bei einer Studienreise kennengelernt hatte. Kurz zuvor war auch ein Beitrag von Erna Maraun über „Casework und Supervision in der amerikanischen

Konzept von E. Hapke

Jugendfürsorge" (1952) publiziert worden. Allerdings ist Hapkes (1952) etwas später gedruckter Vortrag im „Rundbrief Gilde Soziale Arbeit" in konzeptioneller Hinsicht richtungsweisend für die Supervision in Deutschland (Belardi, 1992a). Er hebt deutlich hervor, daß Supervision eigentlich „Dienstaufsicht" ist und „Leistungskontrolle" anstrebt. Anhand eines Praxisbeispieles verdeutlicht er, daß die Supervision seinerzeit vor allem zwei Themen hatte:

(a) „Wo steht der Klient innerlich, wie fühlt er, wie erlebt er von seinem Platz aus die Situation?"
(b) „Wie fühlt der Helfer; steht er vielleicht mit unbemerkten Empfindungen, Reizbarkeiten, Vorurteilen, sentimentalen Wallungen sich selbst im Weg? Immer bezieht sich das Gespräch auf den praktischen ‚Fall', immer fragt es nach dem Fühlen und der Haltung der beteiligten Menschen." (Hapke 1952, S. 2)

Schon damals hatte Hapke die Notwendigkeit der Interpretation von Praxisschilderungen in einer Weise verstanden, welche uns heute unter dem Namen „hermeneutisches Verfahren" (Heiner u. a. 1994) oder „Fallanalysen" (Schütze 1993) bekannt ist. Hapkes (1952, S. 4) Beschreibung hat auch literarische Qualitäten:

Der Supervisor „versucht zu hören, was nicht gesagt, was verschwiegen, was als selbstverständlich vorausgesetzt wird. Daraus erwächst für das Gespräch ein Thema. Die Form der Gesprächsführung ist weitgehend die weckende Frage, client-centered, immer im Hören auf das mutmaßliche Fühlen des anderen".
Schon damals konnte Supervision leichter als das definiert werden, was sie *nicht* ist: „Supervision ist nicht Seelsorge und nicht Psychotherapie, so dicht oft die Nachbarschaft werden mag. Das Bezogenbleiben auf den Fall ist Schutz gegen eine Ausweitung, die die Supervision sprengen müßte. Den Abschluß des Gesprächs bildet die Frage nach dem ‚nächsten Schritt'."

Hier haben wir es mit der wohl frühesten und immer noch gültigen Abgrenzung von Supervision zur Psychotherapie (und anderen Disziplinen) zu tun: *Berufsbezogenheit* und *Fallorientierung*. Mit Hilfe der Supervision sollten die Sozialarbeiter zu einem professionellen Verhältnis ihren Klienten gegenüber gelangen, d. h. die „Entprivatisierung der Beziehung zum Klienten" betreiben. Wer berufliche Aufgaben und private Bedürfnisse zu sehr durcheinanderbringt, wird rasch an seine Grenzen stoßen.

Zwischen 1955 und 1975 haben Casework und Supervision bei uns ihren Weg in die Aus- und Weiterbildung gefunden. In mehrfacher

Hinsicht ist der Prozeß im deutschen Sprachraum jedoch anders verlaufen als in den USA.

(a) Auf der Ausbildungsebene kam in Deutschland die enge Kopplung von Casework und Supervision nicht so zustande wie in den USA. Die methodenzentrierte Ausbildung wurde zwar schon seit Mitte der fünfziger Jahre zunehmend an den deutschen Schulen für Sozialarbeit gelehrt – ebenso in Weiterbildungskursen der Trägerverbände oder bei den freien Instituten. Jedoch bewirkten schon nach 1970 die Veränderungen an den Ausbildungsstätten einen Bedeutungsrückgang der neuen Methoden (Belardi 1992a, S. 90 ff.). Hauptursache war, daß die Wohlfahrtsschulen durch die sozialpädagogischen Studiengänge an den Fachhochschulen und Universitäten ersetzt worden sind.

Unterschiedliche Entwicklungen zwischen 1955 und 1975

(b) Dort geriet vor allem das Casework wegen der einseitigen psychoanalytischen und mangelnden sozialwissenschaftlichen Orientierung ins Zentrum der Kritik, weil es die gesellschaftlichen Machtverhältnisse nicht berücksichtigte.

(c) Auch die Situation der Träger war anders als in den USA. In der BRD waren viele Leiter sozialer Einrichtungen und Dienststellen selber keine ausgebildeten Sozialarbeiter, sondern Verwaltungsfachkräfte, Juristen, Ärzte oder Psychologen. Aus diesem Grund konnten sie keine Supervision im Sinne der amerikanischen Vorgesetzten-Supervision anbieten. So tauchte die Frage auf, wie man unter diesen Umständen die neuen Möglichkeiten der Supervision für die Soziale Arbeit nutzen konnte.

(d) Hinzu kam noch eine Reihe von Mißverständnissen und Widerständen. Die Supervision konnte sich nicht direkt in den meisten Wohlfahrtseinrichtungen etablieren. Viele Träger befürchteten Mehrkosten und werteten die Supervision ab, indem sie argumentierten, diese sei auf „schwache und schlecht ausgebildete Sozialarbeiter ausgerichtet" (Neuffer 1990, S. 198). Aber auch Sozialarbeiter hatten Vorbehalte: sie wollten sich nicht „aushorchen" lassen.

Diese historischen und gesellschaftlichen Unterschiede haben Louis Lowy und Irmgard Schönhuber berücksichtigt, indem sie *externe Supervisoren* ausbildeten – also berufserfahrene Sozialarbeiter, die in fremden Einrichtungen beratend tätig sein sollten (Kersting 1991, S. 14). Louis Lowy (1920–1991), ein in München gebürtiger deutscher Jude, der das KZ in Auschwitz überlebt hatte, war in die USA gegangen.

Geschichtliche Entwicklung

In Boston wurde er Professor für Social Work.[9] Anläßlich seiner Aufenthalte in Deutschland entstanden „unter seiner Regie 1965 die Zusatzausbildungen in sozialer Gruppenarbeit und 1969 die Zusatzausbildung in Supervision bei der Akademie für Jugendfragen in Münster/Westfalen sowie die Supervisionsausbildung an der katholischen Fachhochschule in Nordrhein-Westfalen, an der er 1970–1977 mitarbeitete" (Scherzinger 1995, S. 231). Daraus ist das heute vorherrschende Modell des neben- oder freiberuflichen (organisationsexternen) Supervisors entstanden (siehe Ausführungen in Abschnitt 2.1., S. 35 ff.).
Der Vollständigkeit halber sei noch erwähnt, daß schon zwischen 1964 bis 1966 der Deutsche Verein für öffentliche und private Fürsorge (Frankfurt/M.) einen „Akademiekurs für Supervision (Praxisberatung)" veranstaltet hatte.[10] Nach Kersting entsprach dieser Kurs eher der Konzeption einer organisationsinternen, administrativen Supervision wie in den USA.[11] Danach folgten eine Reihe von Supervisions-Kursen bei den Wohlfahrtsverbänden, an einigen Fachhochschulen und zunehmend bei gruppendynamisch und psychotherapeutisch orientierten freien Institutionen.

Gründung der DGSv
Im Jahre 1989 kam es schließlich zur Gründung der „Deutschen Gesellschaft für Supervision" (DGSv). Über diesen Schritt zur Professionalisierung und Institutionalisierung von Supervision wird weiter unten berichtet (siehe Ausführungen in Abschnitt 6.1., S. 135 ff.).
Doch zurück zur Frage, wie die Supervision in den deutschen Sprachraum kam. Diese Darstellung soll verbunden werden mit einem Blick auf die Supervision in einigen anderen Ländern.

1.2. SUPERVISION IN EUROPA UND DEN USA

Holland Außer der Hilfestellung aus den USA kam es noch zu verschiedenen Einflüssen aus Österreich, der Schweiz und vor allem den Niederlanden. In Holland wurde schon seit dem Jahre 1955 ein Aufbaukurs in Supervision angeboten; seit den 70er Jahren existieren dort längerfristige Weiterbildungen, und seit 1986 erscheint in den Niederlanden die Fachzeitschrift „Supervisie". Dann allerdings ging man im Nachbarland einen eigenständigen Weg. Die Supervision war dort niemals so stark von der Psychoanalyse oder anderen psychotherapeutischen Verfahren beeinflußt wie bei uns. Der Balint-Ansatz (siehe Ausführungen in Abschnitt 5.2.6., S. 113 ff.) ist weitgehend unbekannt. Auch die Beschäftigung mit Fragen der Team- oder Organisationsberatung gehört dort nicht zur Supervision, sondern in den „supervisionsähnlichen" Weiterbildungsbereich. Supervision ist in den unterschiedlichsten Berufsfeldern eigenständiger und spezialisierter als bei uns, etwa für Ärzte oder Weiterbildner (van Kessel 1994). Deswegen haben die Niederländer die Supervision auch theoretisch stärker als Kompetenz- und Weiterbildungsmethode entwickelt und sie methodisch im frei gestalteten Bereich verankert.

Demgegenüber haben sich in unseren Nachbarländern Österreich und Schweiz ähnliche Entwicklungen vollzogen wie in Deutschland, mit den entsprechenden historischen und kulturellen Varianten. Beispielsweise startete die „Schule für Soziale Arbeit" (Zürich) schon 1951 im Zusammenhang mit der Einzelhilfe (Casework) einen Kurs für Praxisberatung. Im Jahre 1967 hat man in der Schweiz dann den ersten regulären Supervisionskurs angeboten. Schon 1976 gründete sich in Zürich der Berufsverband für Supervision und Praxisberatung (BSP). Im Jahre 1994 hat sich dieser Verband auch im Zuge einer inhaltlichen Öffnung in Richtung Organisationsentwicklung umgenannt in Berufsverband für Supervision und Organisationsberatung (BSO). Derzeit gehören dem Verband über 500 Einzelmitglieder an. Die Ausbildungen von gegenwärtig zehn Ausbildungsinstituten in der deutschsprachigen Schweiz, sowie weiteren neun aus Österreich, Deutschland und den Niederlanden sind ebenfalls anerkannt.[12] Auch in der französischsprachigen Schweiz hat sich eine Supervisionsvereinigung gegründet: Association Romande des Superviseurs (ARS) (BSO-Bulletin 4/1995, S. 16). In der Schweiz existieren Supervisionsmöglichkeiten vor allem für folgende Schwerpunkte: Soziale Arbeit (Heimerziehung), schulische Weiterbildung, Psychotherapie und Wirtschaftsbereich (Brönnimann 1994; Jordi, 1990; Donatsch 1994).

In Österreich gab es Supervision schon in den 50er Jahren in Form von Österreich psychoanalytisch beeinflußten Kursen zur Einzelhilfe (R. Dworschak). Das psychoanalytische Wissen um Prozesse der Übertragung und Projektion, um Verstrickungsgefahren in Form von „inneren Verwechslungen" u. a. führte im Stammland der Psychoanalyse bereits früh zur Einführung der Supervision in die Bewährungshilfe sowie in den 70er Jahren zur Supervision pastoraler Arbeitsfelder. Im Jahre 1981 wurde der erste Hochschullehrgang für Supervision an der Universität Salzburg gestartet (S. Schindler); es folgte das Katholische Bildungswerk in Wien in Kooperation mit dem Fritz-Perls-Institut

(Düsseldorf). Seit den 80er Jahren beeinflußt die Supervision auch den schulischen Weiterbildungsbereich und die Krankenhausarbeit. Vor allem nach den Gerichtsverfahren wegen der Tötung von Patienten durch Pflegekräfte im Wiener Krankenhaus Lainz (1989) kam es im Nachbarland zu einem regelrechten „Supervisionsschub". Im Jahre 1994 gründete sich dann die Österreichische Vereinigung für Supervision (ÖVS). Diesem Dachverband gehören inzwischen 16 Ausbildungsinstitute und über 400 Einzelmitglieder an. Auch in Österreich ist es zu einer Konkurrenzsituation zwischen den eher sozialen und pädagogischen Feldern entstammenden Supervisoren (ÖVS) und Supervisoren, die Mitglieder im Österreichischen Bundesverband für Psychotherapie (ÖBVP) sind, gekommen.[13] Im Oktober 1995 fand eine gemeinsame Sitzung von Vertretern der drei deutschsprachigen Supervisionsverbände statt (DGSv, BSO, ÖVS), auf welcher gemeinsame Standards und wechselseitige Anerkennung von Ausbildungen vereinbart worden sind.

Schweden In Schweden ist die Supervision aus der Weiterbildung für die psychosoziale Arbeit hervorgegangen. (In geringerem Maße existiert dort allerdings auch die Ausbildungssupervision). Wie in den Niederlanden (und größtenteils auch in Deutschland) kommen die Supervisoren von außerhalb (organisationsexterne Supervision) (Johnsson 1994). Das Buch „Supervision in der psychosozialen Arbeit" von zwei schwedischen Autoren liegt in deutscher Übersetzung vor (Bernler/ Johnsson 1993). Die Schweden verfolgen, ähnlich wie die Niederländer und zwei deutsche Autorinnen (Schreyögg 1991; Rappe-Giesecke 1990, 1994c) einen integrativen Ansatz und ordnen diesem metatheoretische bzw. systemtheoretische Gesichtspunkten unter (siehe Ausführungen in Abschnitt 5.4., S. 127 ff.).

Frankreich und Italien Völlig anders verlief die Entwicklung in Frankreich. Anstelle der Konzeptionen anglo-amerikanischen Ursprungs hat man hier schon vor einigen Jahrzehnten im Sozial-, Gesundheits- und Erziehungswesen verschiedene eigenständige Formen der Sozioanalyse und Institutionsberatung entwickelt (Prein 1994). In Italien gibt es kaum Supervision in der Sozialarbeit. Im medizinischen Bereich sind vor allem Ärzte und Psychologen als Supervisoren tätig. In Norditalien (Südtirol) haben inzwischen deutsche und österreichische Institute mehrere Ausbildungsgänge durchgeführt (Ellecosta 1994).

England und Irland In England und Irland hat man sich am amerikanischen Modell orientiert, das überall im englischen Sprachraum vorherrschend ist. Supervision findet hier statt als Ausbildungssupervision an den Universitäten oder als Weiterbildungssupervision am Arbeitsplatz durch den Vorgesetzten (Lorenz 1994).

Zum Abschluß dieses historischen und internationalen Überblicks Bemerkungen zur aktuellen Supervision in den USA. Seit 1983 erscheint in den Vereinigten Staaten die Fachzeitschrift „The Clinical Supervisor". Eine von mir an anderer Stelle veröffentlichte Analyse der dort publizierten 300 Beiträge zeigt folgende Trends in der nordamerikanischen Supervision:

Neuere Entwicklungen in den USA

(a) Die administrativen Aspekte der Supervision durch Vorgesetzte stoßen zunehmend auf Kritik.
(b) Am wichtigsten sind Fragen der Ausbildungssupervision wie auch der Zusammenarbeit von Hochschulen und Praxiseinrichtungen bezüglich der supervidierten Praktika.
(c) Die psychotherapeutische Orientierung hat zugenommen; vor allem die Hinwendung zu familientherapeutischen Fragestellungen ist größer als bei uns.
(d) Eine Beschäftigung mit Themen wie „Supervision und Organisation" kommt kaum vor; der Balint-Ansatz (siehe Ausführungen in Abschnitt 5.2.6., S. 113 ff.) ist für die nordamerikanische Sozialarbeit bedeutungslos.
(e) Theorie- und Konzeptentwürfe sind in der amerikanischen Fachliteratur ebenfalls nicht so weit gediehen wie bei uns.
(f) Es existiert eine intensivere wissenschaftliche Erforschung von Supervision als im deutschen Sprachraum (Belardi 1994a).

1.3. SUPERVISION ALS VORBEUGUNG GEGEN HELFERSYNDROM UND BURN-OUT

Schon vor 70 Jahren warnte Alice Salomon vor den „Helfernaturen" (1927, S. 75) in der Sozialarbeit. Viele Jahre später schrieb Marie Kamphuis: „Sozialarbeit ist ein Beruf, der die psychische Verwundbarkeit des Menschen erhöht" (1965, S. 100). Im Jahre 1974 prägte der amerikanische Psychoanalytiker Freudenberger den Begriff „Burnout", was soviel wie berufliches „Ausbrennen" bedeutet.

Die Gründe dafür können vielfältig sein: Überforderung, zu hohe Ansprüche, zu geringe Anerkennung, zu wenig Ausgleich im Privatleben oder die Überbetonung der Arbeit. In der Nachfolgezeit kam es in vielen Ländern zu einer unüberschaubaren Anzahl von Beschreibungen und Untersuchungen über die Ursachen und Folgen dieser beruflichen Ermüdungserscheinungen (Burisch 1989). Während man bei allen Berufstätigen annimmt, daß mindestens ein Zehntel in diesem Sinne „berufsmüde" ist, so gilt als sicher, daß in den sozialen, gesundheitlichen und pädagogischen Berufen diese Quote noch höher sein muß, weil man auch als Person mit seinen Beziehungen und Gefühlen stärker gefordert wird. Denn bei diesen Tätigkeiten wird von den Helfern verlangt, „zwischenmenschliche Beziehungen mit den Klienten aufzubauen und unter Bedingungen aufrechtzuerhalten, die häufig durch Erfahrungen der Aggression und Autoaggression, des Leidens und Schmerzes usw. gekennzeichnet sind. Die Helfer können diese Tätigkeit – anders als in den meisten gewerblichen Arbeitsbereichen – nicht losgelöst von ihren eigenen Empfindungen, Werten und Überzeugungen ausüben" (Marquard u. a. 1993, S. 2).

Dem Burn-out kann man nach Meinung dieser Forschergruppe in zweierlei Hinsicht vorbeugen: Man muß das richtige Verhältnis von *Nähe und Distanz* zur Klientel finden und die Interessen klarstellen, die Rückzugskultur überwinden, um eine möglichst *angstfreie Kommunikation* herzustellen (ebd., S. 230).

Im Jahre 1977 erschien das vielbeachtete Buch von Wolfgang Schmidbauer über die „Hilflosen Helfer". Seitdem weiß man in der Fachöffentlichkeit, daß scheinbar selbstlose Hilfe auch kritisch gesehen werden muß:

Was erhoffen die Helfer sich persönlich davon, wenn sie sich jahrelang über Gebühr aufopfern? Möchten sie durch offene oder verdeckte, scheinbar uneigennützige Haltungen ihr eigenes Selbstwertgefühl auf Kosten der Ratsuchenden stabilisieren? Warum benötigen vor allem Angehörige helfender Berufe den Eindruck, von anderen „gebraucht" zu werden? Schmidbauers Thesen, die aus Weiterbildungsveranstaltungen, Supervisionen und auch Therapien mit Angehörigen sozialer und pädagogischer Berufe stammen, müssen wir selbstkritisch zur Kenntnis nehmen. Gleichzeitig ist davor zu warnen, diese Ergebnisse zu verallgemeinern und die Bedeutung von Lern- und Entwicklungsfähigkeiten im Beruf zu unterschätzen. Allerdings scheinen auch Angehörige anderer Berufsgruppen nicht vor dem „Helfersyndrom" geschützt zu sein: „Gefragt nach ihren Motiven, das Studienfach Psychologie zu wählen, nennen viele Studierende: ‚Weil ich anderen helfen will' " (Psychologie heute 2/1996, S. 18).

Gerade *Supervision* ist ein *Mittel*, das Burn-out-Syndrom im Vorfeld zu erkennen und die Rolle des „hilflosen Helfers" zu vermeiden. Eine berufskritische Position nehmen Gerd Gehrmann und Klaus Müller ein, indem sie den „therapeutischen Umgang" mancher Sozialpädagogen untereinander kritisieren.

Supervision als Vorbeugung

Viele an Burn-out oder „Helferproblemen" Leidende werden als „Sozialfälle" mitgeschleppt. „Diese Demütigung kann nicht immer als human bezeichnet werden. Menschlichkeit und Fürsorglichkeit muß doch in erster Linie den Klienten zugute kommen, den in dieser Gesellschaft so schlecht behandelten, benachteiligten Bürgern. Ausgebrannte und demotivierte Sozialarbeiter können das nicht leisten" (1993, S. 69).

Nach Jörg Fenglers Buch „Helfen macht müde" (1991) kommt es bei der Burn-out-Entwicklung möglicherweise zu einer wiederkehrenden Folge unterscheidbarer Etappen:

Viele Helfer verhalten sich anfangs ihrer Klientel gegenüber übermäßig freundlich und engagiert. Dieses Verhalten und viele unlösbare Probleme führen zur Überforderung. Die berufliche Frustration und zunehmende „innere" Ablehnung nehmen zu; daraus erwachsen Schuldgefühle. Vermehrte Anstrengungen sind jetzt notwendig, um das innere Gleichgewicht aufrechtzuerhalten. Hilflosigkeit, Erschöpfung und (indirekte) Aggressionen gegen die Klientel und Kollegen machen sich breit. Am Ende dieser negativen Spirale kann es zur Berufsflucht, einer psychischen und/oder körperlichen Erkrankung kommen. Burn-out-gefährdet ist man vor allem dann, wenn die inneren und äußeren Grenzen zwischen Berufs- und Privatleben ineinander verschwimmen. Allerdings kann auch die Supervision eine kreative Lösung aus derartigen Krisen sein.

In seinem jüngsten Buch „Süchtige und Tüchtige. Begegnung und Arbeit mit Abhängigen" (1994a) vertieft Fengler das Thema noch im Hinblick auf die berufsmäßige Arbeit in der Suchtkrankenhilfe. Die Publikationen von Schmidbauer und Fengler gelten als Pflichtlektüre für Angehörige sozialer und pädagogischer Berufe.

2. Terminologisches: von der Praxisberatung zur Supervision

Begriff und Bedeutungen
An erster Stelle steht die Frage, woher dieses eigenartige und auch mißverständliche Wort „Supervision" kommt. Als Begriff soll Supervision zum ersten Mal um 1554 in der Bedeutung von „Leitung" und „Kontrolle" gesetzlicher, kirchlicher oder testamentarischer Prozesse aufgetaucht sein (Huppertz 1975, S. 7). Im Lateinischen hat „super" verschiedene Bedeutungen; es kann „über", „von oben" oder „darüber" heißen. „Visio" meint das „Sehen", den „Anblick" oder die „Erscheinung". Danach bedeutet Supervision „Überblick" oder „Übersicht". Weitere Bedeutungsvarianten können sein: Inspektion, Kontrolle, Wissensvermittlung, Hilfestellung oder Anpassung an Arbeitsbedingungen (Ebbecke-Nohlen 1994, S. 39). Auf die Soziale Arbeit bezogen meint Supervision die „Meta-Perspektive", d. h. einen Überblick der sozialpädagogischen Berufsvollzüge. In amerikanischen Organisationen, z. B. in der Industrie oder dem Einzelhandel hat der Supervisor die Aufgabe, seinen Untergebenen Aufträge zu erteilen, ihre Arbeit zu beaufsichtigen und ihre Produktivität zu beurteilen. Er ist ein Vorarbeiter und Vorgesetzter im middle-management. „To supervise the workers", bedeutet die Arbeit der Untergebenen zu überwachen (Coché 1986, S. 5).

„Praxisanleitung" und „Praxisberatung"
Bereits in der Einleitung habe ich darauf hingewiesen, daß im Zuge der gegenwärtigen Amerikanisierung und Internationalisierung unseres Lebens der Begriff „Supervision" immer mehr in den Alltagsgebrauch übergeht. In den 20er Jahren wurde dieser Begriff – trotz der schon vereinzelt praktizierten Supervision – in der deutschen Sozialarbeiter-Ausbildung noch nicht verwendet (siehe Ausführungen im Abschnitt 1.1., S. 24 ff.). Dora v. Caemmerer (1970, S. 10) und Christa Deichmann (Vorwort zu Pettes 1971, S. 10), Förderinnen der Supervision in Deutschland, versuchten die Begriffe „Praxisanleitung" und „Praxisberatung" statt des englischen Wortes Supervision einzuführen. Sie knüpfen damit an den ersten Vermittlungsversuch von Hertha Kraus (1950) an. Dora v. Caemmerer wollte verhindern, daß durch die Verwendung des amerikanischen Begriffes die Funktion des Supervisors als Ausbilder und Vorgesetzter zu sehr in den Vordergrund rückte

(ebd., S. 12). Allerdings erinnerte der Ausdruck „Praxisanleitung" auch sehr an die Praktikantenanleitung. Deswegen sei der Terminus „Praxisberatung" vorzuziehen, weil dieser das partnerschaftliche Verhältnis „zwischen einem erfahrenen Kollegen und den Nachwuchskräften betone" (ebd., S. 13). Auch für die deutsche Ausgabe des niederländischen Buches von Siegers hatte sich die Übersetzerin Christine v. Passavant für den Titel „Praxisberatung" statt „Supervisie", wie im Original, entschieden (Siegers 1974, S. 8). Noch im Jahre 1975 schrieb Melzer, einer der Hauptförderer der Supervision seitens des Deutschen Vereins für öffentliche und private Fürsorge: „In der Bundesrepublik wird der Begriff Supervision noch benutzt. Er ist aber schon weitgehend abgelöst durch die Bezeichnung ‚Praxisanleiter' und ‚Praxisberater' " (1975, S. 238). Diese Prognose erwies sich als nicht richtig: In den deutschsprachigen Ländern wie auch in den Niederlanden wird ausschließlich der Begriff „Supervision" verwendet. Praxisanleitung und Praxisberatung hört man am ehesten noch für die Ausbildungssupervision an den Fachschulen und Fachhochschulen. Der deutsche Gebrauch des amerikanischen Terminus „Supervision" ist mißverständlich. Sowohl den englischsprachigen Kollegen wie auch den deutschsprachigen Laien muß man häufig zuerst erklären, was Supervision bei uns *nicht* meint. Die Amerikaner werden schwer verstehen, daß unser Supervisor in der Regel *kein* Vorgesetzter ist, sondern daß sein Selbstverständnis und seine Rolle oft dem des Psychotherapeuten verwandt sind. Vorgesetzten-Tätigkeit und Supervisoren- bzw. Berater-Rolle sind bei uns weitgehend getrennt. Die Supervision ist vielleicht das bedeutendste Geschenk der Sozialarbeit an die modernen Sozialwissenschaften. Das mag auch der Grund dafür sein, daß andere Berufsfelder und Arbeitszusammenhänge diese Beratungsform für sich nutzen und sich die Supervision weiterentwickelt. Supervision ist schon längst nicht mehr nur eine Angelegenheit der sozialen Berufe (siehe Ausführungen in Kapitel 8, S. 163 ff.). Um so wichtiger ist es, sie für die Soziale Arbeit neu zu definieren und abzugrenzen.

2.1. EXTERNE SUPERVISION, INTERNE SUPERVISION, SUPERVISION IN STABSFUNKTION, SUPERVISIONSVERBUND

Eine weitere Unterscheidung ist für die Supervisionspraxis von zentraler Bedeutung. Es wurde bereits darauf hingewiesen, daß in den deutschsprachigen Ländern, anders als in den USA oder in England, die organisationsexterne Supervision dominiert. „Externe Supervision meint, daß zum Zwecke einer berufsbezogenen Beratung/Supervision gegen Honorar ein fremder Fachmann für einen zeitlich begrenzten Auftrag in die Organisation hineingeholt wird" (Berker 1994, S. 344). Die meist nebenberuflich tätigen Supervisoren haben den Vorteil, daß sie nicht in die Hierarchie der Institution eingebunden sind, die Supervisanden können eher ein Vertrauensverhältnis zu ihnen und untereinander entwickeln. Auf der anderen Seite kennen organisationsexterne Supervisoren das Innenleben der Einrichtungen nicht so gut. Möglicherweise entgehen ihnen entscheidende Vorgänge. In rollenmäßiger Hinsicht nähert sich die organisationsexterne Supervision dem Psychotherapeuten-Modell.

Der Vorteil einer externen Supervision zeigen sich in folgendem Beispiel: Die Supervisorin kommt zu einem Team von Heimerziehern, in dem Sprachlosigkeit herrscht. Die Teammitglieder kommunizieren vor allem auf der indirekten Vorwurfsebene. Wenn über Bewohner gesprochen wird, erfolgt das sehr verhalten und in einer abgesicherten Sprache, so als erwarte man einen „Angriff" anderer Teammitglieder. Die Supervisorin stellt fest, daß hier erst einmal „Beziehungsarbeit" zu leisten ist. Vorwürfe können klargestellt und hoffentlich ausgeräumt werden. Dann erst kann man sich der Reflexion gemeinsamer Arbeit zuwenden. Die Diagnose dieser Situation folgt der bekannten Regel aus der „Themenzentrierten Interaktion", wonach Störungen Vorrang haben[14]. Vor allem weil die Supervisorin nur auf begrenzte Zeit im Heim tätig ist, keine Vorgesetztenrolle innehat, ist ein „Schutzraum" entstanden.

Die organisationsexterne Supervision folgt einem allgemeinen gesellschaftlichen Trend der Delegation von Spezialaufgaben an außenstehende Dienstleister (Outsourcing). Ebenso wie sich Institutionen eine Rechtsberatung, Wirtschaftsberatung oder Gebäudereinigung „einkaufen", so wird auch die Dienstleistung Supervision auf Zeit engagiert (Fürstenau 1996, S. 39).

Organisations-interne Supervision
Dagegen knüpft die organisationsinterne Supervision an die amerikanische Praxis an. „Interne Supervision meint, daß zum Zwecke berufsbezogener Beratung/Supervision ein spezialisierter Fachmann auf eine Planstelle in der Organisation gesetzt wird" (Berker 1994, S. 344). Vorgesetzte leiten auch „Fallbesprechungen". Naturgemäß sind dann die Vorbehalte und Widerstände der Supervisanden größer. Streitigkeiten im Team oder persönliche Verstrickungen kommen eventuell

weniger zur Sprache. Ferner ist leichter die Gefahr gegeben, daß die persönliche, berufliche und organisatorische Ebene zu sehr vermischt werden, weil man aufgrund von Äußerungen berufliche Nachteile zu befürchten glaubt. Andererseits sind bei der organisationsinternen Supervision alle Beteiligten über innerbetriebliche Vorgänge besser informiert.

Um diese Nachteile einer von den Vorgesetzten geleiteten Supervision zu verringern, haben viele große Jugendämter und freie Träger Stellen für haus- oder verbandsinterne Supervisoren geschaffen, die sich nicht im direkten Vorgesetztenverhältnis zu den Supervisanden (Liniensystem) befinden. Wenn man als Supervisor organisationsintern tätig ist, kann es zu Akzeptanzproblemen kommen. Deswegen ist es besser, wenn man sich nicht im Vorgesetztenverhältnis befindet, sondern praktisch und stellenmäßig „daneben" auf einer Stabsstelle angesiedelt ist.

Supervisoren in *Stabsfunktion* kennen die Einrichtungen, die Klientelgruppen und die Arbeitsprobleme des Personals oft besser als externe Supervisoren. Andererseits haben sie es aufgrund ihrer Stabsstelle leichter, Vertrauen zu erwerben als Vorgesetzte, die auch Supervisionsfunktion ausüben.

Der Vorteil einer organisationsinternen Supervision zeigt sich in folgendem Beispiel: Das Jugendamt einer Millionenstadt verfügt einschließlich aller angegliederten Einrichtungen (Kindergärten, Jugendhäuser, Heime, Beratungsstellen u.v. a.) über 2.000 Mitarbeiter. In der Zentrale des Jugendamtes existiert schon längere Zeit eine Abteilung für Weiterbildung. Schon in den 80er Jahren hat man dort eine Stabsstelle für Supervision eingerichtet. Zwei vom Jugendamt fest angestellte Supervisorinnen veranstalten Gruppensupervisionen für alle Praktikanten zusätzliche Angebote für Teams. Sie stehen für weitere spezielle Fragen (z. B. Krisengespräche, Leitungsprobleme, organisatorische Veränderungen, Fallbesprechungen, Weiterbildung) auch den Außenstellen des Jugendamtes zur Verfügung.

Eine Ausweitung der Supervisorentätigkeit in einem Hause stellt der Supervisionsverbund dar. Was ist darunter zu verstehen? Nehmen wir einmal an, daß zwei separate Einrichtungen eines Trägers je einen Mitarbeiter beschäftigen, der auch in Supervision ausgebildet ist. Anstatt jedoch im eigenen Hause die Supervision anzubieten, sind diese Supervisoren in der jeweils anderen Einrichtung tätig. So nutzt man die Vorteile einer organisationsexternen (trägernahen) Supervision und kann gleichzeitig Kosten sparen. Dieser Supervisionsverbund (siehe Anhang 3.1., S. 196) kommt auch auf der Ebene gleicher Einrichtungen bei unterschiedlichen Trägern vor (z. B. Heime). Die Gestaltungsmöglichkeiten, Supervision nutzen zu können, sind vielfältiger Art.

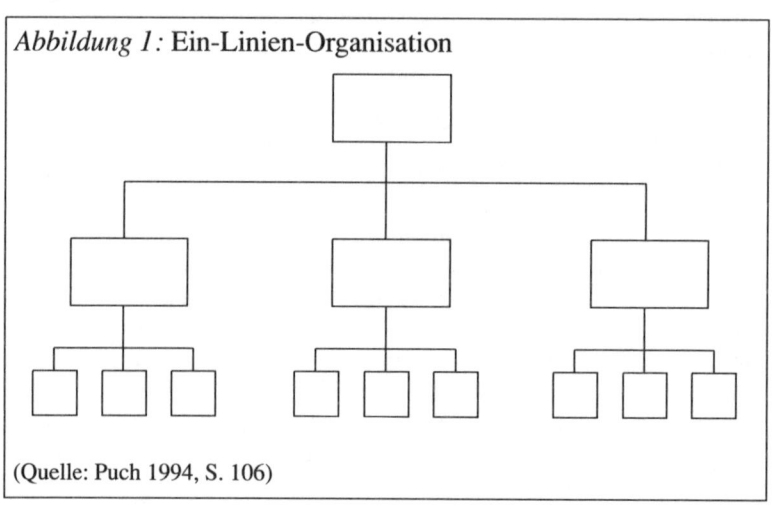

Abbildung 1: Ein-Linien-Organisation

(Quelle: Puch 1994, S. 106)

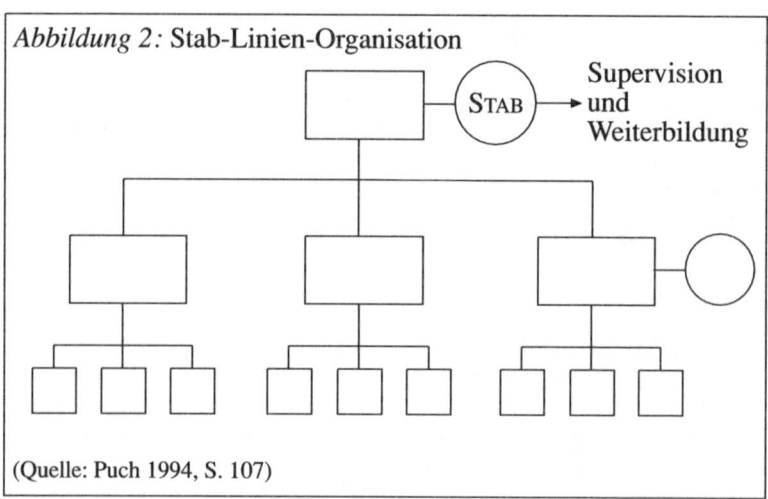

Abbildung 2: Stab-Linien-Organisation

(Quelle: Puch 1994, S. 107)

Vorteile und Nachteile Doch zurück zu den beiden zentralen Varianten von Supervision. Wie kann man die Vor- und Nachteile interner und externer Supervision gegeneinander abwägen? Für die letztgenannten Beispiele sind eher organisationsinterne Berater geeignet. Demgegenüber ist eine organisationsexterne Supervision für das Erziehungsheim (siehe S. 36) sinnvoller, weil dort mehr „Beziehungsarbeit" zu leisten ist. Vereinfacht gesagt sind die Vorteile, welche die externe Supervisorenrolle mit sich bringt, Nachteile der internen Supervision und umgekehrt.

„Distanz des externen Supervisors zur Institution, seine geringere Vorinformation und Verwicklung mit internen Abläufen lassen ihn einen Teil der Wirklichkeit wahrnehmen, andere Teile der Wirklichkeit in den Hintergrund treten. Er sieht etwas anderes, nicht aber Richtigeres oder Falscheres, und interveniert daher anders. Die größere Nähe des internen Supervisors zu Mitarbeitern, Leitung und Organisationsstrukturen lassen ihn ebenfalls einen anderen Teilausschnitt der Wirklichkeit wahrnehmen, ermöglichen Verstehen und direktere Einflußnahme und bergen die Gefahr von Verstrickung und Blindheit." (Fox 1987, S. 180)

Abschließend sei noch darauf hingewiesen, daß in der deutschen Fachliteratur die Supervision als besondere Beratungstätigkeit fast selbstverständlich „als externe Supervision gedacht" wird (Berker 1994, S. 344). Darin drücken sich auch Hoffnungen vieler Supervisorinnen und Supervisoren nach Freiberuflichkeit aus. „Konzeptionelle Anleihen an therapeutische Beratungsschulen" und ein „antiinstitutioneller Affekt", welcher „Beratung zum höheren Wert gegenüber Leitung emporstilisiert", werden dabei deutlich. „Diese Mischung führte unweigerlich zu dem exklusiven Leitbild von Supervision als externer Supervision" (Berker 1994, S. 345). Von Berker stammt auch folgende „Entscheidungshilfe" hinsichtlich der Frage, ob eine Supervision *intern* oder *extern* vorgenommen werden sollte:

Interne oder externe Supervision

„1. Interne Supervision ist vor allem dann geeignet, wenn Feldprobleme Ursache des Supervisionsauftrags sind.
2. Externe Supervision ist vor allem dann geeignet, wenn Organisationsprobleme Ursache des Supervisionsauftrags sind.
3. Von der Fachlichkeit ideal ist eine flexible Verbindung von interner und externer Supervision.
4. Von den Kosten her ist eine interne Supervision dann ertragreich, wenn in größeren Einrichtungen ein hoher und kontinuierlicher Bedarf vorliegt. Eine externe Supervision ist dann sinnvoll, wenn eher kurzfristiger oder begrenzter Bedarf nach Supervision besteht." (Berker 1994, S. 352)

2.2. Vorgesetztensupervision

Den bisher diskutierten Grundkategorien organisationsexterner (neben- oder freiberuflicher) und organisationsinterner (angestellter) Supervisoren möchte ich noch eine dritte Gruppe hinzufügen, welche der amerikanischen Tradition entspricht: Supervisoren in Vorgesetztenfunktion. Auf vielen Veranstaltungen und Fachtagungen trifft man eine große Anzahl von Vorgesetzten, die auch eine Weiterbildung in Supervision absolviert haben. Sie sind jedoch nicht auf einer Stabsstelle in der eigenen Organisation für die Kollegen beratend tätig; selten üben sie anderswo nebenberufliche Supervision aus und haben aus den unterschiedlichsten Gründen nicht den „Sprung" in die Freiberuflichkeit vollzogen. Viele kamen aufgrund einer beruflichen Neuorientierung oder Krise in die Weiterbildung; oft mit dem Traum von der Selbständigkeit. Die mehrjährige Weiterbildung hat jedoch bewirkt, daß sie sich in ihrer Rolle als Vorgesetzte sicherer fühlen, sich abgegrenzter verhalten und deutlicher zu ihrer Leitungsrolle stehen können. Häufig sind sie erfolgreich als Anleiter von Praktikanten tätig. Diesen Zweck verfolgt auch die Supervisionsausbildung – vor allem die Supervisionsausbildung an der Akademie für Jugendarbeit und Sozialarbeit des Deutschen Vereins. Leider wird in der eher von Freiberuflichkeit dominierten Fachdiskussion diese (ursprüngliche) Rolle des Supervisors häufig vernachlässigt.

2.3. Feldkompetenz und Beratungskompetenz

Feldkompetenz
Zum Thema „Terminologisches" gehört auch der im vorangegangenen Abschnitt schon verwendete Begriff „Feldprobleme". Dieses Thema hat zu tun mit der Unterscheidung zwischen Feld- und Beratungskompetenz. Was ist mit Feldkompetenz gemeint? Darunter versteht man die Wahrnehmung, das Verstehen und das Mitgestalten der Dynamik (Klientendynamik, Professionellendynamik und Institutionsdynamik) im jeweiligen Arbeitsfeld, das beraten wird (Berker 1992, S. 4f.). In den Anfängen der Supervisionsgeschichte, als erfahrene Sozialarbeiter/-pädagogen ihre jüngeren Kollegen anlernten, war die Feldkompetenz eine Selbstverständlichkeit. Ein wesentlicher Bestandteil der Supervisionsinhalte war ja die Tatsache, daß der ältere Kollege „mehr" vom Berufsfeld wußte als sein jüngerer Mitarbeiter.

Die Feldkompetenz des erfahrenen Supervisors hat den Vorteil, daß er in seinen Aktionen auch Dinge ansprechen kann, die im Supervisionsgespräch nicht direkt Thema sind. Er besitzt Hintergrundwissen über die sozialen, organisatorischen, rechtlichen und zielgruppenspezifischen Fragen des jeweiligen Arbeitsgebietes. Ein felderfahrener Supervisor weiß zum Beispiel schon vor Beginn der Supervision, daß Berufsanfänger grundsätzlich der Gefahr unterliegen, sich zu sehr mit der Klientel zu identifizieren, und sich damit schwer tun, notwendige Grenzen zu setzen oder „unangenehme" Fragen zu stellen. Auch wenn diese Probleme seitens der Supervisanden nicht thematisiert werden, kann der Supervisor darauf achten und nachfragen. Bei speziellen Themen des Arbeitsfeldes, die man nur kennt, wenn man selber dort tätig war, kann er auch grundlegende Informationen geben oder Verbesserungsvorschläge machen. Ferner weiß ein felderfahrener Supervisor, wie man ähnlich gelagerte Probleme in anderen Einrichtungen gelöst hat.

Was bedeuten die angesprochenen Untergliederungen von Felddynamik, also die *Klientendynamik, Professionellendynamik* und *Institutionsdynamik* für die Praxis? Alle drei Begriffe lassen sich gut an einem Beispiel aus dem Feld der offenen Jugendarbeit erläutern:

Besucher von Jugendeinrichtungen verstehen sich häufig als Teil einer Gruppe oder Clique. Um sich von anderen Jugendlichen (Subkulturen) abzugrenzen, verwenden sie eine spezielle Sprache und Symbolik (Jargon, Kleidung, Abzeichen). Es haben sich auch besondere Umgangsformen (Regeln) herausgebildet. Mitarbeiter in der offenen Jugendarbeit sind dann erfolgreich, wenn sie diese Regeln kennen und – bei Beachtung notwendiger Grenzen – auch berücksichtigen. Sie ähneln deswegen in Umgangsformen und Kleidung den Jugendlichen. Es versteht sich von selbst, daß ein Sozialarbeiter mit Anzug und Krawatte im Jugendhaus schwer vorstellbar ist. Die Klientendynamik beeinflußt also die Professionellendynamik und damit auch Umgangsformen und Ausgestaltung des Jugendhauses, welches deswegen eine feldspezifische Institutionsdynamik entwickelt.

Der gleiche Sozialarbeiter kann aber einige Jahre später im Jugendamt tätig werden. Diese Einrichtung ist viel stärker formalisiert und bürokratisiert; sehr wahrscheinlich spricht er seine Klienten mit „Sie" an und kommt möglicherweise im Anzug zur Arbeit. (Diese Gesichtspunkte gelten auch für Supervisoren in den jeweiligen Feldern).

Ein wesentliches Merkmal des breiten Feldes beruflicher Sozialer Arbeit ist die Tatsache, daß es eine Fülle von „Felddynamiken" gibt.

Supervision – Praxisberatung

Unterschiedliche feldspezifische Dynamiken

Denken wir nur an die drei „klassischen Ämter" unserer Profession: das Jugendamt, das Sozialamt und das Gesundheitsamt. Gleiches gilt für Institutionen der freien, z. T. weltanschaulich gebundenen Träger und die vielen von unterschiedlichen Klientelsystemen geprägten alternativen Einrichtungen. Was haben ein Jugendhaus, ein Jugendamt, eine Suchtklinik, eine Beschäftigungsinitiative eigentlich gemeinsam, außer daß dort Sozialarbeiter tätig sind? Alleine schon ein Teilgebiet der Sozialen Arbeit, die Beratungsstellen, differenzieren sich in so verschiedene Bereiche wie Erziehungsberatung, Drogenberatung, Schuldnerberatung, Ausländerberatung, Schwangerschaftskonfliktberatung oder Jugendberatung (Belardi 1996). Das hat höchst unterschiedliche feldspezifische Dynamiken bei der Klientel, den Professionellen und den Institutionen zur Folge. Das Hintergrundwissen über die Felddynamik liefern unterschiedliche Wissenschaftsbereiche. Hierzu gehören vor allem neuere Forschungen, die sich mit „Organisationskultur" beschäftigen.[15]

Bedeutung der Feldkompetenz

Wir sehen: Im zersplitterten und hochspezialisierten Feld der Sozialen Arbeit benötigen Supervisoren unbedingt Feldkompetenzen und Organisationswissen. Feldkompetenz ist nichts Statisches. Ebenso wie die sozialen Arbeitsfelder sich immer wandeln, so verändern sich die Anforderungen an die Supervisoren. Reine psychologische Deutungsmuster, wie sie manche psychotherapeutisch orientierte Supervisoren verwenden, reichen für viele Problemlagen nicht aus, um der Mehrdimensionalität von Sozialer Arbeit gerecht werden zu können. Möglicherweise ist die Supervision auch die bindende Klammer des unübersichtlichen Feldes Soziale Arbeit.[16] Doch auch unreflektierte Feldkompetenz kann hinderlich sein. Etwa wenn der Supervisor meint, aufgrund langer Berufserfahrung alles „besser" zu wissen und zu können als die jüngeren Supervisanden. Der Supervisor wird unter Umständen ungeduldig oder rivalisiert. Er übersieht möglicherweise spezielle Bedingungen dieser *einen* Institution, weil er zu sehr seinen beruflichen oder gar persönlichen Hintergrund mit ins Supervisionsgespräch einbringt.

Beratungskompetenz

In den letzten Jahren ist auch aus diesen Gründen neben die Feldkompetenz zusätzlich die Beratungskompetenz gerückt. Beratungskompetenz heißt, daß ein Supervisor sich in erster Linie als Berater für berufliche Zusammenhänge versteht, sein Wissen bzw. seine Aktionen auf verschiedenen Theorien und Methoden zur berufsspezifischen Beratung beruhen und es deswegen nicht mehr so wichtig ist, die jeweiligen beruflichen Felder der Supervisanden genauer zu kennen. Vor allem die psychotherapeutisch orientierten Supervisoren sind bei mangelnder Felderfahrung in der Sozialen Arbeit vorwiegend auf ihre beraterischen Fähigkeiten angewiesen. So kann es passieren, daß bei speziellen beruflichen Themen die Supervisanden unzulänglich verstanden werden und unangemessene Deutungsmuster ihre Anwendung finden. Feldkompetente Supervisoren mit entsprechender Beratungskompetenz haben dann „mehr Verständnis für die Dynamik des Berufsfeldes" als beispielsweise ein Psychoanalytiker, „der dieses Feld nicht aus eigener Anschauung kennt" (Bauriedl 1993, S. 26).

Die Schwerpunktverlagerung von der Feld- zur Beratungskompetenz zeigt auch recht deutlich die Entwicklung der Supervision von der Sozialarbeiter-Praxisberatung zu einem immer eher eigenständigen Beratungsberuf. Hinzu kommt, daß viele Sozialpädagogen hoffen, durch freiberufliche Supervisionstätigkeit den vielen Mühen der Sozialen Arbeit entgehen zu können (siehe Ausführungen in Kapitel 7). Vor allem freiberufliche Supervisoren legen Wert darauf, daß sie Berater für *unterschiedliche* Berufsfelder sind. Es ist allerdings fraglich, ob man durch Beratungskompetenz fehlendes Feldwissen in der Sozialen Arbeit ausgleichen kann. Für die Auftraggeber von Supervision ist es jedoch wichtig, zu erfahren, *wo* und *wie* die Berater sich ihr Feldwissen angeeignet haben. Auf Grund des geplanten und kontrovers diskutierten Psychotherapeutengesetzes wird sicherlich ein Teil der psychotherapeutisch tätigen Diplom-Psychologen nicht in den Genuß einer Kassenzulassung kommen. Diese werden dann ihr Auskommen auch in der Supervision von Sozialer Arbeit suchen müssen. *Schwerpunktverlagerung*

Doch zurück zu Fragen der Feldkompetenz. In der Praxis bieten Supervisoren häufig in den Berufsfeldern ihre Kompetenzen an, wo sie sich aufgrund der eigenen Erfahrungen und Weiterbildungen gut auskennen. Nach und nach werden die Erfahrungen (auch durch Praktika oder Hospitationen) differenzierter zugunsten der Feldkompetenzen erweitert. Nicht jeder Supervisor kann überall tätig werden. Andererseits ist der *Wechsel des Feldes* ebenfalls angesagt. Denn die Entstehung und Entwicklung neuer Zielgruppen (z. B. Aids-Kranke, Alternativsektor, ambulante Kranken- und Altenpflege u. v. a.) zwingen gerade zur Ausweitung der ursprünglich eng definierten Kompetenz. *Ausweitung der Feldkompetenzen*

2.4. Aktuelle Definitionen von Supervision

Zum Abschluß dieses Kapitels noch ein Blick auf einige aktuelle Supervisions-Definitionen: In der Fachliteratur ist man sich heute darüber einig, daß die Supervision eine „berufsbezogene Beratung" ist, die auf die Erweiterung von Kompetenzen hinzielt (Pühl 1990, S. 3, siehe Abbildung 3). Damit meint Supervision grundsätzlich die Beratung *aller* beruflichen Zusammenhänge, nicht nur derjenigen im Sozial- und Gesundheitswesen, aus denen die Supervision hervorgegangen ist. Eine ausführliche Definition der Supervision aus systemtheoretischer Sicht liegt von Rappe-Giesecke (1990, S. 4) vor:

„Supervision ist eine Institution, deren erste Funktion es ist, die Psychodynamik von professionellen Beziehungen, seien es Beziehungen zwischen Professionellen und ihren Klienten oder Beziehungen zwischen den Professionellen, z. B. Teammitgliedern, zu analysieren. Zweitens hat Supervision die Funktion, die Rollenhaftigkeit dieser Beziehungen zu untersuchen; sie fragt nach den Auswirkungen der Institution, in der Professional und Klient oder Professional mit Professional zusammenkommen, auf deren Beziehungen. Und drittens vermittelt Supervision beide Analyseebenen und klärt das Zusammen- bzw. Gegeneinanderwirken von psychischen und institutionellen Strukturen in professionellen Beziehungen."

Vom schweizerischen Berufsverband für Supervision und Organisationsberatung (BSO) stammt folgende umfassende Definition der Supervision:

„*Supervision (Praxisberatung)* richtet sich an Einzelne sowie an Gruppen oder Mitarbeiter-Teams. Sie *befaßt sich mit konkreten Fragestellungen aus dem Berufsalltag* der Teilnehmer sowie mit Fragen der Zusammenarbeit zwischen Personen in verschiedenen Rollen und Funktionen, Aufgabenbereichen und Hierarchiestufen. Ziel der *Supervision ist die Verbesserung der Arbeitssituation*, der Arbeitsatmosphäre, der Arbeitsorganisation und der aufgabenspezifischen Kompetenzen. Sie ist darauf angelegt, dieses praxisnahe Lernen und die Qualität der Zusammenarbeit zu fördern." (Brönnimann 1994, S. 38)

Auch nach Schreyögg ist die Supervision „eine Beratungsform, die berufliche Zusammenhänge thematisiert" (1991, S.1). Nach Auffassung der Autorin verfügt die Supervision vereinfacht gesprochen über zwei globale Deutungsmuster:

Zwei Deutungsmuster (a) Der „rationale Dialog" enthält Rekonstruktionen von Erfahrungen aus der Praxis, Hinweise, Problemformulierungen sowie Hilfestellungen vom Typus Weiterbildung und Fachberatung. Supervisionssitzungen beginnen und enden idealerweise mit solchen „rationalen Dialogen".

(b) Die „psychotherapie-orientierte Methodik" verwendet Wissensbestände und Gesprächstechniken aus den verschiedenen Ansätzen von Beratung und Psychotherapie. Diese müssen allerdings für die Zwecke der Supervisionsaufgaben entsprechend modifiziert werden (Schreyögg 1991, S. 137).

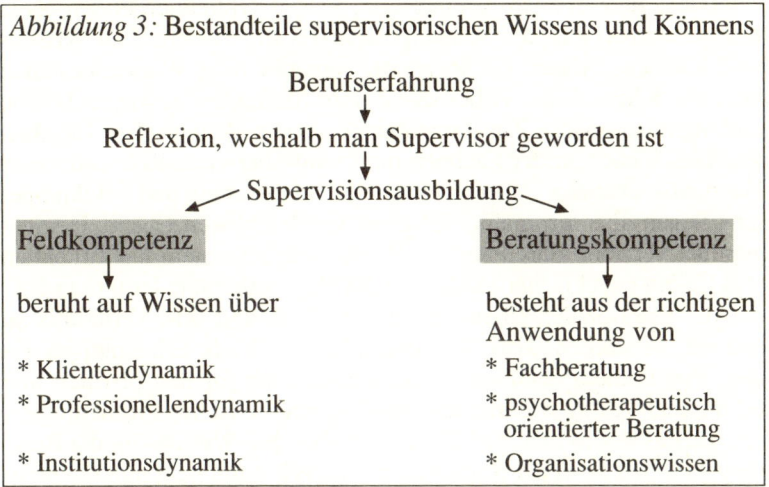

Abbildung 3: Bestandteile supervisorischen Wissens und Könnens

Berufserfahrung
↓
Reflexion, weshalb man Supervisor geworden ist
↓
Supervisionsausbildung

Feldkompetenz	Beratungskompetenz
beruht auf Wissen über	besteht aus der richtigen Anwendung von
* Klientendynamik	* Fachberatung
* Professionellendynamik	* psychotherapeutisch orientierter Beratung
* Institutionsdynamik	* Organisationswissen

Das nächste Kapitel beschäftigt sich vertieft mit der besonderen Stellung der Supervision zwischen den Schwerpunkten „rationaler Dialog" und „psychotherapie-orientierte Methodik". Der Einfachheit halber bezeichne ich diese Polarität von nun an als „Fachberatung" und „Psychotherapie".

3. Abgrenzungsfragen: zur Unterscheidung der Supervision von der Fachberatung und Psychotherapie

Definitionen Vor allem die letzten Erörterungen machen es notwendig, die Supervision jetzt genauer von Fachberatung und Psychotherapie abzugrenzen (siehe hier zu auch Abbildung 5, S. 55). Schließlich bilden beide Kompetenzbereiche die Schwerpunkte des supervisorischen Wissens und Könnens. Unter *Fachberatung* versteht man Wissensbestände über die Klientel, die Arbeitsziele, ihre Methoden, sowie rechtliche und organisatorische Zusammenhänge sozialpädagogischer Tätigkeiten. Das Wissen in der Fachberatung wird überwiegend in rationaler Form, also über den „Kopf" vermittelt. Fachberatung und Feldkompetenz liegen also lernmäßig auf einer vergleichbaren Ebene. Demgegenüber versteht man unter *Psychotherapie* allgemein das Erkennen und Heilen psychischer Leiden. In der Psychotherapie lernt man eher auf der emotionalen Ebene etwas über sich und sein Verhältnis zu anderen Menschen, also über den „Bauch". Viele Erkenntnisse aus dem Psychotherapie-Wissen sind jedoch auch für den privaten und beruflichen Alltag wichtig, unabhängig von seelischen Problemlagen. Gerade das macht den Wert des Psychotherapie-Wissens für die Beratungskompetenz in der Supervision aus. Wie kann man nun die möglichen Hilfestellungen von Supervision für die Soziale Arbeit eindeutig definieren und von anderen Weiterbildungs- bzw. Beratungsformen unterscheiden?

Eine kognitive Fachberatung kann folgendermaßen aussehen: Die Leiterin eines Kindergartens möchte von der Fachberaterin ihres Trägerverbandes wissen, wie in ihrer Einrichtung die Gruppenangebote „besser" gestaltet werden können. Im Gespräch wird deutlich, daß die Leiterin in Einzelgesprächen und an Elternabenden häufig der Kritik von Eltern ausgesetzt war. Die Kinder seien zu unausgeglichen, und man befürchte, daß die notwendige Lernhaltung für den Schulbeginn durch die „schlechte" Arbeit in den Gruppen nicht erreicht werden könne. Innerlich hat die Leiterin auch Ängste, daß vor allem die Kritik von zwei weiblichen Mitgliedern des Elternrates dem Träger bekannt werden könne. Allerdings findet sie keine Gelegenheit, diese Ängste zu äußern. Die Fachberaterin informiert die Leiterin nun über andere curriculare Möglichkeiten und neue Lerneinheiten.

Beratung – Supervision – Therapie

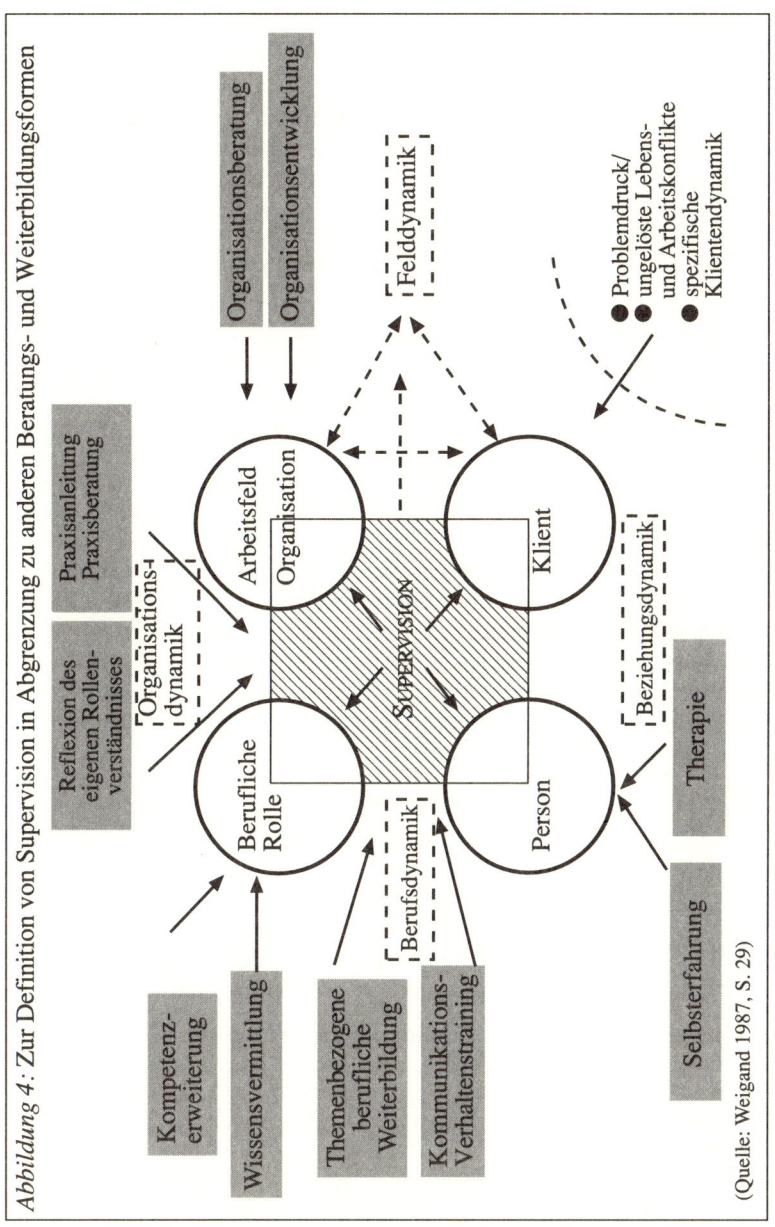

Abbildung 4: Zur Definition von Supervision in Abgrenzung zu anderen Beratungs- und Weiterbildungsformen

(Quelle: Weigand 1987, S. 29)

Abgrenzungsfragen

Defizite der Fachberatung Sicherlich verhalten sich immer weniger Fachberaterinnen so einseitig. Das Beispiel soll vor allem verdeutlichen, daß in diesem Beratungsgespräch etwas „fehlte": die Untersuchung des Verhältnisses zwischen der Leiterin und den Eltern. Möglicherweise befindet sich die Leiterin wirklich nicht mehr auf dem aktuellen Stand der Vorschulerziehung. Dieser „Fallarbeit" mangelt es allerdings auch an der *psychodynamischen Reflexion* der vorangegangenen Ereignisse. Damit sind Wissens- und Handlungselemente gemeint, die aus dem Psychotherapie-Wissen kommen. Vor allem die Psychoanalyse, eine zentrale Richtung der Psychotherapie, hat einen großen Einfluß auf die Supervision im deutschen und amerikanischen Sprachraum (siehe S. 133). Beratung ist ja nicht nur die Weitergabe von Informationen auf der Vernunftebene, sondern sollte im Sinne eines supervisorisch angelegten Gesprächs weitergehende Fragen stellen, wie es Hapke schon 1952 dargelegt hatte (siehe S. 26):

Beziehungsmäßige und organisatorische Fragen (a) Wie ist die Situation in den einzelnen Gruppen des Kindergartens (Klientendynamik)?
(b) Wie ist die Lage der Erzieherinnen in diesem Kindergarten und speziell das Verhältnis der Leiterin zu den Gruppenerzieherinnen (Professionellendynamik)?
(c) Wie ist das Verhältnis der Leiterin zu den Eltern; weshalb versteht sie deren Kritik so, daß sie nach neuen Konzepten fragt; warum fürchtet sie sich vorm Träger (Felddynamik)?

Mit diesen Überlegungen kommen beziehungsmäßige und organisatorische Fragen ins Spiel. Die Erfahrung in der Sozialpädagogik lehrt, daß derartige Überlegungen zumindest ebenso wichtig sind wie das „richtige" Konzept. Obiges Beispiel sollte zeigen, daß Fachberatung als rein vernunftmäßiges Gespräch oft zu kurz gedacht wird. Denken wir dieses Beispiel weiter. Statt mit einer Fachberaterin spricht die Kindergartenleiterin mit einer psychoanalytisch orientierten Supervisorin, die über wenig Erfahrungen im Vorschulbereich verfügt.

Beispiel einer psychoanalytischen Supervision: Die Supervisorin hört aus den Mitteilungen der Leiterin vor allem, daß es um Ansprüche der Eltern geht. Sie konzentriert sich vor allem auf zwei Schwerpunkte (Fokussierung). Es stellt sich heraus, daß die jüngere Leiterin sich vor allem zwei älteren Müttern gegenüber nicht gewachsen fühlt. Diese ähneln im Verhalten und der Wortwahl ihrer Mutter. Die Argumente dieser Frauen erinnern die Leiterin unbewußt an die Anforderungen ihrer Mutter, unter denen sie oft gelitten hatte und handlungsunfähig wurde: „Nur wenn man jetzt schon das kann, kommt man in der Schule voran und wird etwas im Leben", hatte ein häufig vorgetragener Anspruch gelautet. Nach mehreren Supervisionsstunden wird der Leiterin klar, daß sie diese Ansprüche nicht mit denjenigen ihrer Mutter „verwechseln" darf. Sie ist einer „Übertragung" unterlegen. Der Supervisorin gelingt es, die Leiterin des Kindergartens sozusagen von ihrer „inneren" Mutter in diesen Müttern „abzukoppeln".

Dieses Beispiel zeigt, daß der Schwerpunkt oder Fokus der Supervision auf einer völlig anderen Ebene liegt als bei der Fachberatung. Es ging nicht um den vernunftmäßigen, sondern um den beziehungsmäßigen Gesichtspunkt. Eine Supervisorin, welche die Tiefenbindung der Leiterin an die Elternvertreter erkennt und auflösen kann (Beratungskompetenz) und gleichzeitig Hilfestellung bei der Verbesserung von Konzepten anzubieten hätte (Feldkompetenz), wäre möglicherweise noch erfolgreicher. Für die Abnehmer von Supervision ist es wichtig, daß sie wissen, oder eine Vorstellung haben, welche Problemlagen bei ihnen vorherrschen können. Denn dann werden sie sich entsprechend spezialisierte und qualifizierte Supervisoren aussuchen können. *Schwerpunkt der Supervision*

Im folgenden wollen wir uns den tiefenpsychologischen Prozessen zuwenden, die in jeder Supervision mehr oder minder eine Rolle spielen können. In unserem Beispiel „verwechselte" die Leiterin hinsichtlich der Ansprüche die Mütter der Kinder mit *ihrer* Mutter. Sie unterlag der Übertragung. Die Übertragung darf nicht mit der Projektion verwechselt werden. Projektion bedeutet, daß eine Person ihr eigenes positives oder negatives Denken und Fühlen in jemand anderen hineinverlegt: „Nicht ich fühle mich aggressiv oder unsicher, sondern der andere". Projektionen wirken sich auch oft störend in Arbeitsbeziehungen aus, wenn sie als Ansprüche formuliert werden. Ohne es genau auszusprechen, wird dem anderen der Vorwurf gemacht, nicht so zu sein, wie es dem eigene Ideal oder der eigenen Wunschvorstellung entspricht. *Projektion und Übertragung*

Übertragung bedeutet hingegen, daß unsere Wahrnehmungen, Erinnerungen, Gefühle und Wünsche von der Vergangenheit geprägt sind. Deshalb tragen wir häufig unbewußte „alte" Kommunikationsmuster in aktuelle Beziehungen hinein. Der Unterschied zur Projektion besteht darin, daß bei der Übertragung jedoch noch eine dritte Person, die nicht zum aktuellen Geschehen gehört, beteiligt ist. Aber auch andere Dynamiken sind möglich: Man kann auch Übertragungen von

Ehepartnern, Geschwistern, eigenen Kindern oder anderen Menschen auf berufliche Interaktionspartner haben. In der Regel stehen bei Übertragungen jedoch langjährige Beziehungspartner als „abwesende Dritte" im Hintergrund. In der Supervision wird unterschieden zwischen:

(a) *Spontane Übertragungen* entstehen aufgrund äußerer Merkmale eines neuen sozialen Kontaktes. Diese lösen sich oft von selber auf, wenn man merkt, daß diese Person nicht die „Projektionsfigur" früherer Erfahrungen darstellt.

(b) *Typologische Übertragungen* kommen durch bekannte Rollenerwartungen des Alltags zustande. Z. B. in der „Arzt-Patient-", „Lehrer-Schüler-" oder „Sozialarbeiter-Klient-Beziehung". Oftmals spielen hier Machtverhältnisse eine Rolle. So wird es ein Arzt als Supervisor im Krankenhaus sicherlich leichter haben als ein ebenfalls supervisorisch ausgebildeter Krankenpfleger. Typologische Übertragungen sind „bewußtseinsnah". Durch andere als die unbewußt erwarteten persönlichen Erfahrungen kann sich das starre Rollenverständnis „auflösen".

(c) *Notorische Übertragungen* sind demgegenüber lebensgeschichtlich länger festgelegt, also früh und nachhaltig geprägt und damit zum unbewußten Teil des „Selbst" geworden (verinnerlicht). In der zweiten Variante des Beispieles, der psychoanalytischen Supervision, hatten wir es vermutlich mit einer derartigen notorischen Übertragung zu tun.

Die Schlüsselfrage bei der Suche nach Übertragungen in der Supervision heißt: „Von wem kennen Sie das"? Im Falle der Projektion lautet sie: „Hat das etwas mit Ihnen zu tun"?

Mit der Aufdeckung von Projektionen und Übertragungen in der Supervision sollten sich Supervisoren nur dann beschäftigen, wenn sie über hinreichende Selbsterfahrung verfügen, beispielsweise in einer eigenen Psychotherapie, um sicher zu sein, daß sie nicht von einer Machtposition aus den Supervisanden eigene Sichtweisen überstülpen. Selbstreflexion kann auch in der kollegialen Supervision oder Peer Group Supervision vertieft werden (siehe Ausführungen in Abschnitt 5.2., S. 106 ff.).

Aufdeckung der Übertragung Wie bemerken Supervisoren, daß es sich nicht um eigenes, sondern um fremdes „Material" handelt? Schauen wir uns noch einmal unser Beispiel an, um diese komplizierte Abgrenzung zu verstehen. Es stellt sich die Frage, warum sich die psychoanalytisch orientierte Supervisorin so sicher sein konnte, daß das Problem der Leiterin eher in der

Beziehung zu den Elternvertretern und nicht im Team oder auf der konzeptionellen Ebene zu suchen war? Diese Sicherheit war durch die Gestaltung der Gesprächssituation zustande gekommen:

Die Supervisorin ließ die Leiterin ihre Fragen und Sorgen einfach erzählen und unterbrach nur, um Verständnisfragen zu stellen. So kam eine Materialdarstellung zutage, welche vorwiegend auf der emotionalen Betroffenheit durch den Kontakt mit den beiden Frauen aus dem Elternrat beruhte. Gerade durch die starke emotionale Betroffenheit der Leiterin wußte die Supervisorin: „Das Problem liegt in der Beziehung der Leiterin zu den beiden Frauen." Durch das wenig strukturierte Gespräch war der Schwerpunkt (Fokus) durch die Leiterin (Supervisandin) selber entstanden. Nun wird dieser Fokus beibehalten. Die Supervisorin fragt nach Alter, Erscheinung, Auftreten und Wirkung dieser beiden Frauen. Es kommen Antworten, die auch in einen anderen Kontext passen würden. Die Leiterin berichtete, daß sie sich wie „ein kleines Mädchen" vorgekommen sei. Sie wirkte auch in der Gesprächssituation auf die Supervisorin so. Bei diesen Schilderungen hat die Supervisorin plötzlich ein „inneres Bild" vor Augen. Sie sieht das „kleine Mädchen" in der Leiterin vor deren Mutter und denkt, vielleicht hat das etwas mit der Mutter der Leiterin zu tun. Auf einer anderen Ebene versetzt sie sich in die Lage der Leiterin („Probe-Identifikation") und fühlt in sich, wie sie an deren Stelle empfinden würde. Sie wäre genauso hilflos angesichts der Schilderungen, die sie erlebt. Auf einer weiteren Ebene prüft sie nach, ob dieses vermutete Beziehungsgeflecht (Leiterin – Mütter der Kinder) etwas mit ihrer eigenen Mutterbeziehung zu tun hat. Sie kommt zu dem Ergebnis, daß die Beziehung zu ihrer eigenen Mutter hier keine Rolle spielt. Nun ist sie sich sicher, die Leiterin erlebt die Kindergarten-Mütter als „fordernde eigene Mutter."

In diesem Beispiel sind Erkenntnisse enthalten, die wir der Psychotherapie- und Beratungswissenschaft, speziell der Übertragungsforschung, verdanken (Thomä/Kächele 1989, Bd.1, S. 53 ff.). Vergegenwärtigen wir uns nochmal die einzelnen Schritte:

(a) Die Supervisorin *fokussierte* auf die Mutterbeziehung der Leiterin. Durch die Antwort auf die Frage: „Von wem kennen Sie das"? wurde ihr deutlich, daß die Leiterin die Frauen „innerlich" mit der eigenen Mutter „verwechselte".
(b) Diese Sicherheit des Fokus erhielt die Supervisorin durch das Material der Leiterin sowie ein kurzzeitiges „Sich-Hinein-Versetzen" (Probe-Identifikation) in die emotionale Lage der Leiterin.
(c) Durch ihre Ausbildung und Selbsterfahrung wußte die Supervisorin, daß das Verhältnis zu ihrer *eigenen* Mutter bei diesen komplizier-

ten Vorgängen keine Rolle spielte. Es war nicht ihre Geschichte, die wie in einem „inneren Film" vor ihr ablief, sondern die Geschichte der Leiterin. Sie hatte also keineswegs in die Leiterin „hineinprojiziert".
(d) Ergebnis dieses „Sich-hinein-Versetzens" war, daß die Supervisorin sich zeitweise wie die Leiterin den Müttern und der realen Mutter gegenüber fühlte. Dieser Prozeß heißt in der Fachsprache „Gegenübertragung".
(e) Gleichzeitig konnte die Supervisorin diese verschiedenen Ebenen reflektieren, auseinanderhalten und für produktive Klärungen verwenden.

Gegenüber- Diese inneren und äußeren Prozesse unterscheiden zu können, lernt
tragung man in der psychotherapeutischen und supervisorischen Ausbildung – vor allem den Umgang mit der Gegenübertragung – ein Prozeß, der die bewußtseinsfähigen emotionalen Reaktionen des Supervisors auf das Verhalten (Gefühlsäußerungen, Darstellungsweise, „innere Bilder" etc.) der Supervisanden *in* der Beratungssituation (Thomä/Kächele ebd., S. 83 ff.) meint. Der richtig interpretierte Gehalt dieser Gegenübertragungsgefühle ist bezüglich der Informationen über den Klienten (abwesender Dritter) oft wertvoller als die berichteten Fakten, weil sie unbewußter Natur und deswegen „ungefiltert" sind. Diese Arbeit mit der Gegenübertragung gehört inzwischen zum „Handwerkszeug" jeder beziehungsmäßig orientierten Beratungs- und Psychotherapie-Methodik. Dabei wird systematisch auf die von dem Klienten (Supervisanden) im Sozialarbeiter (Supervisor) ausgelösten emotionalen Reaktionen geachtet. Dabei kann es sich um Angst, Erschrecken, Freude, Mitleid, Fluchtvorstellungen, Beschützungsphantasien oder weitere „innere Bilder" handeln. Diese Gegenübertragungs-Manifestationen können entweder direkt ins Bewußtsein kommen oder später, etwa in der Supervision oder im Teamgespräch. Um sie von den eigenen Mustern (Übertragungen) des Supervisors zu unterscheiden, ist es allerdings wichtig, daß diese Gefühle nichts mit der Lebensgeschichte und den aktuellen Problemen des Supervisors zu tun haben, sondern *direkt* der Supervisionssituation entspringen. Gegenübertragungsgefühle sind also keinesfalls Störfaktoren, sondern aufgrund der praktischen Erfahrung ein wichtiges Diagnostikum und Hilfsmittel, um den Reflexionsprozeß voranzubringen. Wenn der Supervisor in seinen Phantasien Angst oder Beschützergefühle entwickelt, kann das auf die Ablehnung des Klienten hinweisen. Wenn die Supervisanden

sich ihren Klienten gegenüber „grenzenlos" verhalten, alles zulassen und keine Anforderungen stellen, wird sich bei dem Supervisor zunehmend Ärger einstellen. Es kann also gar nicht oft genug betont werden: Die reflektiert eingesetzte, methodisch „richtige" und situativ angemessene Mitteilung der Gegenübertragung ist der Hauptmotor eines gelungenen Supervisionsprozesses. Denn durch das gefühlsmäßige Erleben des außenstehenden Beraters werden die „blinden Flecke" in der Beziehung zwischen Sozialarbeiter und Klient sichtbar.

Was die Übertragung anbelangt ist noch eine weitere Unterscheidung zu treffen: Auch Supervisoren können den „Kunstfehler" begehen und auf Verhaltensweisen von Supervisanden auf eine Weise reagieren, als handele es sich um ihre eigenen Probleme. Dies nennt man die Übertragung des Supervisors auf den Supervisanden. In diesem Fall hat der Supervisor seine Vorgeschichte nicht genügend „im Griff". Er sollte sich Rat und Unterstützung suchen, also selber Supervision in Anspruch nehmen. Übertragung des Supervisors

Zusammenfassend sei noch einmal darauf hingewiesen, daß psychotherapeutische Kenntnisse wichtig sind, um in der Supervision effektiv zu sein und über die reine Fachberatung hinauszugehen. Dabei stellt sich die Frage, wie Supervision von Psychotherapie abzugrenzen ist. Diese Grenzziehung vorzunehmen ist schwieriger als die zwischen Fachberatung und Supervision. Während bei der Fachberatung das psychodynamische Element eindeutig fehlt, sind psychodynamisches Denken und Intervenieren sowohl bei der Supervision als auch in der Psychotherapie gleichermaßen vertreten.

3.1. EINIGE UNTERSCHEIDUNGSKRITERIEN

Im folgenden soll anhand des oben geschilderten Beispiels die Unterscheidung zwischen Supervision und Psychotherapie vertieft werden:

(a) *Umgang mit Übertragungen:* In der Supervision gilt folgendes Prinzip: mehr „Breite" hinsichtlich der Arbeitsaufgaben, weniger „Tiefe" bezüglich der Lebensgeschichte. In der Psychotherapie ist es genau umgekehrt. Als der Kindergartenleiterin mit Hilfe der Supervisorin klar war, daß sie die Elternvertreterinnen mit ihrer Mutter „verwechselte", wurde diese Übertragung zwar angesprochen, dann aber gemeinsam erarbeitet, wie die Leiterin dieser „Beziehungsfalle" entgehen könnte, also wie sie sich diesen Frauen gegenüber zukünftig anders zu verhalten habe. Man bezeichnet das als ein Arbeiten *an* der Übertragung.

(b) *Therapiemöglichkeiten benennen, aber nicht therapieren:* Wenn die Leiterin bei ihrer „Mutterthematik" bleiben möchte, müßte die Supervisorin klarstellen, daß das nicht in den Rahmen der Supervision gehört. Denn das wäre eher ein Arbeiten *in* der Übertragung. Sie kann ihr allerdings weitergehende Hilfen vermitteln.

(c) *Keine Rollenvermischung:* Die Kindergartenleiterin sollte in fachlicher Hinsicht als Kollegin der Supervisorin behandelt werden; sie ist keine „Klientin" (Bauriedl 1993, S. 25). So wird eine mißlingende Psychotherapie verhindert, und eine Supervisions-Beziehung bleibt bestehen.

(d) *Arbeitsthemen fokussieren:* Alle Äußerungen werden im Hinblick auf die Arbeitssituation und die Aufgabe interpretiert und kommentiert. Es gilt, die Arbeitsaufgabe zu lösen (Fürstenau 1990, S. 3). Biographische Äußerungen werden entweder ignoriert oder nach einer Erläuterung, weshalb man sie nicht aufgreifen möchte, ausgeklammert.

(e) *Selbstdeutungen sind besser als Fremddeutungen:* Eine methodisch ungeschickte Fremddeutung wäre es, wenn die Supervisorin der Leiterin unvermittelt sagt: „Da haben Sie die beiden Mütter mit Ihrer Mutter verwechselt." Das würde, auch wenn es richtig wäre, in den Bereich der Psychotherapie führen, also Grenzenlosigkeit, Widerstände oder Blockaden hervorrufen. Besser ist es, im Gespräch den Boden dafür vorzubereiten, daß die Leiterin selber diese Zusammenhänge erkennt (Selbstdeutung).

(f) *Blockaden und Widerstände geschickt umgehen:* Immer wieder kann es bei Gesprächen auf der „Supervisionsebene" zu Ängsten und Abwehrformen kommen. In der Supervision sollten Blockaden und Widerstände nicht von der Machtposition der Supervisorin interpretiert werden. Es ist günstiger, gemeinsam zu untersuchen, wie es dazu gekommen ist. Die Supervisorin meint, daß die Leiterin sich zu sehr mit ihrer Mutter beschäftigt und deshalb blockiert ist. Da es vorrangig darum geht, das nächste Gespräch mit diesen Frauen sachgerecht zu führen, kann sie ihr möglicherweise sagen: „Sie denken wohl jetzt an Ihre Mutter, das kann ich gut verstehen. Aber lassen Sie uns jetzt überlegen, wie Sie das nächste Gespräch für sich erfolgreich meistern können."

Prinzipien der Supervision

(g) *Wechsel der Reflexionsebenen:* Die „psychotherapieähnlichen" Elemente, in unserem Fall die „Abkopplung" der Leiterin von ihrer „inneren Mutter", sollten in die Fachberatung übergehen und folgende Fragen klären: Wie gestaltet die Leiterin das nächste Gespräch mit diesen Frauen? Wo soll es stattfinden? Wer schlägt die Themen vor? Mit welchen Argumenten kann sie sich gegen überhöhte Ansprüche und Unterstellungen wehren? Wie könnte sie den sie störenden „Umgangston" ansprechen?

(h) *Hausaufgaben dürfen auch gemacht werden:* Supervisionsgespräche beginnen und enden idealerweise mit „rationalen Dialogen". Was ist der nächste Schritt? Wie gestalte ich das anstehende Gespräch mit den Vertreterinnen des Elternrates? Auch das sollte Thema von Supervisionsgesprächen sein. Beim nächsten Treffen kann geprüft werden, ob die Planungen eingehalten werden konnten.

(i) *Supervisoren müssen mehr über Psychotherapie wissen, als sie anwenden dürfen:* Das Beispiel hat gezeigt: Um erfolgreich supervisorisch arbeiten zu können, sollte man über eine längerfristige Selbsterfahrung verfügen. Supervisoren müssen ihre eigene Lebensgeschichte, deren psychische Folgen für ihre Charakterentwicklung und Arbeitsbeziehungen kennen, ohne dieses Wissen vollständig und direkt in der Supervision einzubringen.

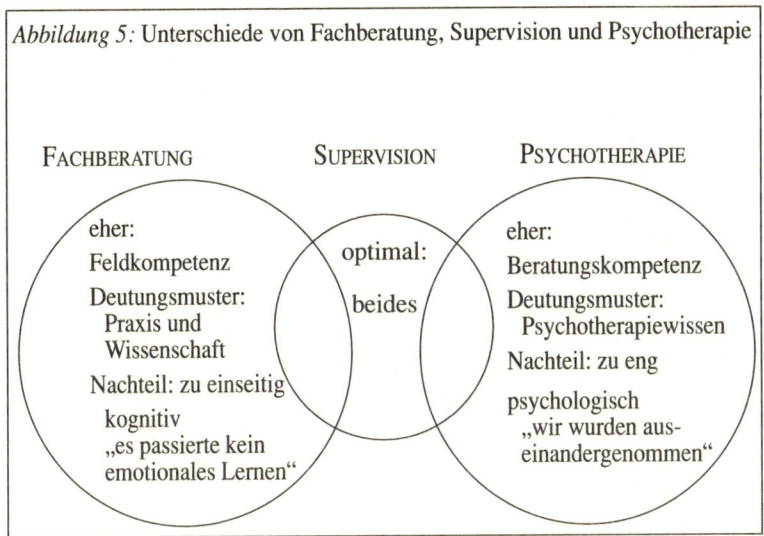

Abbildung 5: Unterschiede von Fachberatung, Supervision und Psychotherapie

(j) *Dialogisches Prinzip:* In der Supervision hilft eine Kollegin der anderen, ihre Arbeitsprobleme besser zu meistern. In ethischer Hinsicht sind beide „gleich". Schon deswegen sind psychotherapeutische oder gar psychiatrische „Defizit-Begriffe" zu vermeiden. Die eine Person (Supervisandin) nutzt den Wissensvorsprung der anderen zur besseren Bewältigung ihrer Arbeitsaufgaben. Die andere (Supervisorin) kann nur deswegen wirksam helfen, weil sie nicht in die Klientenarbeit oder Lebensgeschichte verstrickt ist.

Aus der bisherigen Darstellung ist deutlich geworden, daß die Supervision der Sozialen Arbeit vielfältiger ist als die reine Fachberatung *oder* die Psychotherapie. Ideale Supervisionsprozesse bewegen sich (oszillieren) ständig *zwischen* den Polen Fachberatung und Selbsterfahrung, um die Arbeitssituation zu optimieren. Wenn sie zu sehr in der Fachberatung steckenbleiben, kommen keine emotionalen Lernprozesse zustande. Verharrt die Supervision allerdings zu stark bei der Selbsterfahrung, kommt die Fachlichkeit zu kurz. Noch eine Anmerkung: Beim Vergleich zwischen Fachberatung und Psychotherapie wurden vor allem psychoanalytische Begriffe benutzt. Damit ist keine Geringschätzung anderer psychotherapeutischen Methoden gemeint, denn mit ihnen kann man die gleichen Erkenntnisse hervorbringen. Allerdings wird die Psychoanalyse in der Supervision relativ häufig benutzt und ihre Begriffe sind geläufig (Hege 1996, S. 104).

3.2. DIE „TIEFUNGSEBENEN" DER SUPERVISION

In jeder Form der Beratung können wir uns auf unterschiedlichen Ebenen der tiefenpsychologischen Dimensionen bewegen. Die folgenden drei „Tiefungen" meinen die Entwicklung von sachlich-rationalen bis zu emotionalen und unbewußten Kommunikationsprozessen. Dabei handelt es sich um idealtypische Verläufe (siehe Abbildung 6):

(a) Auf der *Reflexionsebene* verhält man sich sachlich und rational wie meistens im Alltag. Hier sollte idealerweise ein Supervisionsgespräch beginnen und enden. Wenn die Supervision jedoch auf dieser Ebene verharrt, wie im Beispiel der reinen Fachberatung mit der Kindergarten-Leiterin, so nutzt sie nicht die Möglichkeiten emotionalen Lernens.

(b) Auf der *Ebene der Affekte* und Vorstellungen ist dieser Realitätsbezug aufgelockert; emotional besetzte Erinnerungen (z. B. Nähe- und

Distanzprobleme, eigene Schwächen) steigen auf, Gefühle werden wichtiger. Damit die Supervision effektiv wird und sich eingeschliffenes Verhalten auflockert, muß diese Ebene im Supervisionsprozeß angesprochen werden. Die Kindergartenleiterin war bereits mit diesen Gefühlen konfrontiert, als sie die Supervisorin traf. Die Supervisorin brauchte das nur aufzugreifen.

(c) Auf der Ebene *emotionaler Involvierung* oder *Regression* ist die gefühlsmäßige Bindung an frühere Szenen so stark, daß die Menschen nicht nur darüber sprechen, sondern ihre Emotionen ausleben (z. B. in der Übertragung). Regressive Situationen in der Supervision absichtlich herbeizuführen fördert Abhängigkeit und Therapeutisierung.

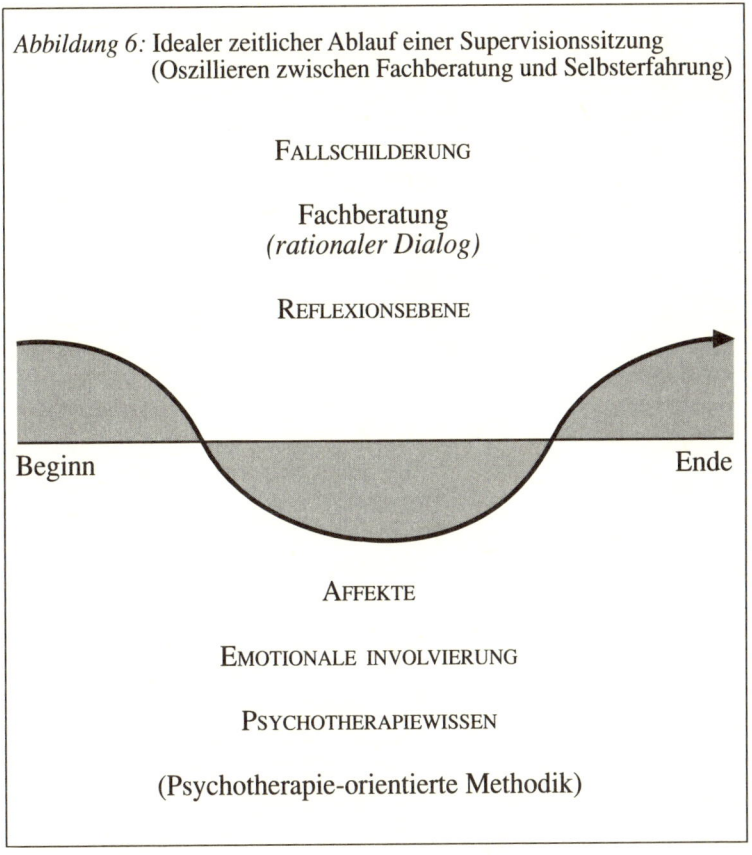

Abbildung 6: Idealer zeitlicher Ablauf einer Supervisionssitzung (Oszillieren zwischen Fachberatung und Selbsterfahrung)

FALLSCHILDERUNG

Fachberatung
(rationaler Dialog)

REFLEXIONSEBENE

Beginn · Ende

AFFEKTE

EMOTIONALE INVOLVIERUNG

PSYCHOTHERAPIEWISSEN

(Psychotherapie-orientierte Methodik)

In diesem gefühlsmäßigen Zustand befand sich die Kindergartenleiterin, als sie mit den Müttern sprach bzw. später darüber berichtete. Diese Ebene sollte in der Supervision nicht gezielt angesteuert werden; sie bleibt eher der Psychotherapie vorbehalten. Wenn Supervisanden allerdings schon in dieser emotionalen Verfassung kommen, muß daran angeknüpft werden, um die „Verstrickung" aufzuklären und grenzaufbauend arbeiten zu können. Zum Abschluß einer Supervisionssitzung ist mit Hilfe des „rationalen Dialogs" das Geschehen zu reflektieren. Normalerweise bewegt sich Supervision oszillierend zwischen den Ebenen (a) und (b) (siehe Rahm u. a. 1993, S. 377 f.).

4. Der Supervisionsprozeß: zum richtigen Umgang mit Grenzen und Bedürfnissen

Im vorangegangenen Kapitel habe ich versucht zu beschreiben, wie wichtig es für den Erfolg in der Supervision ist, daß die Grenzen zur Beratung und Psychotherapie eingehalten werden. Zum Supervisionsprozeß gehört selbstverständlich auch die sorgfältige Beachtung von Grenzen, Bedürfnissen und vor allem von Rahmenbedingungen. Um diese Bedeutung zu unterstreichen, möchte ich dieses Kapitel mit einigen grundsätzlichen Bemerkungen über die Grenzsetzungen beginnen. Doch zunächst einige Überlegungen zu den Grenzen und Bedürfnissen bei den Klienten der Sozialarbeit, den „Endabnehmern" von Supervision. Vor allem in den ersten Lebensjahren eines Menschen helfen angemessene Grenzen beim Persönlichkeitswachstum. Sie geben einerseits Freiraum, sich zu erproben und schützen gleichzeitig vor äußeren Gefahren und inneren, noch undifferenzierten Gefühlen. Grenzen müssen dem jeweiligen Alter und der Situation angepaßt und flexibel sein. Wenn Menschen zu enge oder unveränderbar scheinende Grenzen erlebt haben, können sie ihre Bedürfnisse nicht befriedigen; sie werden sich wehren oder resignieren. Wenn Menschen innerlich und/oder äußerlich „grenzenlos" sind, kommen sie oft in Konflikt mit sich oder der Umwelt.

Viele Klienten der Sozialen Arbeit haben aufgrund ihrer Sozialisationsdefizite derartige Grenzprobleme. Am deutlichsten wird das bei den Gruppen, die sich aufgrund staatlicher Maßnahmen in geschlossenen Einrichtungen (totalen Institutionen) befinden. Die in den Haftanstalten einsitzenden Menschen haben nicht nur Gesetze, sondern auch die Grenzen anderer Menschen verletzt. Die in den geschlossenen Stationen der psychiatrischen Krankenhäuser befindlichen Menschen leiden oftmals unter typischen Erkrankungen, welche Folge eines mißlungenen Aufbaus frühkindlicher „innerer" Grenzen sind (z. B. Psychosen). In der Regel sind ihre Ich-Grenzen mangelhaft entwickelt. Das bedeutet, daß sie nicht so recht zwischen den inneren Impulsen (z. B. ihrer Phantasie) und der äußeren Wirklichkeit (z. B. den Bedürfnissen ihrer Mitmenschen) unterscheiden können. Schwere psychiatrische Erkrankungen und Süchte kann man unter dem

Grenzprobleme der Klienten

Aspekt der „Grenzsituationen" bzw. „Grenzdefizite" sehen (Battegay 1992). Die meisten der etwa drei Millionen Alkoholiker in Deutschland leiden unter einem Kontroll- und Grenzverlust. Nichterfüllte Bedürfnisse werden mit Suchterfahrungen kompensiert (Fengler 1994). Die Aufzählung ließe sich beliebig für andere Klientelgruppen fortsetzen. Allgemein gilt: Je gestörter und defizitärer Menschen sind, desto häufiger haben die nicht erfüllten Bedürfnisse auch destruktive Folgen für sie selbst und für ihre Umwelt. Auch für das Fachpersonal gilt: Nur wenn klare Rahmenbedingungen und Grenzen existieren, kann an der Bedürftigkeit gearbeitet werden. Deshalb haben Sozialarbeiter den verständlichen „Wünschen nach Grenzauflösung und Verschmelzung" ihrer Klientel eine „klare Grenzziehung" gegenüberzustellen (Fengler 1994, S. 121). Das bedingt jedoch, daß sich Sozialarbeiter ihrer inneren und äußeren Grenzen bewußt sind. Stabiler und gleichzeitig flexibler Umgang mit diesen Grenzen gehört gleichermaßen in den Bereich der sozialen Kompetenzen und zur beruflichen Haltung.

Grenzprobleme der Helfer Soziale Arbeit war schon immer im Bereich der „Randständigkeit" angesiedelt, und ist deswegen auch selber eine „Grenzdisziplin", was für das Personal und die Einrichtungen der Sozialen Arbeit nicht folgenlos bleibt. Sozialarbeiter/-pädagogen bewegen sich zwischen zwei extremen Möglichkeiten. Entweder wehren sie die Bedürfnisse ihrer Klientel zu sehr ab, oder sie unterwerfen sich ihnen. Aufgrund der enormen Notlagen und Ansprüche geraten sie leicht in Gefahr, ihre Fähigkeit zu verlieren, sich individuell und differenziert aufs jeweilige Klientel einzustellen. Als Folge des Burn-out- oder „Helfersyndroms" kann die anfängliche „Idealisierung der Zielgruppe" (Fengler 1994, S. 148 ff.), etwa als „Opfer der Gesellschaft", in eine Ablehnung der Klientel umschlagen. Wir haben es jetzt nicht mehr mit Grenzproblemen auf der Individualebene zu tun, sondern mit Grenzproblemen auf der Gruppen- und Systemebene. Dazu ein Beispiel:

Grenzprobleme an einem Beispiel Ein Wohnheim bietet Platz für 17 Alkoholiker. Das Personal besteht aus sieben Sozialarbeitern. Ferner sind im Haus tätig: Ein Hausmeister, vier Pförtner, zwei Zivildienstleistende und zwei Frauen für Küche und Hausreinigung. Im Einvernehmen mit dem Team bittet der Heimleiter einen Supervisor um Hilfe. Im ersten Gespräch werden von den meisten Teammitgliedern folgende Problembereiche benannt:

(a) Trotz scheinbar guter materieller und personeller Ausstattung (16 Mitarbeiter: 17 Klienten) bleiben die Erfolge aus.

(b) Die Rehabilitation der Alkoholiker gelingt nicht wie geplant. Es kommt immer wieder zu Rückfällen – auch im Hause.
(c) Die Integration ins „normale" Leben ist ebenfalls schwer möglich. Kaum einer der Bewohner erhält einen ordnungsgemäßen Arbeitsplatz; die meisten haben durch das Arbeitsamt nur ABM-Stellen erhalten.
(d) Die Reintegration in die Familien war bei der Mehrheit ebenfalls nicht möglich. Zum Teil sind die familiären Kontakte seit Jahren abgebrochen.
(e) Es war zu großen Problemen und „Grenzüberschreitungen" im Hause gekommen. Immer wieder gibt es massive Verstöße gegen die Hausordnung (Alkoholkonsum, Schlägereien, nächtlicher Lärm, mangelnde Hygiene u. a.).

Anlaß zur Nachfrage nach Supervision war die massive Verschlechterung des Arbeitsklimas im Hause. An den sich häufenden „Grenz- und Regelverletzungen" waren direkt oder indirekt auch die in Wechselschicht arbeitenden Pförtner beteiligt: einige hatten öfters ein Auge „zugedrückt", andere gaben zu, nachts mit einigen Bewohnern auch schon mal ein „Schlückchen" getrunken zu haben.
Nach mehreren Sitzungen Teamsupervision wurde deutlich: Die Pförtner, der Hausmeister und auch eine Frau aus der Reinigungsgruppe hatten durch ihre soziale Herkunft, Lebensstile und Verhaltensweisen eine große „Nähe" zu den Bewohnern. Die vier Pförtner waren ausnahmslos auch über Maßnahmen des Arbeitsamtes in diese schlecht bezahlten und zeitlich befristeten Stellen gekommen. Der Heimbetrieb konnte überhaupt nur mit Hilfe dieser ABM-Kräfte aufrechterhalten werden. Vereinfacht gesagt kann man festhalten, daß es keine klare Grenze zwischen den „Hausmeister-Alkoholikern" und den „Bewohner-Alkoholikern" gab. Der einzige Unterschied, der zwischen den Gruppen bestand, war die Tatsache, daß die einen noch keine mehrmonatigen Klinikbehandlungen hinter sich hatten und nicht im Heim übernachteten. Darüber hinaus war die Institutions- und Klientendynamik geprägt von einer Atmosphäre, die als typisch für Suchteinrichtungen gilt. Ältere, z. T. körperlich schlecht aussehende Männer, die herumsitzen, nach Alkohol riechen, aber öffentlich nicht trinken. Rauchgeschwängerte Räume. Zigarettenkippen auf dem Fußboden, der mehrfach täglich vom Reinigungspersonal gesäubert werden muß. Die Sozialarbeiter wirkten wie ein „Fremdkörper" in diesem Haus.
Das Ergebnis der ersten zwei Teamsupervisionen war folgende Bestandsaufnahme: Das Gesamtsystem Wohnheim besteht aus zwei großen Subsystemen. Dem Klienten- und dem Professionellensystem. Letzteres teilt sich noch in zwei Untergruppen: die Behandler, also die Sozialarbeiter, und den Hausdienst (Hausmeister, Pförtner, Telefonist, Küchen- und Reinigungspersonal). Die zweite Gruppe des Professionellensystems, d. h. der Hausdienst, ist jedoch im Klientensystem aufgegangen bzw. verhält sich teilweise wie die Klienten oder rivalisiert mit diesen. Um einigen Klienten Wohnungen zu verschaffen, hatte der Heimleiter eine Werbeaktion gestartet. Als nun eine

sozial engagierte Wohnungsvermieterin in der Telefonzentrale anrief, um eine Wohnung zur Vermietung zu offerieren, sagte der Telefonist sinngemäß, „warum wollen Sie diesen Verbrechern denn eine Wohnung geben, die nehme ich."
Da eine Entlassung nicht möglich und gewünscht ist, kommen nur systemstabilisierende und grenzaufbauende Maßnahmen in Frage. Die Mitarbeiter des Hausdienstes mußten vom Klientensystem „abgekoppelt" werden, die Sozialarbeiter hatten deren Bedürfnisse nach Anerkennung stärker zu berücksichtigen. Ab sofort fand eine 14tägige Mitarbeitersupervision von Team und Hausdienst statt, im versetzten Rhythmus eine 14tägige Teamsupervision für die Sozialarbeiter.

„Brains before bricks" lautete das Stichwort, mit welchem vor mehr als einem halben Jahrhundert der amerikanische Psychiater William Menninger eine umfassende Strukturreform seiner psychiatrischen Klinik einleitete. Repräsentative Bauten und eine kostspielige Ausstattung sind weniger wichtig als gut ausgebildetes Personal und entsprechend flexible, gleichzeitig aber abgegrenzte Arbeitsstrukturen. Vor allem muß das gesamte Personal, vom Chefarzt bis zum Hausmeister, hinter dem Konzept stehen. Dieses Erfordernis soziotherapeutischen Arbeitens findet man nicht in den Mauern oder Backsteinen (bricks), sondern in den sozialen Kompetenzen und Gehirnen (brains) aller beteiligten Mitarbeiter.

Rahmen- Die Grenzen innerhalb eines jeden Arbeitszusammenhanges sind
bedingungen Bestandteil eines übergeordneten Rahmens. Die deutschsprachige Fachliteratur zur Supervision der Sozialen Arbeit ist inzwischen auf weit über 1.000 Publikationen angewachsen (Belardi 1992a, S. 263). Darin wird ein umfangreiches Wissen über notwendige und klare Rahmenbedingungen für eine gelingende Supervision (und Soziale Arbeit) deutlich. Soziale Arbeit und Supervision können nur innerhalb eines gesicherten Rahmens zu guten Ergebnissen führen. Das Verständnis sinnvoller Rahmenbedingungen für eine erfolgreiche Beratungsarbeit geht weit über den aus der psychoanalytischen Therapie bekannten Begriff des „Arbeitsbündnisses" (Greenson 1981, S. 58 ff.; Thomä/Kächele 1989, Bd.1, S. 64 ff.) zwischen Psychotherapeut und Klient hinaus. Rahmenvereinbarungen berücksichtigen eher äußere Faktoren und sollen helfen, zwischen dem sich neu etablierten System Supervision (Supervisoren und Supervisanden) und den weiterhin bestehenden sozialen Systemen aller Beteiligten eine Grenze zu er-

richten. Nur innerhalb dieser gesicherten Systemgrenze können dann Bedürfnisse erkannt und, falls erforderlich, durch entsprechende Maßnahmen befriedigt werden. Auf den folgenden Seiten dieses Kapitels möchte ich wichtige Merkmale eines Supervisionsprozesses in chronologischer Reihenfolge darstellen.

4.1. VORPHASE DER SUPERVISION

In der Vorphase zur Supervision hat sich etwas besonderes beim einzelnen, im Team oder der Organisation ereignet, vielleicht nahmen Probleme und Auseinandersetzungen zu, möglicherweise waren die Kosten, Legitimationsdruck dem Träger, den Geldgebern oder der Öffentlichkeit gegenüber gestiegen und es standen Umstrukturierungen oder gar Kündigungen ins Haus. Dann kam es zu einer *wie* und von *wem* auch immer herbeigeführten Entscheidung, eine Supervision durchzuführen. Möglicherweise hat ein Teil des Teams zur Supervision gedrängt und sich dabei Unterstützung von dem Supervisor erhofft. Es kann aber auch sein, daß die Supervision von „oben" verordnet worden ist. In beiden Fällen können sich Mitarbeiter entwertet und entmündigt vorkommen und werden das eventuell den Supervisor spüren lassen. Auch der umgekehrte Fall ist möglich. Das Team hat sich die Supervision von den vorgesetzten Stellen regelrecht erkämpft. Dann sind die Erwartungen an den Supervisor sehr hoch; ob er diesen gerecht werden kann? „Das Wichtigste passiert, noch bevor man mit Supervision für eine Betroffene bzw. für eine Betroffenen-Gruppe beginnt" (Klinglmair 1991, S. 94).

<small>Warum wird eine Supervision durchgeführt?</small>

Wer Supervision möchte, hat in der Regel zumindest *ein* Problem: mit Klienten, mit Kunden, mit der Organisation oder auch mit sich selber. Man erwartet Hilfe von außen oder auch nicht. Auf diese Weise entsteht der *Kontakt*. Der Supervisor hat seinerseits das Problem, daß er eventuell diesen Auftrag haben möchte; etwa aus finanziellen Gründen oder weil er einen „Fall" benötigt, um seine Ausbildung zu beenden. Will er das Problem lösen, so muß er untersuchen, weshalb die Auftraggeber gerade ihn für diese Supervision gewinnen möchten.

4.1.1. Das Erstgespräch

Schon vor dem Erstgespräch haben die Supervisanden bestimmte Erwartungen bezüglich der Supervision. Bei einer Untersuchung

<small>Erwartungen</small>

waren über 90 % der Befragten der Supervision gegenüber positiv eingestellt, als sie befragt wurden, was die Supervision „persönlich für mich" bringen könnte. Bei der Frage nach erwünschten Veränderungen auf der „Kollegenebene" hatten über 80 % positive Erwartungen. Im Verhältnis zu den Klienten lag diese Quote der positiven Erwartungen bei knapp 70 %, und hinsichtlich institutioneller Veränderungen nur noch bei knapp 50 % (Schneider/Müller 1995, S. 92). Vereinfacht ausgedrückt kann man vermuten, daß bei diesen Befragten die Supervision in erster Linie psychohygienische Bedürfnisse[17] abdecken soll bzw. in psychosozialen Einrichtungen stattfand. Über diese Erwartungen muß im Erstgespräch diskutiert werden. Darüber hinaus sind eine Einigung über die Rahmenbedingungen und ein Supervisionskontrakt festzulegen. Das Erstgespräch ist für alle Beteiligten in gewisser Weise auch eine Art Probesupervision, in welcher eine genauere Nachfrageanalyse vorgenommen werden sollte.

4.1.2 Die Nachfrageanalyse

Dem Supervisor stellen sich zu Beginn selten Struktur, Dynamik und Problematik der Supervisanden und ihrer Einrichtung vollständig dar. Diese müssen vielmehr in der Nachfrageanalyse erschlossen werden (Wellendorf 1979). Die wichtigsten Gesichtspunkte, die zur Nachfrageanalyse (also der Klärung der Anfrage nach Supervision) gehören, sind folgende (nach: Pühl 1990, S. 163; Rappe-Giesecke 1994, S. 22 ff.):

Fragen nach Zielen und Anliegen
(a) Wie kam der Erstkontakt zustande?
(b) Gab es Auffälligkeiten bei diesem ersten Kontakt (z. B. Kontaktaufnehmer äußert Erwartungen, spricht negativ über andere).
(c) Wer hat den Supervisor empfohlen – und wie?
(d) Wie kam es zur aktuellen Zusammensetzung der jetzigen Supervisionsgruppe; hat jemand die Teilnahme verweigert, oder wurde jemand ausgeschlossen?
(e) Haben die Interessenten Vorerfahrungen oder Bedenken bezüglich der Supervision?
(f) Weshalb kommt die Anfrage jetzt zustande?
(g) Ist das Anliegen überhaupt mit den Möglichkeiten der Supervision bzw. dieses konkreten Supervisors lösbar?
(h) Welche Ziele (Globalziele/Teilziele) sollen wann erreicht werden?
(i) Wie kann eine Zielvereinbarung aussehen?

(j) Wann sollte eine Zielüberprüfung stattfinden, und wer ist daran beteiligt?
(k) Was ist das eigentliche Anliegen zur Supervision?

Die letzte Frage unterstellt, daß auch andere, nicht genannte Gründe für das Interesse an der Supervision vorliegen könnten.

Auf diese Fragen befriedigende Antworten zu erhalten, erfordert ein freundliches aber auch beharrliches Nachhaken seitens des Supervisors. Wenn ein Teil des Teams sich von dem Supervisor Unterstützung gegen Kollegen erhofft, wird es sich wohl kaum offen dazu bekennen, daß es in dem Supervisor einen „Bundesgenossen" finden möchte. Die Untersuchung des „eigentlichen" Supervisionswunsches kann jedoch direkt zum verborgenen Problem des Teams führen; sie wird aber auch Widerstände hervorrufen.

4.1.3. Einigung über Rahmenbedingungen

Die sich daran anschließende Einigung über Rahmenbedingungen der Supervision hat eine formale und eine beziehungsmäßige Seite (Kallabis 1992, S. 20 ff.):

(a) Vereinbarung über Termine, Zeiten, Ort und Dauer (eventuell mit Verlängerungsmöglichkeit);
(b) Klärungen von möglichen Fristen bei Terminverschiebungen bzw. Honorierung von Ausfallsitzungen;
(c) Finanzierung und Zahlungsmodalitäten der Supervision;
(d) Wer nimmt an der Supervision teil; wer weshalb nicht?
(e) Ist die Leitung in die Supervision eingebunden? Kommt sie ständig oder nach Verabredung?
(f) Wie sollen diese Verabredungen vonstatten gehen, und welche Rolle ist dabei dem Supervisor zugedacht?
(g) Welche Informationen dürfen wie und an wen weitergegeben werden?
(h) Vertraulichkeit der Gespräche und Umgang mit Schweigepflicht bzw. Zeugnisverweigerungsrecht (siehe Ausführungen in Kapitel 8): „Als sinnvolle Handlungsmaxime hat sich erwiesen: ,Verschwiegenheit im Persönlichen und abgesprochene Offenheit im Sachlichen'" (Haus Terach 1993, S. 5).

Wenn die Rahmenbedingungen in der ersten Sitzung nicht vollständig zu klären sind, sollte noch eine weitere Sitzung vereinbart werden, z. B. um abwesende Teammitglieder auch für die Supervision zu gewinnen. Manche Supervisoren vereinbaren z. B. für die fünfte Sitzung eine Überprüfung der Rahmenvereinbarungen, um so frühzeitig eine Kurskorrektur vornehmen zu können, anstatt langfristig unter ungünstigen Bedingungen zu arbeiten. Denn wenn der Teilnehmer-Rahmen einmal festgeschrieben ist, kann man ihn nicht mehr so einfach verändern.

4.1.4. Der Supervisionskontrakt

Oft haben Supervisanden unklare oder widersprüchliche Erwartungen an die Supervision. Deswegen sind die Hauptursachen für nicht gelungene oder gescheiterte Supervisionen in Unklarheiten bei der Absprache oder im sturen Festhalten an den ursprünglichen Vereinbarungen begründet.

Ein Team vom Sozialamt ruft beim Supervisor an und wünscht eine „Organisationsberatung". Die Nachfrage ergibt, daß man im Team zerstritten ist und sich nicht auf minimale Arbeitsabläufe einigen kann. Hier wäre erst eine Beziehungsarbeit im Team notwendig, da sonst die „Organisationsberatung" mißlingt. Außerdem ist eine derartige „Organisationsberatung" eine Angelegenheit für das gesamte Sozialamt. Das Eingehen auf organisatorische Schwierigkeiten mit Mitarbeitern anderer Abteilungen des Sozialamtes wäre ein „Reden über Abwesende", würde das teaminterne Problem aussparen und zum Scheitern dieser Supervision führen.

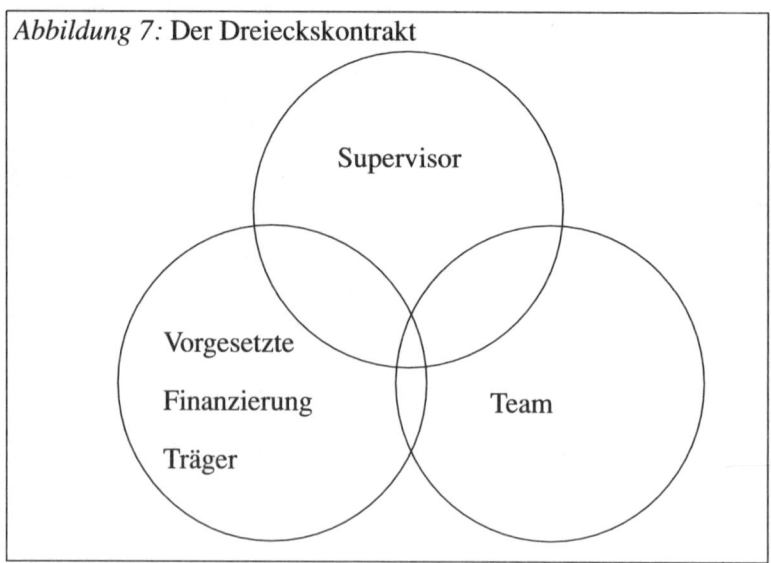

Abbildung 7: Der Dreieckskontrakt

Wir sehen, das vordergründige Vortragen von Supervisionswünschen entspricht oft nicht dem wirklichen Anliegen. Ein vorschnelles Daraufeingehen kann in einer „Supervisionsfalle" (siehe S. 78) enden. Um solche Mißerfolge zu vermeiden, sind im vorhinein klare Abmachungen zu treffen. Schon bei der Frage nach dem Auftraggeber der Supervision sind notwendige Unterscheidungen angebracht. Manchmal sind die Supervisanden selber die Auftraggeber, z. B. bei der Einzelsupervision, der Gruppensupervision und bei einigen Teamsupervisionen. Bei vielen Teamsupervisionen ist das allerdings nicht der Fall. Meistens hat sich das Team nach Klärung der Finanzierbarkeit mit den Vorgesetzten einen Supervisor ausgesucht. Damit kommt ein „Dreieckskontrakt" zustande (Kallabis 1992).

Frage nach dem Auftraggeber

4.1.5. „Geheime Aufträge"

In diesem Dreiecksverhältnis (siehe Abbildung 7) können Mißverständnisse, Unklarheiten und Grenzüberschreitungen entstehen, welche den Erfolg der Supervision gefährden.

Der nicht an der Supervision teilnehmende Geschäftsführer einer Behinderteneinrichtung spricht an die Supervisorin deutliche Erwartungen und Ansprüche aus.

Ein Jugendamtsleiter finanziert die Supervision des ASD und zeigt sich ansonsten an Inhalt und Verlauf der Supervision desinteressiert. Der Supervisor hat den Eindruck, daß der Jugendamtsleiter sich keine Veränderungen wünscht.

Die Leitung einer Alteneinrichtung erwartet von der Supervision, daß diese den Altenpflegerinnen Trost und Entschädigung für die schwere Arbeit und den unregelmäßigen, von vielen Überstunden und Wechselschicht begleiteten Dienst zuteil werden läßt. Gleichzeitig möchte sich die Leitung dabei von Schuldgefühlen entlasten, weil sie der Meinung ist, an den Arbeitsbedingungen nichts ändern zu können. Die Altenpflegerinnen jedoch wünschen eine Verbesserung.

Die vier Mitarbeiter einer Drogenberatung wollen „Fallarbeit" und keine Diskussionen über das Team oder die Institution. Allerdings verläuft diese „Fallarbeit" für alle unbefriedigend. Denn bei den meisten „Fällen" handelt es sich um vergleichsweise unproblematische Begleitungen oder „Präsentierfälle". Zudem handelte es sich um eine geringe Anzahl von Klienten. Als der Supervisor herausfindet, daß diese vier Drogenberater insgesamt nur knapp zehn Klienten betreuen, daß dies also das „eigentliche Problem" (institutionelles Tabu) der Beratungsstelle ist, wird der Vertrag nicht verlängert.

Vor allem die drei letzten Beispiele zeigen, daß der Supervision ein „geheimer Auftrag" zugrundelag. Man wollte zwar Supervision haben, aber bestimmte institutionelle Bedingungen durften nicht hinterfragt werden.

4.1.6. Auftraggeber der Supervision

Das Thema der „geheimen Aufträge" führt zum nächsten Gesichtspunkt. „Wer ist der Klient" des Supervisors (Wellendorf 1986). Ist es wirklich das Team, das ihn ausgewählt hat, oder die Leitung, die ihm einen „geheimen Auftrag" erteilte? Peter Fürstenau schlägt eine andere Orientierung vor: Supervisoren haben sich „mit dem primären Arbeitsziel der betreffenden Institution" zu identifizieren (1979, S. 106). Die Klienten der Sozialarbeiter/-pädagogen wären dann auch die (abwesenden) Klienten der Supervisoren! Vor allem wenn Auftraggeber und Supervisand nicht identisch sind, sollte eine Klärung sehr schnell stattfinden. Allgemein gilt: Anstehende Unklarheiten sind nicht zufällig; sie haben immer auch etwas mit dem Problem der Supervisanden, des Teams, der Institution oder des Arbeitsfeldes zu tun. Um Unklarheiten beim „Dreieckskontrakt" zu vermeiden, sind klare Abmachungen zu treffen. Zum Kontrakt gehört die sorgfältige Beachtung der schon erwähnten *beziehungsmäßigen* Seite (Arbeitsvereinbarung) und der *formalen* Seite (Finanzierungsfragen). Das Muster eines vorgefertigten Kontraktes finden die Leser im Anhang dieses Buches (siehe S. 200f.).

Probleme im Zusammenhang mit weltanschaulichen Betrieben

Spätestens beim Kontraktabschluß kann es zu einer „bösen" Überraschung kommen. Der Supervisor ist konfessionslos; der Auftraggeber (Team) arbeitet in einer konfessionellen Einrichtung. Konfessionelle Einrichtungen sind, wie auch die Arbeiterwohlfahrt und die Gewerkschaften, weltanschaulich gebundene Organisationen (Tendenzbetriebe). Sie haben das Recht, von den Mitarbeitern eine den Betriebszielen entsprechende private Lebensführung zu verlangen. So kann die Mitgliedschaft in einer rechtsradikalen Partei für den hauptamtlichen Mitarbeiter einer Gewerkschaft ebenso ein Kündigungsgrund sein wie der Kirchenaustritt für den Mitarbeiter eines konfessionellen Trägers. Auch auf Honorar-Mitarbeiter, wie z. B. Supervisoren, kann diese Regelung angewandt werden. Meiner Erfahrung nach sind folgende Varianten beim Kontraktieren möglich:

(a) Der Träger nimmt nur Supervisoren (und andere Honorarkräfte),

die (s)einer Konfession angehören. Die Konfessionalität wird auch vertraglich festgehalten.
(b) Der Träger besteht nicht auf diesem Recht.
(c) Die vom Träger erwartete Konfessionalität des Supervisors wird vom Team nicht mitgeteilt. Möglicherweise herrscht in diesen (oder anderen) Fragen ein Dauerkonflikt zwischen Träger und Team.

Im letzten Fall beginnt die Supervision mit einem konfessionslosen Supervisor bei unklaren und vertraglich nicht sicheren Bedingungen. Supervisoren sollten bei den Verhandlungen mit weltanschaulichen Trägern das eigene „Bekenntnis" deutlich machen. Auf keinen Fall darf man die Supervision unter unklaren oder gar unwahren Voraussetzungen starten. Um effektiv arbeiten zu können, müssen Supervisoren „innerlich" und „äußerlich" frei sein. Das Erstgespräch endet mit einem Kontrakt, also einem Auftrag oder einer Arbeitsvereinbarung. Sinnvoll ist es, vorerst eine begrenzte Anzahl von Supervisionsstunden zu verabreden, um danach den Kontrakt neu zu diskutieren, zu verlängern oder zu beenden.

4.1.7. Die Probesupervision

Mit dem Begriff „Probesupervision" ist gemeint, daß Supervisoren schon während dieser Klärungsprozesse mehr oder weniger direkt zeigen sollten, wie *sie* arbeiten.[18] Das ist besser als viele Erklärungen und Beteuerungen. In der oftmals angstgeladenen Anfangssituation kommt es häufig zu selektiven Wahrnehmungen und Mißverständnissen. Erstgespräche haben *nicht* die Aufgabe, das Problem zu lösen; sie sollten allerdings eine Einigung über die Bedingungen und Möglichkeiten der Lösung herbeiführen. Es mag paradox klingen, aber den vorschnellen Versuchen von einzelnen oder Teams, schon im Erstgespräch Entscheidungen zu finden, sind Grenzen zu setzen. Denn darin ist viel Verführungspotential enthalten. Wenn das Problem so lange ohne Supervision akut war, dann wird seine Lösung nicht beim ersten Treffen zustandekommen. Die Probesupervision bezieht sich auf alle vorgenannten Verhandlungselemente des ersten Gespräches. Aufgabe

Während die Nachfrageanalyse vonstatten geht und die Rahmenbedingungen diskutiert werden, um zu einem Supervisionskontrakt zu kommen, läuft gewissermaßen wie auf einer „zweiten Spur" die Probesupervision ab. Der Supervisor verhält sich ähnlich wie in den even- Vorläufige Diagnose tuell später folgenden Supervisionssituationen, und die Supervisanden erhalten nicht nur Informationen, sondern können die mögliche Zusammenarbeit abschätzen. In vielen Fällen ist dann schon zu Ende des Erstgesprächs klar, daß man es miteinander „versuchen" möchte. Nicht vergessen sollte man, daß sich in dieser Probesupervision schon Übertragungsbeziehungen zwischen Supervisoren und Supervisanden herausbilden können. Wenn möglich kann am Ende der Probesupervision eine vorläufige Diagnose des Problems stehen. Auftraggeber von Supervisionsleistungen sollten wissen, daß im optimalen Falle diese

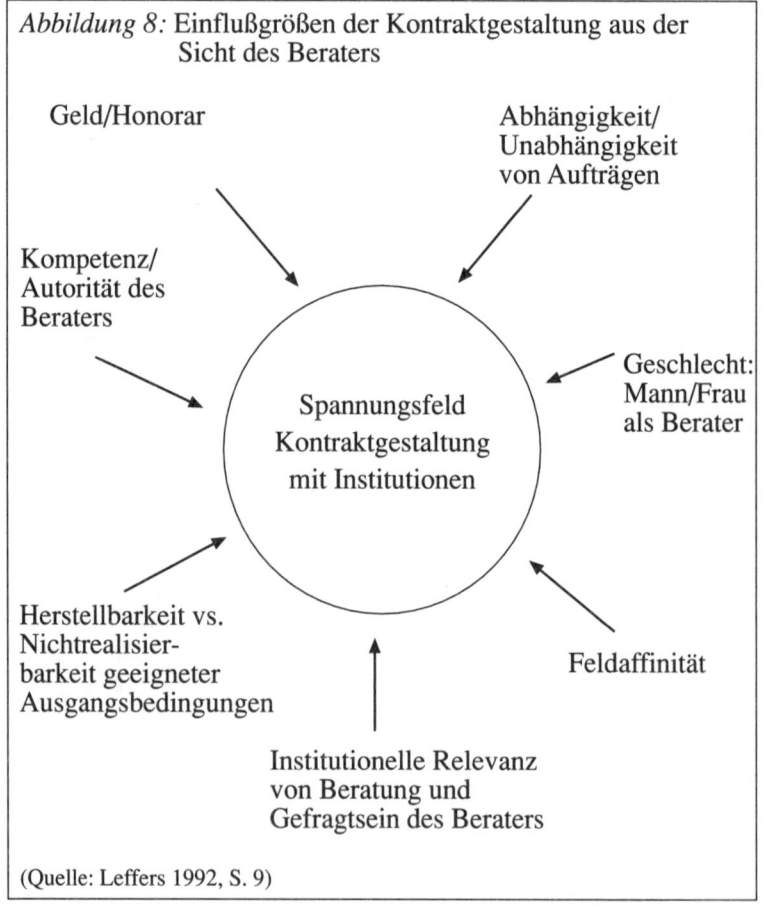

Abbildung 8: Einflußgrößen der Kontraktgestaltung aus der Sicht des Beraters

(Quelle: Leffers 1992, S. 9)

Diagnose von allen Beteiligten erarbeitet werden kann. Spätestens zu diesem Zeitpunkt muß auch Klarheit über das „Setting" (siehe Ausführungen im Kapitel 5, S. 98 ff.) und den Kreis der Beteiligten erreicht worden sein.

4.1.8. Checkliste für alle Beteiligen

Was sollten Supervisoren beim Erstkontakt beachten?

(a) „Wer ruft an? Welches Arbeitsfeld? Welche Organisation?
(b) Wer will an der Supervision oder Beratung teilnehmen, und gibt es schon Prioritäten für ein bestimmtes Setting?
(c) Welche Auswahlkriterien werden an den/die BeraterIn gestellt: Formale Qualifikation, Feldkompetenz, berufliche Erfahrung, bestimmte methodische Ausrichtung, Grundprofession, Mann oder Frau?
(d) Verständnis der Funktion eines ersten Sondierungsgespräches.
(e) Wer nimmt am Sondierungsgespräch teil? Vorstellungen der Ratsuchenden und Bedingungen des/der BeraterInnen.
(f) Organisation des Sondierungsgesprächs mit der Leitung, – je nach Supervisionsanfrage und Konzeption der BeraterInnen.
(g) Honorarregelungen.
(h) Terminregelungen.
(i) Wo soll Sondierungsgespräch stattfinden (Reisekosten oder Anreise der SupervisandInnen).
(j) Aus Aquisitionsgründen: Wie an die Adresse gekommen?" (Rappe-Giesekke 1994a, S. 22).

Checkliste für Erstkontakt

Beim eventuell nachfolgenden Sondierungsgespräch mit einem Team (oder einer Gruppe bzw. einer einzelnen Person) sollte die Klärung folgender Fragen im Vordergrund stehen:

Sondierungsgespräch mit dem Team

(a) „Wechselseitige Vorstellung und Klärung der Frage, ob alle Beteiligten anwesend sind.
(b) Erläuterungen zur Funktion des Sondierungsgesprächs: Es dient der Prüfung der Basis für eine Zusammenarbeit, und es ist kein Bewerbungsgespräch, sondern ein Vertrag über eine Diagnoseerstellung.
(c) Was sind die Erwartungen des Teams an Supervision, und was sind die aktuellen Anlässe?
(d) Wer will Supervision, welche Bedenken bestehen gegen Supervision? Wer will teilnehmen? Wer nicht?
(e) An welchen Problemen soll in der Supervision gearbeitet werden?
(f) Was ist die Arbeitsaufgabe des Teams?
(g) Mögliche Termine und Orte für die Supervision?

(h) Ergebnissicherung: Vorläufige Diagnose des Problems aus der Sicht des Supervisors oder der Supervisorin oder das Angebot, gemeinsam in einer Vorphase der Problemdiagnose dieses zu leisten. Vorschlag für ein Setting und einen zeitlichen Rahmen, in dem dieses Problem angemessen bearbeitet werden kann" (Rappe-Giesecke 1994a, S. 23).

Gespräch mit der Leitung Diesem Sondierungsgespräch mit den direkt an der Supervision interessierten Fachkräften sollte in jedem Falle ein Sondierungsgespräch mit der Leitung, welche die Fach- und Dienstaufsicht innehat, folgen. Dabei sind nachstehende Themen wichtig:

(a) Welche Einstellung hat die Leitung zur Supervision?
(b) Wird die Leitung an der Supervision teilnehmen oder nicht?
(c) Welche offenen oder geheimen Aufträge hat die Leitung an die Supervision?
(d) Welche Formen von Rückkopplung sind möglich?
(e) Welche Vereinbarung trifft man für den Fall, in welchem die Dienst- und Fachaufsicht der Vorgesetzten berührt wird?
(f) Der finanzielle Rahmen muß geklärt werden (Rappe-Giesecke 1994a, S. 23).

Fragen zur Entscheidungsfindung Nach diesen Sondierungsgesprächen auf mehreren Ebenen müssen sich die Beteiligten entscheiden, ob sie die Supervision unter den diskutierten Erfahrungen und Bedingungen wünschen. Worauf sollte dabei besonders geachtet werden? Potentielle Supervisanden und Teams können sich folgende Fragen zur Entscheidungsfindung stellen:

(a) „Haben wir uns ernst genommen gefühlt als Professionelle und als ‚Geschäftspartner'? Wie wurde mit solchen umgegangen, die der Beratung kritisch gegenüberstehen, wurden ihre Bedenken ernst genommen?
(b) Haben wir einen emotionalen Kontakt zum Berater oder zur Beraterin gefunden und uns verstanden gefühlt?
(c) Hat der Berater/die Beraterin die Distanz, die zur professionellen Rolle gehört, eingehalten, oder hat er/sie sich verwickeln lassen, einbeziehen lassen?
(d) Wie geht er/sie mit sich widersprechenden Sichtweisen und Interessen einzelner um?
(e) Läßt er/sie sich schnell zur Parteilichkeit verführen oder in Allianzen gegen Außenstehende einbeziehen? Ist der Berater/die Beraterin in der Lage, die Komplexität des Geschehens zumindestens zu erahnen und die verschiedenen Positionen zu würdigen?
(f) Wird er oder sie sich unentbehrlich machen, oder vermittelt er/sie den Eindruck, daß er/sie auf unsere Ressourcen vertraut, die wir vielleicht zur Zeit selbst gar nicht sehen können? Oder machen er/sie deutlich, daß dies ein

begrenztes Beratungsangebot ist, das uns befähigt, zu einem bestimmten Zeitpunkt wieder allein zu arbeiten?
(g) Ist er/sie kontrollierbar, oder macht er/sie sich unangreifbar? Haben wir Einfluß und Kontrolle über den Beratungsprozeß und das Ziel?
(h) Haben wir den Eindruck, daß er/sie die Maximen und Ziele, die er/sie lehren will, vorlebt, ist er/sie mit anderen Worten authentisch, oder wird Wasser gepredigt und Wein getrunken?
(i) Haben wir Vertrauen darin, daß er/sie stark genug ist, um uns vielleicht auch erst gegen unseren Willen vor zerstörerischen Entwicklungen zu bewahren?
(j) Hat er/sie die Methode, das Setting und die Diagnose verständlich darlegen können? Ist uns unser Problem schon ein Stückchen deutlicher geworden, und können wir die vorgeschlagene Diagnose akzeptieren? Entspricht das Setting unseren Vorschlägen, oder können wir uns auf dieses neue Setting einlassen?
(k) Hat er/sie die Leitung einbezogen und diese potentielle Konkurrenzbeziehung geregelt?
(l) Entsprechen die formalen Qualifikationen, die beruflichen Erfahrungen und die Feldkompetenz unseren Auswahlkriterien?" (Rappe-Giesecke 1994a, S. 23 f.).

Diese Beispiele, die aufgeführt wurden, haben gezeigt, wie wichtig es ist, daß Leitungspersonen zumindest bei der Vereinbarung von Supervision einbezogen werden. Auf was sollten Leiter von sozialen Diensten achten, wenn Mitarbeiter eine Supervision wünschen und ein Gespräch mit den potentiellen Supervisor ansteht?

Fragen der Leitung

(a) „Akzeptiert der/die SupervisorIn die Aufgabe der Organisation?
(b) Kann er/sie sich mit unserer Perspektive identifizieren?
(c) Wird die potentielle Rivalität, die durch den notwendigen Eingriff des Supervisors/der Supervisorin in die Dienst- und Fachaufsicht gegeben ist, bewußt durch Absprachen geregelt?
(d) Übernimmt er/sie einfach unsere Aufträge, oder hat er/sie Verständnis und zeigt aber auch eine für uns akzeptable Distanz zu unseren Vorstellungen?
(e) Ist er/sie in der Lage, die institutionelle und psychodynamische Seite der Probleme zu erkennen?
(f) Sind die Bedingungen, was das Setting und die Finanzen anbetrifft, akzeptabel?
(g) Reicht uns die vorgeschlagene Form von Kontrolle und Einfluß aus, ist sie praktikabel?" (Rappe-Giesecke 1994a, S. 24).

Aber auch Supervisoren sollten sich ernsthaft prüfen, ob sie sich wirklich mit der Aufgabe der Institution, den Bedürfnissen der Klientel und den Anliegen der Mitarbeiter identifizieren können. Ferner müssen sie

Fragen der Supervision

bereit und in der Lage sein, ihre Beratungskompetenz „in den Dienst der Selbstregulationsfähigkeit der einzelnen Ratsuchenden oder des Ratsuchendensystems zu stellen" (Rappe-Giesecke 1994a, S. 17). Folgende Überlegungen können diesen Entscheidungsprozeß erleichtern:

(a) „Bin ich bereit, der Organisation und ihrem Subsystem zu helfen, ihre Aufgaben besser zu erfüllen?
(b) Bin ich die oder der Richtige (Feldkompetenz, Methoden, persönliche Beziehungen)?
(c) Wie aussichtsreich ist die Supervision und wie wahrscheinlich ihr Erfolg?
(d) Sind die Rahmenbedingungen für mich akzeptabel, bzw. kann ich akzeptablere Rahmenbedingungen im Laufe der Zeit herstellen?
(e) Habe ich Kontakt zu den Ratsuchenden bekommen und andererseits genügend Distanz in meiner Rolle aufrecht erhalten können? Mag ich die Leute?
(f) Habe ich mich kompetent und im Vollbesitz meiner Kräfte gefühlt, oder habe ich mich reingezogen, behindert oder parteiisch erlebt?
(g) Habe ich genügend Spielraum, um meine eigenen Bedingungen durchzusetzen, oder wird von mir erwartet, daß ich mich lediglich anpasse?" (Rappe-Giesecke 1994a, S. 24).

4.2. Verschiedene Formen von Supervision

Supervision wird von vielen leider immer noch als „Luxusprodukt" und nicht als notwendig betrachtet. Gerade dort, wo die psychosozialen und ökonomischen Probleme der Klientel am größten sind, wir auf viele „hoffnungslose Fälle" stoßen, ist die Supervision relativ selten vertreten. Häufiger ist sie jedoch bei den eher „privilegierten" Arbeitsfeldern, wie beispielsweise den Beratungsstellen oder den psychosozialen Diensten anzutreffen. Im folgenden möchte ich die unterschiedlichen Anlässe, sich durch Supervision helfen lassen zu können, idealtypisch beschreiben.

Regelsupervision Von Regelsupervision sprechen wir, wenn es in einer Einrichtung zum Normalfall gehört, daß das Personal sich supervisorisch unterstützen läßt. Am häufigsten kommt die Regelsupervision vor in psychosozialen Arbeitsfeldern (Beratungsstellen, Sucht- und Drogenhilfe, Krisenintervention, Telefonberatung, psychiatrischer Bereich). Aber auch beim Allgemeinen Sozialdienst (ASD) und der Sozialpädagogischen Familienhilfe (SPFH) treffen wir die Regelsupervision immer häufiger an. Bei der Regelsupervision haben die Teams schon längere Erfahrung mit diesem Beratungsangebot. Im Idealfall erleben sie die

Supervision als Bereicherung ihrer beruflichen Qualifikationen. Manchmal holen sich diese Teams nacheinander auch Supervisoren, die nach unterschiedlichen Konzepten arbeiten, um ihr eigenes methodisches Spektrum in der Klientenarbeit erweitern zu können. Supervision erhält dann auch noch eine Weiterbildungsfunktion. In den Anfängen der Familientherapie waren beispielsweise entsprechend qualifizierte Supervisoren sehr gefragt, weil die Berater durch sie diese neue Sichtweise kennenlernen konnten. Ein weiteres Merkmal der Regelsupervision ist die Tatsache, daß die finanziellen Mittel für die Beratung von den Teams nicht erstritten werden müssen, weil sie einen festen Bestandteil im Etatposten des Trägers bilden (siehe S. 195 ff.). Teilweise gehört die Supervision sogar zur Pflicht, welche der Träger oder die übergeordnete Finanzierungsstelle übernommen hat. Immer häufiger wird – wie in der Einleitung dargestellt – schon bei Stellenanzeigen auf die Weiterbildungsmöglichkeit Supervision als Gradmesser der Fachlichkeit sowie besonderer Serviceleistungen des Trägers hingewiesen.

Demgegenüber kommt die Kompaktsupervision dem Bedürfnis von Institutionen entgegen, sich etwa einmal im Jahr für eine organisationsinterne Fortbildung externe Supervisoren zu holen. Diese ein- bis dreitägigen Weiterbildungen sind vor allem in klinischen Einrichtungen der Fall. Zu diesem Zweck werden prominente Supervisoren, auch aus dem Ausland, verpflichtet, um eine neues Verfahren kennenzulernen oder spezielle Fragen zu diskutieren. Teilweise werden diese Kompaktsupervisionen sehr aufwendig betrieben. Die Gespräche der Therapeuten und Sozialarbeiter/-pädagogen mit ihren Klienten werden (nach schriftlicher Genehmigung seitens der Klienten) mit Video aufgenommen und dann mit dem Supervisor diskutiert. Danach finden weitere Gespräche der Behandler mit den Klienten statt. Diesen folgt wiederum eine Supervisionssitzung. So wurden bei uns auch neue Verfahren, wie etwa die Familientherapie, bekanntgemacht.

Kompaktsupervision

Teilweise findet bei derartigen Kompaktsupervisionen auch eine *Life-Supervision* statt. Der Therapeut oder Sozialarbeiter/-pädagoge führt ein Gespräch mit seinem Klienten. Der Supervisor beobachtet diese Kommunikation direkt im Raum, hinter einer Einweg-Scheibe oder über Video und greift direkt oder zeitverzögert in den Prozeß ein. Danach geht der Beratungsprozeß weiter. Alle diese Supervisionsvarianten nutzen in mehrfacher Hinsicht den Spiegelungs- oder Resonanzeffekt (siehe S. 114).

Supervisionsprozeß

Eine besondere Form der Supervision findet jährlich in einer psychotherapeutischen Fachklinik im Rheinland statt. Ein in der internationalen Fachwelt bekannter Familientherapeut wird jährlich zu einer Familienberatung eingeladen. Außer ihm, der Familie sowie dem behandelnden Therapeuten war noch eine Dolmetscherin anwesend. Es ging um einen langjährigen sexuellen Mißbrauch eines Vaters an seiner Tochter. Die gesamte Familie war anwesend und hatte ihr schriftliches Einverständnis zu dieser ungewöhnlichen Life-Behandlung und Life-Supervision abgegeben. Denn in einem separaten Raum verfolgten etwa 100 Personen, Klinikpersonal und auswärtige Fachleute, diese Behandlung über Video. In den Gesprächspausen kam der ausländische Experte zu dieser Großgruppe, um sich von diesen über seine Arbeitsweise befragen und supervidieren zu lassen. Dieses für den Laien ungewöhnliche Verfahren ist inzwischen weltweit anerkannt und dient auch Forschungszwecken.

Rotationssupervision Oft kommt es vor, daß ein Träger (z. B. Jugendamt oder Heim) jährlich eine bestimmte Summe für Supervision ausgeben kann. Die knappen finanziellen Mittel werden jedes Jahr einer anderen Abteilung der Einrichtung für die externe Beratung zur Verfügung gestellt. Bei fünf Abteilungen kommt jede dieser Abteilungen alle fünf Jahre in den Genuß „rotierender" Supervision. Der Vorteil einer solchen Rotationssupervision[19] liegt auf der Hand. Trotz knapper Mittel können alle Abteilungen zeitweise Supervision erhalten; man kann von hohem Konsens und starker Motivation der Abteilungsmitarbeiter ausgehen. Zwischenzeitlich können sich die nicht supervidierten Abteilungen mit kollegialer Supervision (siehe S. 112) weiterbehelfen. Nachteilig ist allerdings, daß durch das Fehlen von kontinuierlicher Supervision in akuten problematischen Situationen keine externe Hilfe vorhanden ist.

Krisensupervision Anders sieht es bei der Krisensupervision aus. Hier geht es um den Fall, daß eine Einrichtung, die vorher noch keine Supervision genutzt hatte, jetzt aus einer „Notsituation" heraus dringend Supervision wünscht.

Denn häufig kommen viele „Supervisionsanfragen nach wie vor aus Arbeitsfeldern mit desolaten Struktur- und Personalbedingungen, wo Supervision in unterschiedlichen Kompensationsfunktionen angefragt wird (z. B. als Trostpflaster für schlechte Bezahlung oder ähliches)." (Gotthardt-Lorenz 1996, S. 26)

Vielfach handelt es sich dabei auch um soziale Arbeitsfelder, die in der Professionalitätsskala „weiter unten" rangieren. Häufig kommt dort die Supervision zu „spät". Interne Auseinandersetzungen, die schon länger stattfanden und ambivalente Haltungen prägen die Anfrage. Meistens muß die Finanzierung der Supervision vom Träger regelrecht „erkämpft" werden. Manchmal ist die Supervision für das Personal auch mit einem „Kränkungsfaktor" versehen, weil man doch „eigentlich" alleine zurechtkommen wollte. Hinter diesem „Kränkungsfaktor Supervision" verbirgt sich bei intensivem Nachfragen allerdings oft eine Kränkungsgeschichte der Teammitglieder und/oder des Teams mit den übergeordneten Stellen. Häufig sind diese Erfahrungen dann noch mit dem Mißverständnis verknüpft, daß Helfer ihrerseits keine Hilfe benötigen. Weitere Merkmale der Krisensupervision sind: Neben dem hohen Druck sehen sich Supervisoren bei der Krisensupervision auch überhöhten und unrealistischen Erwartungen (Idealisierungen) ausgesetzt, die bei nicht vollständiger Erfüllung dann in ihr Gegenteil (Entwertungen) umschlagen können. Für die Technik der Supervision ist es dann methodisch hilfreich, diesen Druck als eine arbeitsfeldtypische Problematik zu deuten (Gegenübertragung).

4.3. PROBLEME BEI DER SUPERVISION

4.3.1. Druck aushalten

Vor allem in den Fällen der Krisensupervision spürt der Supervisor schon beim Erstkontakt den Druck, der ausgeübt wird. Dieser ist oft mit hoffnungsvollen Erwartungen gepaart, daß die Supervision sofort und endgültig „die" Lösung zu bringen habe. Dazu ein Beispiel:

Eine Pädagogin, die in einer Beratungsstelle mit Prostituierten arbeitet, meldet sich telefonisch zu einem Erstgespräch für die Supervision an. Dabei übt sie Druck aus. Sie kommt dann auch allerdings zwanzig Minuten zu früh, so daß sie warten muß. Ihr „Auftritt" in der Praxis der Supervisorin hat teilweise dramatische Züge. Zu Beginn dieses Erstgesprächs geht es „in verschlüsselter Form um die Probleme, die die Supervisandin (die sich offenbar teilweise mit den Tätern, teilweise mit den Opfern identifiziert und die Supervisorin in die jeweils entsprechenden Positionen drängt) von ihren Klientinnen kennt: zeitliche und räumliche Grenzverletzungen, die die Klientinnen im Zusammenhang mit dem Mißbrauch als Kinder erdulden mußten." Der Pädagogin als Supervisandin fehlte es, obwohl sie zeitlichen Druck ausübte, wohl am Gefühl für „Timing"; sie kam zwanzig Minuten zu früh und dann nie wieder (Hennige 1992, S. 81).

4.3.2. Idealisierung und Entwertung

„Experten-falle" Der Begriff „Expertenfalle" meint die Gefahren für Supervisoren, die mit einem illusionären Glauben an die Allmacht von Fachleuten verbunden ist. Wir alle kennen das Wunschbild vom Arzt, der immer das „Richtige" diagnostiziert und entsprechende Rezepte verschreibt, oder die Vorstellung des Anwaltes, der dem Mandanten zu seinem „Recht" verhilft. Doch Ärzte sind fehlbar, und nicht der Anwalt verhilft zur „Gerechtigkeit", sondern das Gericht spricht ein oft unbefriedigendes Urteil. Diese Wünsche nach „gerechter" Behandlung durch Experten zeigen nicht nur ein laienhaftes Verständnis von der Allwissenheit und Unfehlbarkeit von Fachleuten, möglicherweise verbergen sich dahinter auch frühkindliche Sehnsüchte nach Anerkennung. Wenn diese idealisierten Experten dann die hohen Erwartungen nicht erfüllen, werden sie genauso unrealistisch entwertet.

Vor allem in den helfenden Berufen sind derartige „Expertenfallen" ein großes Problem. Sozialarbeiter/-pädagogen wissen viel und können doch nicht immer wirksam helfen. Wenn Sozialarbeiter sich nun in Form der Supervision Hilfe holen möchten, gestehen sie ein, daß es mit den vorhandenen Möglichkeiten so nicht weitergegangen ist, was auch das Eingeständnis einer vermeintlichen Schwäche beinhaltet. Die vielen Unzulänglichkeiten der jeweiligen Berufsfelder werden nun mit allen Hoffnungen und allen Ambivalenzen auf die Person des Supervisors projiziert: Er soll *es* lösen, aber wenn er es löst, dann sind die Beteiligten gekränkt. Wenn er es nicht lösen kann, kommt es möglicherweise zum „Das haben wir schon immer gewußt", also zur Entwertung des Supervisors: „Der kann es auch nicht besser." Auch hier fällt wieder die Ähnlichkeit auf, die zwischen den Erwartungen an die Supervision durch die Sozialarbeiter und die Sozialarbeit seitens der Klientel besteht. Zur „Expertenfalle" gehört auch, daß sich der Supervisor (oder Sozialarbeiter) idealisieren oder dazu verführen läßt, den hochgesteckten Ansprüchen undiskutiert genügen zu wollen. Das kann z. B. so aussehen:

Die Klärung der Nachfrage nach Supervision ergibt, daß der Supervisor vor allem aufgrund seines akademischen Titels ausgewählt wurde. Ein Chefarzt möchte sich nun einmal nicht von einem nichtpromovierten Sozialarbeiter beraten lassen. Der Supervisor nimmt den Auftrag geschmeichelt an und versäumt es, die Hintergründe des Supervisionswunsches und die Wahl seiner Person genauer zu untersuchen. Die Supervision scheitert allerdings in erster

Linie, weil der Chefarzt ein sehr formales und naturwissenschaftlich geprägtes Verständnis von seiner Führungsrolle hat und aus diesem Grund immer wieder mit den Mitarbeitern in Konflikt geriet. Jedoch diese Haltung hatte die Wahl des Supervisors beeinflußt. Eine Thematisierung dieses Verhaltens hätte unweigerlich die Beschäftigung des Supervisors in Frage stellen müssen. Die zeitweilige Tätigkeit des Supervisors beruhte deswegen auf einer unlösbaren Paradoxie: „Verbessere die Arbeitssituation in der Klinik", lautete die verbale Seite des Auftrags durch den Chefarzt. „Du bist nur hier, weil du meine Arbeitsweise nicht hinterfragt hast", lautet dagegen die nonverbale Mitteilung.

Hierbei hatten wir es mit einem „geheimen Auftrag" zu tun. Wenn derartige Paradoxien nicht durch das „Darüberreden" (Metakommunikation) aufgelöst werden können (Watzlawick u. a. 1969), bleibt dieser Widerspruch (Paradoxie) bestehen, d. h. die eigentliche Ursache des Supervisionswunsches ist weiterhin unklar, die Supervision wird ineffizient oder scheitert.

4.3.3. Wer hat die Verantwortung wofür?

Supervisoren und Supervisanden unterliegen der Gefahr, sich gegenseitig die Verantwortung für das künftige Geschehen zuzuschieben. Auch in dieser unausgesprochenen Haltung liegt eine Verstrickungsgefahr.
Manche Supervisanden erwarten z. B. vom Supervisor: „Hoffentlich sagt er uns, was wir tun sollen." Der Supervisor denkt möglicherweise: Hoffentlich finde ich den „richtigen Tip" zur „Problemlösung." Beide Haltungen können zum Scheitern der Supervision führen, weil Grundregeln des Beratungsverfahrens mißachtet werden. Wie lauten diese Grundregeln?

(a) Es gibt nur kommunizierte Probleme: Dieser Satz meint keineswegs, daß nicht-ausgesprochene Probleme keine Bedeutung haben. Er meint folgendes: Zum einen soll er Supervisoren davor schützen, sich mit Spekulationen zu beschäftigen. Anderseits aber möchte der Hinweis, daß es nur kommunizierte Probleme gibt, die Supervisoren darauf aufmerksam machen, daß durch die Kommunikation *über* das Problem erst ein problemorientiertes System entsteht. [Grundregeln]
(b) Das Problemsystem der Beteiligten ist nicht identisch mit dem Problem. Es kann nämlich eine Eigendynamik entwickeln: Während sich beispielsweise die unter dem Problem Leidenden beklagen, wirken sie

insgeheim an der Aufrechterhaltung gerade des Problems mit. (Hier tauchen Ähnlichkeiten zum „sekundären Krankheitsgewinn" psychischer Störungen und zur „Co-Abhängigkeit" auf.)
(c) In diesem Sinne „besitzen" Ratsuchende (Sozialarbeiter bzw. Klienten) das Problem. Nur sie können es lösen, haben aber auch unter Umständen eigenen Anteil an der Problementstehung oder gar -erhaltung.
(d) Der Berater (Supervisor bzw. Sozialarbeiter der eigenen Klientel gegenüber) haben nur die Verantwortung für den Beratungsprozeß, nicht jedoch für die Inhalte, Ziele und Problemlösungen.
(e) Zu den Aufgaben der Berater (Supervisoren bzw. Sozialarbeiter) gehört es, die Fähigkeit der Ratsuchenden bei der eigenständigen Problemlösung zu fördern.
Supervisoren müssen sich also „innerlich" vom Klientensystem abgrenzen, zugemutete Verantwortung diskutieren, um wirksam helfen zu können.

4.3.4. Mesallianz-Gefahren

Interne und vor allem externe Supervisoren verfügen über wenig formelle, oft allerdings über viel informelle Macht. Dabei wächst die Gefahr von Rollenkonfusion und Verstrickungen, die sich mit folgenden Beispielen verdeutlichen läßt:

Ein noch unerfahrener Supervisor bekommt von der ihm bekannten Leiterin einer Beratungsstelle eine Praktikantin zur Einzelsupervision vermittelt. Die Leiterin will von ihm nun immer wieder hören, wie es denn „läuft".
Der Geschäftsführer einer diakonischen Einrichtung „verordnet" einem ihm unterstehenden Jugendhaus-Team einen Supervisor, weil „die es nötig" haben.
Der langjährige Oberarzt einer Suchtklinik wird durch den vorzeitigen Abgang des Chefarztes dessen Nachfolger. Als ausgesprochener „Kumpel-Typ" hat er alle Psychologen, Sozialarbeiter und das Krankenpflegepersonal immer schon geduzt. Dieser Kommunikationsstil verträgt sich nicht mit der neuen Rolle. Auch leidet er sehr darunter, daß die Stationen sich wünschen, daß er nicht an den Stationssupervisionen teilnimmt. Immer wieder ruft er den Supervisor an. Bei diesem beklagt er seine „Einsamkeit" und die Tatsache, daß er selber das „ärmste Schwein" in der Klinik sei.

Hierbei steht der Supervisor in der Gefahr, auch durch die Auftragsvergabe, von den „Mächtigen" korrumpiert zu werden. Auch der umgekehrte Fall kann vorkommen: Supervisoren stellen bei Einzel-

oder Teamsupervisionen nicht die „kritischen Fragen", die nötig wären, weil sie hoffen, daß sie als „nette Supervisoren" gute Chancen auf eine Vertragsverlängerung haben. Leffers, dem ich die Bezeichnung „Mesallianz-Gefahr" (1987) verdanke, hat viele dieser Varianten beschrieben. Mesallianz-Gefahr ist auch dann gegeben, wenn für das Team ein hoher Druck besteht, Supervision „nehmen zu müssen" und der Supervisor diesen Auftrag aus Gründen der Existenzsicherung benötigt. Beide Seiten können dann miteinander folgende verdeckte Kommunikation praktizieren:

Das Team signalisiert: „Wenn wir schon Supervision haben müssen, dann sei ein ‚guter' Supervisor und stell' uns nicht in Frage".

Die unausgesprochene Antwort des Supervisors könnte dann lauten: „Wenn Supervision schon sein muß, dann möchte ich den Auftrag erhalten, dafür bin ich auch ‚nett' zu euch".

4.3.5. Grenzen erhalten und ausbauen

In jeder Berufsgruppe kommt es zu einer gewissen Anzahl von nichtfachgerechten, unethischen oder gar strafbaren Handlungen seitens der Professionellen der Klientel gegenüber. Wir alle kennen das aus den Medien: Polizisten als Bankräuber, Geldboten als Millionendiebe, Feuerwehrleute als Brandstifter, Krankenschwestern als Mörderinnen von Kranken, Psychotherapeuten als sexuelle Verführer ihrer Patientinnen u. v. a.

„Eine Untersuchung wies bei 13,7 % der Therapeuten und bei 3,1 % der Therapeutinnen sexuelle Kontakte mit gegengeschlechtlichen Patienten aus. In einer psychiatrischen Klinik waren 4,9 % der Patientinnen und Patienten derartigen Übergriffen durch das Personal ausgesetzt." (Fengler 1994a, S. 195)

Der Frage, weshalb bestimmte Berufsgruppen möglicherweise gehäuft gerade solche Taten begehen, die sie von Berufs wegen eigentlich verhindern sollten, kann hier nicht nachgegangen werden. Allerdings hat sich auch die Berufsgruppe der Sozialarbeiter/-pädagogen diesen Tabuthemen zu stellen und selbstkritisch zu fragen, wie derartige Grenzüberschreitungen im professionellen Kontext vermieden oder in ihren Auswirkungen reduziert werden können.

Ein Supervisor mit viel Erfahrung in der Beratung von Einrichtungen der offenen Jugendarbeit: „Immer wenn es zu Anfang einer Teamsupervision eine so merkwürdige Sprachlosigkeit gibt, vermute ich, daß es auch um eine unausge-

sprochene Liebesbeziehung zwischen Teammitgliedern oder gar zwischen einem Teammitglied und Besuchern geht."
Das Team eines Wohnheimes für volljährige junge Frauen (ehemalige Trebegängerinnen, Drogensüchtige) präsentiert der Supervisorin in der ersten Sitzung einer „Krisensupervision" folgenden Sachverhalt: Sozialarbeiter A. hat ein Liebesverhältnis mit einer Bewohnerin seiner Gruppe und dieses dem Team bis vor zwei Wochen verheimlicht. Sozialarbeiter B. unterhält ebenfalls intime Beziehungen zu einer anderen Bewohnerin. Im Gegensatz zum Falle des Kollegen A. hat er dies jedoch dem Team sofort mitgeteilt. Außerdem ist seine neue „Freundin" nicht (wie bei A.) Angehörige seiner Betreuungsgruppe. Das Team beschäftigt sich nun damit, ob überhaupt Regelverletzungen vorlagen und wenn ja, welche und wie diese zu sanktionieren seien.

Tabuthemen Es geht an dieser Stelle nicht um eine Bewertung dieser Fälle. Wichtiger scheint mir zu sein, auf diese Tabuthemen der Sozialen Arbeit hinzuweisen. Die selbstkritische Beschäftigung mit derartigen Fragen hat die Sozialarbeit noch nicht geleistet. Die ihre Klienten ausbeutenden Helfer gehören genau so wenig ins idealisierte Selbstbild unserer Profession wie ein anderes Tabuthema, nämlich die „Gewalt der Klienten" an Sozialarbeitern (Belardi 1991). Gerade Tabuthemen drängen sich vehement in der Supervision in den Vordergrund und sollten dort ihren Platz finden.

4.3.6. Präsentierprobleme und ihre Hintergründe

Aus der Sozialpädagogik kennen wir eine Fülle von „Präsentierproblemen", z. B.:

Ein Jugendlicher in der „Offenen Tür" erkundigt sich bei der Sozialarbeiterin eher beiläufig, was denn eigentlich die Jugendgerichtshilfe sei. Im anschließenden Gespräch wird deutlich, daß er wegen einer Straftat angeklagt wurde und nun einen Brief von dieser Institution erhalten hat.
Eine alleinerziehende junge Mutter teilt der Leiterin eines Kindergartens mit, daß sie die Kindergarten-Beiträge nicht mehr überweisen könne. Sie habe kein Geld. Bei einem vertieften Gespräch wird deutlich, daß der Kindesvater keinen Unterhalt zahlt und sie sich eine Hilfestellung erbittet. Die Leiterin vermittelt ein Gespräch mit dem Jugendamt.

Mit Präsentierproblemen ist es so ähnlich wie mit Testfragen. Die Reaktionen der Sozialarbeiter/-pädagogen auf die Problemschilderungen sollen den Klienten verdeutlichen, wie vertrauenswürdig der Gesprächspartner ist. Genauso ist es in der Supervision. Mehr oder minder bewußt präsentieren Supervisanden ein vielleicht drängendes Problem, was aber nicht ihr Hauptproblem darstellt. Es handelt sich dann um eine Art „Supervisorentest". Wenn die Supervisoren nur auf der Ebene des Präsentierproblems verharren, haben sie den Test nicht bestanden. Das war bei der Supervision in der Drogenberatung der Fall (siehe S. 67). Aber auch wenn Supervisoren direkt auf das vermutete „eigentliche" Problem zusteuern, können sie „durchfallen", weil sie damit zuviel Angst und Widerstände auslösen. Es geht also darum, die Vertrauensbasis zu erweitern und über den „goldenen Mittelweg" den angstfreien Zugang zu tiefergehenden Problemen zu finden.

4.4. Umgang mit Problemen und Widerständen

4.4.1. Vorbehalte ernstnehmen

Zum Thema Vorbehalte gehören negative Erfahrungen, verständliche Ängste, aber auch Informationen aus „Dritter Hand" von möglicherweise „mißlungenen" Supervisionen. Diese Sachverhalte sind zu erörtern; geklärt werden können sie in der Regel nicht. Im übrigen hat der Supervisor schon in der ersten Sitzung seine Arbeitsweise transparent zu machen (Probesupervision). Das ist wirksamer als alle möglichen Beteuerungen. Auch festsitzende programmatische oder methodische Wünsche der Supervisanden sind vom Supervisor „innerlich" zu relativieren. Z. B. „Wir möchten eine Supervision, wie es XY in seinem Buch Z beschrieben hat."
Mitarbeiter im Gesundheitsbereich wünschen oft „Balint-Arbeit" (siehe Ausführungen in Abschnitt 5.2.6., S. 113 ff.). Von Pühl übernehme ich die Beschreibung der Supervision in einer Klinik, die als Balint-Arbeit angefragt wurde. Aufgrund der institutionellen Bedingungen war dieses „Setting" jedoch schwer möglich. Als der Supervisor erläutern wollte, was er unter Balint-Arbeit verstehe und weshalb diese Arbeit in diesem Rahmen nicht möglich sei, „reagierten alle TeilnehmerInnen gereizt. Es sollte jetzt endlich beginnen, man/frau wollte die Gewißheit, daß diese Gruppe zustande kommt, es könnte die letzte Chance sein, hier in der Abteilung so etwas zu machen" (Pühl 1992, S. 42). Der Supervisor hat daraufhin eine Gruppensupervision initiiert, bei der „sich sogar Ansätze von Balintarbeit realisieren ließen" (ebd.

S. 43). Dieses Beispiel zeigt, daß positives Handeln wichtiger ist, als sich in unverständliche Konzept-Diskussionen einzulassen.

4.4.2. Umgang mit Widerständen und Ambivalenzen

„Wasch mir den Pelz, aber mach mich nicht naß" lautet ein bekannter Spruch. Diese Sichtweise hilft auch weiter, häufige und typische Szenen in der Supervision zu verstehen:

> Wir befinden uns auf einer eintägigen Fachtagung zur „Supervision der Sozialen Arbeit": Sozialarbeiter, die noch keine Erfahrungen mit Supervision hatten, sollten mit dieser Beratungsmöglichkeit vertraut gemacht werden. Etwa zwanzig Personen hatten sich zur Arbeitsgruppe „Supervision in der Jugendhilfe" angemeldet. Nach einem Einführungsvortrag wurden zwei Sitzungen zu je zwei Zeitstunden angeboten. In der Anfangsrunde äußerte etwa die Hälfte der Teilnehmer einerseits sehr hohe Erwartungen an diese Veranstaltung. Dabei fiel immer wieder der Wunsch auf, abwesenden Kollegen nach dieser Veranstaltung wichtige Hilfestellungen geben zu können. Andererseits betonten die meisten jedoch auch große Vorbehalte der Supervision gegenüber zu haben. Im übrigen solle der Gruppenleiter jetzt zeigen, wie „es" gemacht werden könne. Der Gruppenleiter ging zu Anfang weder auf diese verständlichen aber irrealen Erwartungen, die Verleugnung eigener Hilfebedürftigkeit und deren Verschiebung auf Abwesende, noch auf die Entwertungen ein. Er benötigte viel Kraft, um den starken Druck nach schnellen Erfolgen standzuhalten oder eine „Wunderheilung" vorzuführen. Statt dessen bemühte er sich, ein produktives Gruppenklima zu schaffen, Ängste abzubauen und Gemeinsamkeiten herauszustellen. Mit Hilfe des Erklärens seiner eigenen Gefühle (Gegenübertragung) und der Darstellung dieser typischen Spiegelung von Klientenverhalten (Resonanzphänomenen) konnte die Gruppe langsam sich selber finden und arbeitsfähig werden. Die Teilnehmer dieser Tagung kamen – wie viele ihrer Klienten – „zu spät" und übten großen Druck aus. Beim Besprechen dieser vielen Ansprüche äußerte der Gruppenleiter auch seine eigene Hilflosigkeit, die wohl den Praktikern in der Sozialarbeit ähnlich sein müsse. Kopfnicken und erleichtertes Aufatmen war die Antwort. Allen schien es ähnlich zu gehen. Nun war das „Eis gebrochen"; es konnte Vertrauen gefaßt werden. Danach meldeten sich mehrere Teilnehmer, um einen „Fall" vorzutragen.

Vertrauensbildende Maßnahmen Widerstände und Ambivalenzen sind ein normaler Ausdruck des Sicherheitsbedürfnisses von Menschen. In neuen Situationen und bei unklaren Gruppenverhältnissen steigen sie an. Supervisoren sollten damit umgehen können und mit Hilfe von „vertrauensbildenden Maßnahmen" (etwa Ansprechen der Bedenken) es der Gruppe ermöglichen, sich ihre Arbeitsfähigkeit zu erhöhen. Wichtig ist es jedoch auch, nicht in dieser Phase der Blockade steckenzubleiben, sondern durch konstruktive Arbeit voranzukommen.

4.4.3. Polaritäten erkennen und produktiv nutzen

Eine besondere Ausdrucksform von Ängsten, Widerständen und Ambivalenzen ist die Kommunikation in Polaritäten. Wenn Sozialarbeiter/-pädagogen arbeitsmäßig unter Streß geraten, erleben sie die Arbeitsprozesse extrem und polar: Geben oder Nehmen, Nähe oder Distanz, Identifikation oder Abgrenzung, Konflikt oder Versöhnung, Einsamkeit oder Selbstaufgabe (Fengler 1994a, S. 322). Vor allem in scheinbar aussichtslosen Situationen kann das der Fall sein; etwa in der Drogenhilfe, in der Straßensozialarbeit oder in der Arbeit mit Aids-Klienten. In der Teamsupervision müssen die Supervisoren dann ihre Fähigkeiten zum „Auffangen" und „Gegensteuern" unter Beweis stellen. Aufgrund ihrer außenstehenden (exzentrischen) Position sind sie die einzigen, die von diesem durch die Klientendynamik bewirkten Beziehungsmuster nicht erfaßt sind. Teamsupervision hat dann auch den psychohygienischen Charakter von „Unterstützungssitzungen".

Das sind „wiederkehrende Gespräche in Teams, in denen es weder um die Analyse von Problemen noch um gegenseitige Korrektur oder Supervision geht. Vielmehr ist das einzige Thema: Wie kann ich ihr und ihm das Leben leichter machen? Was kann ich zu ihrer und seiner Motivation, Arbeitsfreude, Anerkennung und positiven Selbsteinschätzung beitragen?" (Fengler 1994a, S. 302)

4.4.4. Der Nutzen von Resonanzphänomenen

Es ist schon erwähnt worden, daß sowohl Klienten als auch Helfer, möglicherweise auch Supervisoren, sich eigentlich nicht gerne helfen lassen. Diesem Thema haben sich die bereits erwähnten Bücher von Schmidbauer (1977) und Fengler (1991, 1994a) gewidmet. Hilfe von außen schränkt auch immer die Autonomie des Individuums ein. Diese Hürde gilt es in jeder Form von Beratung und Sozialer Arbeit zu überwinden, ansonsten sind die Helfer von der jeweiligen Klientel abhängig, weil sie deren Bestätigung benötigen. Eine Möglichkeit, die Spannung zu reduzieren, besteht darin, das Resonanzphänomen konstruktiv zu nutzen. Darunter versteht man in Psychotherapie und Beratung die Nutzung der Spiegelung von Prozessen zwischen Klienten und Sozialarbeitern im Supervisionsgeschehen (siehe S. 114). Diese Prozesse haben wir schon unter dem Stichwort „Klientendynamik" kennengelernt, etwa wenn Sozialpädagogen in der offenen Jugendarbeit sich ähnlich wie Jugendliche kleiden und verhalten. Oder wenn im Suchtbereich auch von den Helfern viele legale Suchtmittel (Kaffee, Zigaretten, aber kein Alkohol oder Drogen) genossen werden.

Deutung der Ursprungssituation Bedürftigkeiten aus dem Ursprungssystem (der Klientendynamik) werden in der Supervision relativ unvermittelt in den Beratungsprozeß übersetzt; etwa in Form überhöhter Ansprüche oder Depressionen. Es kommt vor, daß Sozialarbeiter in der ersten Supervisionssitzung hoffnungslose „Fälle" präsentieren und vom Supervisor erwarten, daß er sofort „ideale" Lösungen parat hat. Da es in solchen Situationen keine idealen Lösungen geben kann, hilft nur die Deutung der Ursprungssituation, wie wir es auch in dem Beispiel der Fachtagung „Supervision der Sozialen Arbeit" gesehen haben (siehe S. 84). Vor allem in der Literatur zur Balint-Arbeit hat man eine Fülle derartiger Spiegelphänomene dargestellt und für die Anwendung in der Supervision systematisiert (Kutter 1990b, 1994). Folgende Fragen können z. B. gestellt werden: „Wie sollen wir Sozialpädagogen von den Jugendlichen erwarten, sich etwas kultivierter zu verhalten, wenn wir ihnen selber nacheifern?" Oder: „Die Junkies sehen doch, wie sehr wir auch am Nikotin und Koffein hängen. Die fragen sich dann, wie können die Einäugigen den Blinden helfen."

Wenn Sozialarbeiter/-pädagogen „hoffnungslose Fälle" präsentieren, teilen sie häufig auch mit, daß sie ihre Arbeit als „hoffnungslos" ansehen, daß Supervision keinen Zweck hat oder daß der Supervisor eine „Wunderheilung" vollziehen sollte. Wenn die Supervision eine andere Sichtweise herbeiführen kann, ändert sich die Selbstdeutung der Sozialarbeiter, es kann ein *Perspektivwechsel* eintreten: „Wer in die Beratung kommt, sieht sich selber noch nicht als „hoffnungslos"; also ist auch unsere Arbeit nicht „hoffnungslos".

Die gemeinsame Reflexion von Resonanz- oder Spiegelphänomenen leistet noch keine „Wunderheilung"; sie relativiert jedoch das Geschehen, verhilft zur notwendigen Grenzsetzung und lenkt den Blick auf kleine, realisierbare Ziele.

4.5. WICHTIGE ASPEKTE DES SUPERVISIONSPROZESSES

4.5.1. Körpersprache beachten

Zu den Regeln der Kommunikation in den akademischen Berufen gehört der Vorrang der sprachlichen Ebene. Dieses „Erbe" der wissenschaftlichen Ausbildung kann dann für emotionale Lernprozesse hinderlich werden, wenn es etwas verschleiert, wenn die Mitteilung, um die es wirklich geht, hinter den Worten versteckt wird. Deshalb sollte immer auf die nonverbale Ebene geachtet werden. Das psychotherapeutische Wissen hilft uns, die nichtsprachliche Kommunikation zu beachten.

Bedeutung non-verbaler Zeichen

Jemand spricht und vermeidet den Blickkontakt. Ein anderer sitzt mit verschlungenen Beinen vor dem Berater.
In der Teamsupervision befinden sich die meisten Sozialarbeiter positionsmäßig in der Nähe der Tür, wie in einer „Fluchtlinie". Rechts und links neben der Supervisorin klafft eine „neutrale Zone".
Innerpsychische Zustände werden oft mit Hilfe der Körpersprache symbolisiert: Da hat jemand einen „Kloß im Halse", „das Blut steigt in den Kopf", oder es wurde einem „ganz flau zumute".

Oft spricht der Körper eine ehrlichere Sprache als die Worte. Supervisoren müssen diese Köpersprache erkennen und zu passender Zeit thematisieren. Allerdings ist darauf zu achten, daß dies nicht auf eine Weise geschieht, die das Schutzverhalten der Supervisanden erhöht.

4.5.2. „Innere Bilder" nicht vernachlässigen

In jedem Team und in jeder Institution existieren eine Fülle von informellen Regeln und Kommunikationsformen, also eine spezielle Kultur (Organisationskultur), die den Supervisoren anfangs unbekannt ist. Auffälligkeiten sollten hinterfragt werden – sie sind oft Bestandteil einer für den Außenstehenden unbekannten „Sinnwelt", die es zu verstehen gilt. Insofern ist Supervision wissenschaftlich geleitetes „Fremdverstehen" nach den Regeln biographischer Forschung (Schütze 1993, 1994a, 1994b). Wie kann man nun diese fremde Welt erkennen? Hier hilft der Begriff des „szenischen Verstehens". Zu Beginn mancher Supervisions- oder Beratungsgespräche erhält man Informationen über scheinbar Vordergründiges und Banales, das sich im Verlaufe des weiteren Prozesses als etwas gänzlich anderes herausstellt:

So etwa bei der Situationsbeschreibung im Wohnheim für entlassene Alkoholiker (siehe S. 60). Mehrere Bemerkungen über die Mitarbeiter vom Hausdienst bringen den Supervisor dazu, Fragen über deren berufliche Situation zu stellen. Weitere Beispiele von Beschwerden der Sozialpädagogen verdichten sich mit diesen Informationen. Die Erinnerung an eigene kurze Erlebnisse mit dem Telefonisten und dem Pförtner kommen hinzu. Dem Supervisor drängt sich der Gedanke auf, daß diese Laienhelfer auf ABM-Basis eigentlich „verkappte Alkoholiker" sein könnten, und teilt dies „innere Bild" dem Team mit. Es folgt zustimmendes Kopfnicken.

Szenisches Verstehen — Der Supervisor hat seine Gegenübertragungsgefühle ernstgenommen und die Informationen, Emotionen und „innere Bilder" zu einer deutenden Vermutung (Hypothese) zusammengefaßt. Das kann auch in der Form einer Übertreibung geschehen. In der psychoanalytisch geprägten Psychotherapie nennt man dieses Verfahren das zeitweilige Verlassen des „logischen Verstehens", also der rein sprachlichen Mitteilungen, um auf die Ebene des „psychologischen Verstehens" oder des „szenischen Verstehens" zu gelangen (Argelander 1970, S. 61; Lorenzer 1970, S. 149). Der Supervisor „sieht" etwas, das es so konkret gar nicht gibt, das aber trotzdem eine reale Bedeutung haben könnte und sich in jedem Falle negativ auf die Dynamik im Wohnheim auswirkt. (Im Beispiel: die Mitarbeiter vom Hausdienst trinken zusammen mit den suchtgefährdeten Bewohnern.)

4.5.3. Übersetzungsleistungen vollbringen

Wahrnehmungen aktivieren — Die angesprochene Diskrepanz zwischen der rationalen Argumentation und einer eher spontan vermittelten Körpersprache verdeutlicht, daß die Supervisoren für sich immer wieder „innere" Übersetzungsleistungen vollziehen müssen. Sie sollten relativ schnell vorerst für sich alleine verschiedene Wahrnehmungen aktivieren:

(a) verbale und nonverbale Ebene;
(b) Inhalts- und Beziehungsebene;
(c) die Gegenübertragung;
(d) gemeinsame rangrichtige Sortierung der angebotenen Themen.

W-Fragen — Welche methodische Vorgehensweise ist angesagt? Supervisoren sollten für sich eine „innere Topographie" von W-Fragen entwickeln. Diese muß allerdings situativ „passen" und darf nicht schematisch angewendet werden.

(a) *Was* wurde berichtet?
(b) *Wie* wurde geschildert?
(c) *Was* wurde überbetont oder ausgelassen?
(d) *Welche* Vermutungen (Hypothesen) habe ich jetzt?
(e) *Wie* kann ich meinen inneren Wahrnehmungsprozeß produktiv in die Supervision einbringen?

Diese Frage sollten Supervisoren nicht für sich alleine beantworten, weil sie dann zu nicht rückgekoppelten – möglicherweise falschen – Deutungen kommen können. Bei den W-Fragen sollte man prozeßbezogene Fragestellungen bevorzugen (Was? Wie? Welche?) und ursachenorientierte Fragen (Wer? Warum? Weshalb?) vermeiden. Denn viele Ursachen kann man nie ganz erhellen und Ursachendiskussionen fördern den Dissenz.

4.5.4. Weitere Kommunikationsvorschläge

Die folgenden „Regeln" sind als Vorschläge für die Kommunikation in der Supervision (sowie der Sozialen Arbeit überhaupt) zu verstehen. Sie stammen aus unterschiedlichen Richtungen von Beratung und Psychotherapie. Da sie seit vielen Jahren Allgemeingut des Wissens über menschliche Kommunikation sind, werden sie im folgenden quellenmäßig nicht gesondert belegt.

(a) *Kommunikationsebenen:* In jeder menschlichen Kommunikation existieren bewußte und unbewußte, verbale und nonverbale Kommunikationsebenen. Diese muß man erkennen und berücksichtigen.

Regeln für die Kommunikation

(b) *Anfangen, wo der einzelne oder die Gruppe steht:* Supervisoren müssen von dem vorliegenden Informationsstand, den bestehenden Qualifikationen und den vorherrschenden Sichtweisen der Probleme ausgehen, die vorhanden sind. Ihre eigenen Konzepte und Ziele sind vor allem in der Anfangssituation zweitrangig.

(c) *Sich entbehrlich machen:* Supervisoren sollten sich so verhalten, daß sie nach einiger Zeit überflüssig werden. Ihre Hauptaufgabe ist die Stärkung der Selbsthilfepotentiale der Mitarbeiter. Deshalb ist es günstiger, von vornherein die Zahl der Supervisionstreffen festzulegen. Supervisionen sollten nicht länger als 3 bis 4 Jahre dauern. Danach hat sich das Innovationspotential des Supervisors verbraucht.

(d) *Die Denk- und Kommunikationssysteme* der Supervisanden sollten von den Supervisoren erkannt und genutzt werden. Supervisoren sind

dann erfolgreich, wenn sie *im* und *mit* dem fremden Denk- und Kommunikationssystem agieren können.
(e) *Trennung von Person, Verhalten und beruflicher Rolle:* Dieses „Muß" professioneller Sozialarbeit gilt auch für die Supervision. Jeder Kommunikationspartner verdient unbedingte Wertschätzung; trotzdem kann man einzelne Verhaltensweisen ablehnen.
(f) *Eigene Absicht vor Kritik oder Verhörfragen:* Bevor man „scharfe Fragen" stellt, sollte man sich überlegen, warum man dies tut. In sich selbststeuernden Systemen, wie den Teams der Sozialen Arbeit, ist das ein beliebtes, aber auch ineffektives Mittel, Vorschläge anderer zu hintertreiben.
(g) *Feed-Back:* Rückmeldungen an andere, seien sie positiver oder negativer Art, sind nur dann erlaubt, wenn sie sich auf konkrete Verhaltensweisen beziehen. Nur dann können andere damit etwas anfangen. Bei globalen (negativen oder positiven) „Feed-Backs" muß sich der Empfänger der Botschaft entweder schützen oder wird unkritisch idealisiert.
(h) *Störungen haben Vorrang:* Wenn man bei einem Gespräch „innerlich" nicht mehr dabei ist, sollte man das sagen. Das gilt nicht nur für Verständnisprobleme, sondern vor allem auch für innere Abschweifungen oder „querliegende" Gefühle.
(i) *Beziehung geht vor Inhalten:* Bei Problemschilderungen sollte man sich nicht von den oft vordergründigen inhaltlichen Mitteilungen verführen lassen. Es ist zu fragen nach der Beziehung und danach, wie die Supervisanden ihre Realität darstellen, also ihre „Welt" konstruieren.
(j) *Nur realisierbare Zieldiskussion möglich:* Supervision ist keine „Wunderheilung" , die schnell erfolgt, aber auch kein „Allheilmittel" gegen sozialpolitische, institutionelle und sonstige negative Einflüsse. Im Normalfall kann Supervision nur dort helfen, wo die unmittelbar Beteiligten mit eigener Kraft wirksam sein können.
(k) *Die Grenzen von Sagen und Fragen:* Supervisoren dürfen alles sagen und fragen, Supervisanden ebenfalls; sie haben zusätzlich noch das Recht, ohne sozialen Druck nicht antworten zu müssen.
(l) *Hilfe zur Selbsthilfe:* Supervisoren sollten Teams dazu verhelfen, (zeitweise) auch ohne Supervision kreativ und erfolgreich weiterzuarbeiten. Vor allem in Zeiten knapper finanzieller Mittel ist das wichtig. In der Endphase von längeren Supervisionsprozessen kann man auf die nachfolgende kollegiale Supervision vorbereiten (siehe S. 112).

4.5.5. Frauen und Männer in der Supervision

Wie in der Sozialarbeit und Psychotherapie sind in der Supervision mehr Frauen als Männer tätig. Ende 1995 waren 917 Frauen und 757 Männer Mitglied der DGSv. Wie wirkt sich die Geschlechtszugehörigkeit auf die Supervisionspraxis aus? Manchen Teams ist das Geschlecht des Beraters nicht so wichtig. Bei anderen Teams existieren klare Vorstellungen über das Geschlecht der Person, die Supervision anbieten sollte. Man wünscht sich einen Mann, weil vorher eine Frau das Team beraten hatte – oder umgekehrt. In jedem Falle sollte dieses Thema beim Erstgespräch besprochen werden. In feministisch geprägten Arbeitsfeldern werden oft nur Supervisorinnen akzeptiert. Abgesehen von diesen Fragen scheinen für Frauen und Männer verschiedene Supervisionsthemen eine unterschiedliche Bedeutung zu haben. Einer Befragung zufolge, verhalten sich Frauen als Supervisandinnen eher „klientenbezogen", „handlungsbezogen", „beziehungsklug" und „partnerschaftlich". Männer als Supervisanden dagegen verhalten sich im beruflichen und supervisorischen Kontext eher „institutionsbezogen", „konkurrenzbezogen", „ideologiebezogen" und „beziehungsblockiert" (Schneider 1995, S. 31).

4.5.6. Emotionales Halten und Aufnehmen in der Supervision

Supervisanden haben oftmals eine Fülle von beruflichen und persönlichen Problemen zu präsentieren. Auch wenn man mit Hilfe der Supervision viele dieser Probleme nicht löst, kann Supervision trotzdem hilfreich sein. Supervisoren sind auch eine *Projektionsfläche* für die „positiven" und „negativen" Gefühle und Phantasien, die aus der Welt der Klientel in die Psyche der Supervisanden (bzw. Sozialarbeiter) eindringen und diese belasten.

Viele Klienten der Sozialen Arbeit werden aus politischen, administrativen, personellen und auch finanziellen Gründen leider nur unzulänglich versorgt. In einer Einrichtung des betreuten Wohnens leben fünf Kinder zwischen 3 und 17 Jahren. Sie kommen aus einem Kriegsgebiet. Beide Eltern sind tot. Diesen Kindern wurden seitens des Trägers zwei deutsche Betreuerstellen zugewiesen. Aufgrund der ungünstigen Arbeitsbedingungen (ABM-Stelle, Stundenverträge, Wechselschicht) kam es innerhalb eines Jahres zu mehrfachem Personalwechsel. Jetzt sind ein jüngerer Erzieher und eine Erzieherin für diese „Restfamilie" zuständig. Die depressive Stimmung und das Mißtrauen den

Betreuern gegenüber führt diese immer wieder an den Rand ihrer Kräfte. Die für sie zuständige Supervisorin kennt die Restfamilie inzwischen (indirekt) ebenfalls gut. Lange Zeit bestand ein Großteil ihrer Arbeit darin, wie eine „gute, nährende Mutter" alles Leid, das von den Heranwachsenden „in" die Erzieher gelangte, „aufzunehmen" und buchstäblich „mitzunehmen", um diese zu entlasten.

Trostfunktion Idealerweise sollten Supervisoren in solchen Fällen wie ein emotionaler „Container" wirken, der Bedürfnisse aufnimmt und sie befriedigt. Dabei kann der supervisorische Dialog auch eine „tröstende" Funktion haben: etwa indem einfach vermittelt wird, daß „gute Arbeit" geleistet worden ist.

Das Schicksal des Haftinsassen, der sich trotz guter Betreuung das Leben nimmt; der junge Aids-Kranke, der gerade gestorben ist, oder andere „Grenzsituationen" können die helfenden Sozialarbeiter auch an die „Grenze" ihrer Kraft bringen und große Bedürftigkeit und Pessimismus deutlich werden lassen.

Projektive Identifizierung Zur „Container-Funktion" der Supervision gehört es auch, diese tiefen Sinnfragen, Bedürftigkeiten und existentiellen Grenzen zu verstehen, anzusprechen und sozusagen „mitzunehmen", um die Supervisanden zu entlasten (Lazar 1994). Diese „Container-Funktion" wird auch dann eingenommen, wenn projektive Identifizierungen im Spiel sind. Bei projektiven Identifizierungen handelt es sich um einen komplexen und mehrstufigen Beziehungsmodus, der hier nur vereinfacht wiedergegeben werden kann.

In der ersten Phase besteht die Phantasie, daß ein „Teil des Selbst in jemand anderen projiziert werden kann. Dieser erste Schritt läßt sich als der Wunsch auffassen, sich eines Teils des Selbst zu entledigen, indem man diesen Teil in eine andere Person verlagert. In der zweiten Phase wird durch zwischenmenschlichen Druck auf den Empfänger in diesem genau jenes Gefühl hervorgerufen, dessen man sich zu entledigen versucht. Der Empfänger fühlt sich gedrängt, so zu fühlen, zu denken und zu handeln, wie es der Projektion entspricht (dies wird er im übrigen am ehesten dann, wenn er mit eigenen Konflikten bzw. Übertragungsneigungen dem Wunsch des Interaktionspartners entgegenkommt). Die dritte Phase dieser gemeinsamen Szene besteht in der ‚Annahme' dieser Projektion durch den Empfänger und in der Identifizierung des Aussenders mit der Art und Weise, wie der Empfänger mit dem in ihm ausgelösten umgeht. Der Empfänger des projektiven Anteils der projektiven Identifizierung steht also vor der Aufgabe, das Angebot seines Interaktions- bzw. Beziehungspartners aufzunehmen, eine Zeit zu bewahren und schließlich in eine reifere, gesündere Form umzuwandeln." (Heltzel 1995, S. 32)

Projektive Identifizierungen kommen vor allem in Feldern der Sozialen Arbeit vor, in welchen wir es mit in ihrer Kindheit vernachlässigten und deshalb psychisch gestörten Menschen zu tun haben. Von dort kann sich diese Klientendynamik bis in die Professionellendynamik hin auswirken (Löwer-Hirsch 1993). Bei extremen Schuldvorwürfen und Ohnmachtsgefühlen in der Supervision empfiehlt es sich, diese als „Ausdruck von Angst in einem Konflikt zu verstehen. In technischer Hinsicht ist es deswegen sinnvoll, „Gefühle an Stelle von Tätern oder ‚falschen' Verhaltensweisen zu suchen. Die Fixierung in Feindpositionen beruht immer auch auf der Verdrängung von Gefühlen" (Bauriedl 1993, S. 20).

4.5.7. Diagnostik und Prozeßanalyse

Der Begriff „Diagnose" kommt aus der Medizin. Er wird seit dem letzten Jahrhundert verwendet, um psychiatrische und psychopathologische Störungen und Erkrankungen von Menschen in vorgegebene Krankheitsbilder einzuordnen (kategoriale Diagnostik). Das sollte man in Sozialarbeit und Supervision nicht tun. Trotzdem ist es hilfreich, vorläufige Vermutungen über die Situation einer Person, eines Teams oder einer Organisation zu formulieren. Anstatt diese „heimlichen" Bewertungen im Hinterkopf zu behalten, ist es produktiver, sie als Vermutungen und Hilfskonstruktionen mit anderen zu diskutieren. Aus der festschreibenden kategorialen Diagnostik kann dann eine weiterführende *prozessuale Diagnostik* werden. Das bedeutet, daß die Vermutungen über das Geschehen nicht als einmaliges Urteil, sondern in einem veränderbaren Erkenntnisprozeß verstanden werden. Was Supervisoren jetzt sehen, hören, fühlen und vermuten, kann an die Supervisanden zurückgespeist werden – auch um zu erfahren, ob es eine gemeinsame Definition der Situation gibt und wie es dann weitergehen kann. Wenn man dabei gemeinsam den Arbeitsprozeß (zwischen Supervisand und Supervisor) reflektiert, spricht man von einer *Prozeßanalyse*. Derartige Prozeßanalysen stellen einen Schwerpunkt der supervisorischen Arbeit dar.

4.5.8. Typische „Fehler" in der Supervision

Grundsätzlich gilt: Fehler sind menschlich, sie enthalten Lernmöglichkeiten und sind korrigierbar, sofern darüber gesprochen wird.

Schwerwiegende und nicht kommunizierte Fehler machen die Supervision ineffizient oder lassen sie scheitern. Welche „typischen Fehler" sind bekannt?
An erster Stelle sind die *Rahmenfehler* zu nennen: Mangelhafte Nachfrageanalyse, die Mißachtung des Kontextes, Feldunkenntnis oder Unwissen über persönliche und institutionelle Grenzen.
Auf der *Prozeß- und Kompetenzebene* zwischen Supervisor und Supervisand können das Nichterkennen der Projektionen und Übertragungen, Inflexibilität, zu wenig bzw. zu viel Emotionalität, Verletzung des Schutzverhaltens der Supervisanden, Unkenntnis des Feldes oder vorschnelle Festlegungen und Bewertungen zu schwierigen Situationen in der Supervision führen. Darüber hinaus gilt, daß die Übernahme von zuviel Verantwortung seitens der Professionellen als auch Verantwortungslosigkeit gleichermaßen von fachlicher Unreife zeugen. Besserwisserei, Verstrickungen in Machtkämpfe u. a. hängen oft mit Unsicherheiten und/oder Selbstüberschätzungen der Supervisoren zusammen. Eine häufig auftretende Quelle von Fehlern besteht in der Anwendung von unangemessenen psychologischen Deutungsmustern.
Auf der *Institutionsebene* sind unklare Rahmen- und Kontextfragen, ein falsches Setting („Fallarbeit" statt vorgeschalteter „Beziehungsarbeit") oder das Konspirieren mit dem Team gegen die Leitung bzw. umgekehrt Anlässe für scheiternde Supervisionen.
Damit sind auch die *ethischen Fehler* angesprochen: Supervisoren verfügen beispielsweise nicht über genügend Feldkompetenz und nehmen trotzdem einen Auftrag an, weil sie das Geld benötigen. Gleiches gilt für die Verwendung von Methoden, Verfahren und Techniken, welche allgemeinen humanen Grundsätzen widersprechen.
Fehler in der Supervision können schnell Krisen hervorrufen oder verstärken. Die Erfahrung zeigt: Krisen in der Beziehungsarbeit zeigen sich am ehesten an den Rahmenbedingungen: Vergessen, Verspätungen, Terminprobleme, fluktuierende Teilnehmerzahlen u. v. a. Deswegen haben Rahmenkonflikte „Bearbeitungspräferenz"; sie erweisen sich nach ihrer Klärung häufig sogar als „besonders fruchtbar" (Fürstenau 1992, S. 206 f.).

4.6. ABLÄUFE VON SUPERVISIONSPROZESSEN

Aus dem Umfeld der Supervisoren-Ausbildung an der Universität/ GH Kassel stammen mehrere kommunikationswissenschaftlich orientierte Beschreibungen von Supervisionsprozessen, die bei Rappe-Giesecke (1994c, S. 119 ff.) dokumentiert sind. So lauten die Stichworte für die „Normalform des Ablaufs der Fallarbeit":

(a) Vorphase: Konstitution der Gruppe;
(b) Aushandlung eines Arbeitsthemas;
(c) Falleinbringung;
(d) Fallbearbeitung und
(e) Abschlußphase.

Bei der „Präsentation des Falls" und seiner Untersuchung durch die Supervisionsgruppe tauchen „Schwierigkeiten" auf, es kommt zu „Verständigungsproblemen", manchmal teilt sich die Gruppe in „zwei Lager".

Die „Inszenierung des Falls wird vom Leiter oder von einem Gruppenmitglied, das zur Gruppe der Beobachter gehört, gestoppt. Die Beobachter äußern sich meist so: ‚Hier sei doch etwas komisch, man solle doch mal gucken, was hier gespielt würde'. Diese Äußerungen haben die Funktion, von der Phase der Inszenierung zur Reflexion dieser Inszenierung umzuschalten (Rappe-Giesecke 1994c, S. 133).

Von Schreyögg kennen wir folgende Darstellung des Ablaufs in der Supervision:

„Präzisierung des Problems; Erinnerung von Szenen und Atmosphären; Strukturierung der Situation durch den Supervisor; Versuch der Erhellung der beschriebenen Ursprungssituation durch methodenplurale Deutungsmuster (z. B. psychoanalytische Übertragungs/Gegenübertragungsmodelle, soziologische Rollenkonzepte, Gruppenprozesse, organisatorischer Kontext)." (Schreyögg 1986, S. 301 ff.)

Wie kommen dominierende Themen in der Supervisionsgruppe zustande? Schon bei der Falleinbringung werden mehr oder minder deutliche „Aufträge" angesprochen oder erteilt. „In einem bestimmten Fall komme ich mit meiner Arbeit nicht zurecht", kann heißen, daß Fallarbeit angesagt ist. „Ich leide unter meiner Arbeit", etwa bei Überforderung, Streß, Burn-out oder innerer Kündigung, deutet auf den Wunsch nach Entlastung (Psychohygiene) hin. Wird mitgeteilt, „ich

Erkennen des dominierenden Themas

zweifle, ob ich dem Anspruch, den dieser Beruf an mich stellt, überhaupt gerecht werden kann", dann handelt es sich eher um Fragen der beruflichen Identität. Geht es um das Problem, ein Arbeitskonzept zu entwickeln bzw. die Arbeit zu planen, dann müßte konzeptionell gearbeitet werden. Sind Position und Rolle innerhalb des Tätigkeitsfeldes das Thema, dann lautet der Fokus Arbeitsorganisation. Werden Störungen der Supervisionsarbeit selbst angesprochen, so heißt der Fokus Selbstthematisierung der Arbeitsweise in der Supervisionsgruppe (Buer 1996a, S. 22).

4.7. AUCH SUPERVISOREN BENÖTIGEN SUPERVISION

Eine große narzißstische Verführung aller helfenden Berufe liegt in der Tatsache begründet, daß viele der Berufstätigen meinen, von einer Machtposition aus keine Reflexion und Unterstützung durch andere mehr zu benötigen (Fengler 1991, 1994a).
Protokollführung nach jeder Supervisionsstunde und vor allem Gespräche mit Kollegen sind unabdingbar. Deshalb verlangen die Fachverbände eine Teilnahme an Weiterbildungsveranstaltungen und die Besprechung eigener Arbeit in kollegialer Supervision oder Peer-Group-Supervision (siehe Ausführungen in Abschnitt 5.2.3., S. 111 ff.) von ihren Mitgliedern. Da die Supervision als „Qualitätskontrolle" im Personalbereich entstanden ist, ist es logisch, daß die „Kontrolleure" sich ebenfalls in ihrer Tätigkeit reflektieren. Mit einer „Beratungsmanie" (Huppertz 1975, S. 131), wie das vor zwanzig Jahren von einem Autor mißverstanden wurde, hat das nichts zu tun.

4.8. ZUSAMMENFASSUNG VON LERN- UND INTERVENTIONSMÖGLICHKEITEN

Lern- In den Supervisionssitzungen kommt es für die Supervisanden zu folaktivitäten genden Lernaktivitäten: Erkennen von „Unordnung" im Handlungsablauf, „Thematisierung eines Handlungsfehlers" und die „Herausarbeitung der moralischen Verantwortlichkeit". Darüber hinaus wird nach den „systematischen Ursachen des Handlungsfehlers in der Struktur des Arbeitsfeldes" und den „biographischen Vorläufern" dieses Handlungsfehlers und seinen Parallelen bis zur Gegenwart gesucht. Schließlich folgt die „Generalisierung der Lernergebnisse auf andere Handlungssituationen" (Schütze 1994, S. 34). Diese von Schütze beschriebenen biographischen Veränderungen bei den Sozialarbeitern/-pädagogen kommen vor allem durch folgende schulenübergreifende, stützende und entwicklungsfördernde Interventionen zustande (Fürstenau 1992, S. 187; Kersting u. a. 1995, S. 59 ff.; Leffers 1995, S. 51 ff.):

(a) Reflexion von Arbeitsprozessen.
(b) Akzeptieren und Bestätigen.
(c) Stärkung notwendiger Grenzen.
(d) Verringerung von Distanz und Isolation.
(e) Verstärken, Bekräftigen und Ermuntern.
(f) Beschreiben, Fokussieren, Konfrontieren, Hervorheben.
(g) Verdeutlichen wechselseitiger Bedingungen (Zirkularität).
(h) In-einen-anderen-Rahmen Setzen, Umdeuten (Reframing).
(i) Thematisieren von Regelungen.
(j) Unterschiede hervorheben.
(k) Positive Absichten unterstellen und anerkennen (konnotieren).
(l) Werte und Positionen deklarieren.
(m) Bilder, Geschichten, Metaphern und Symbole benutzen.
(n) Zukunftsperspektive entwickeln.
(o) Aufgaben-Stellen.

Interventionsmöglichkeiten

Diese Interventionen entsprechen in vielen Aspekten auch den üblichen Helfer-Rollen der Sozialen Arbeit.

5. Settings: Methoden und Verfahren in der Supervision

In den letzten Jahrzehnten sind zur ehemals dominierenden Einzelsupervision noch eine Reihe von weiteren Arbeitsformen (Settings) hinzugekommen. Diese sollen im folgenden beschrieben werden. Zuvor noch eine begriffliche Klärung:

Definitionen *Setting* nennt man den „institutionalisierten Rahmen für psychosoziale Beziehungsarbeit" (Buer 1996a, S. 21). In der Beratung und Supervision kennen wir die Settings der Einzel-, Gruppen-, Team- und Organisationssupervision.

Verfahren meint einen „konsistenten Handlungsansatz psychosozialer Beziehungsarbeit wie etwa Psychoanalyse, Themenzentrierte Interaktion, Gesprächspsychotherapie, Gestalt-Ansatz, Verhaltensmodifikation, Systemischer Ansatz, Gruppendynamik (...). Diese Verfahren enthalten nicht nur eine Theorie des professionellen Handelns (Praxeologie), sondern auch Konzepte zur Interpretation der Geschehnisse, mit denen sie befaßt sind (Interpretationsfolien), und eine Philosophie, die dieses Handeln begründet und rechtfertigt (ebd., S. 21).

Methoden sind „geregelte Handlungsweisen, in denen Setting und Verfahren verbunden sind, um mit bestimmten Personen bestimmte Ziele zu erreichen" (ebd., S. 21).

Methoden- Da derzeit sehr viele Methoden und Verfahren im Bereich der Supervi-
vielfalt sion verwendet werden, würde es den Rahmen dieses Buches sprengen, sie alle darzustellen und zu vergleichen. Deshalb habe ich im folgenden den „Umweg" über die Settings in der Supervision gewählt. Ich werde in erster Linie darstellen, *wie* man in der Supervision arbeiten kann, um die entsprechenden Ziele mit einem *bestimmten* Personenkreis zu erreichen. Die übergeordneten verfahrensmäßigen, methodischen und theoretischen Zusammenhänge, die zum Teil auf komplexe Therapierichtungen sowie weitere sozialwissenschaftliche Erfahrungen zurückgehen, werde ich nur andeuten. Eine ausführliche Darstellung dieser Wissensbestände haben für den deutschen Sprachraum schon zwei Autorinnen geleistet, so daß sich für dieses Buch ein

Methoden- und Theorienvergleich erübrigt (Schreyögg 1991; Rappe-Giesecke 1990, 1994c).
Im übrigen bin ich der Meinung, daß der methodische Aspekt in der Beratung oft überbewertet wird: Viele Methoden sind sich ähnlicher als es dem Laien vorkommen mag. Erfahrene Berater halten sich längst nicht mehr so eng an ihre ehemals erlernte Methode; sie arbeiten *eklektisch, methodenplural* oder *methodenintegrativ*. Darüber hinaus existiert immer eine Differenz zwischen den in der Literatur beschriebenen Methoden und der persönlichen Ausübung. Zu guter Letzt gilt für die Supervision auch eine langjährige Erfahrung aus Psychotherapie und Beratung. Ausschlaggebend für den Erfolg eines Supervisors sind die sogenannten *unspezifischen Beratungsfaktoren*. Damit sind nicht schulengebundene, sondern persönliche Verhaltensweisen (z. B. Einfühlungsvermögen, emotionale Wärme, Echtheit) sowie deren Akzeptanz durch die Supervisanden gemeint (Truax/Carkhuff 1967). Trotzdem sind natürlich theoretische Modellkonstruktionen zur Verständigung über Supervision wichtig. In einem Einführungsbuch haben sie meiner Meinung nach jedoch nachrangige Bedeutung.

Überbewertung der Methoden

5.1. Supervision für eine Person

Wie bereits dargestellt wurde, stammt die Supervision ursprünglich aus der Einzelsupervison, also der Anleitung amerikanischer Sozialarbeiter zur Casework-Tätigkeit. In den letzten Jahren hat dieses Zweiersetting der Einzelsupervision viele Differenzierungen erlebt. Wir kennen heute die Einzelsupervision als Lernmöglichkeit für verschiedene Zielgruppen:

(a) *Studierende* in Form der *Ausbildungssupervision* (siehe S. 164 ff.). Diese Lernmöglichkeit kommt relativ selten vor.
(b) *Berufstätige,* die ihrerseits Supervisoren werden möchten. In diesem Falle spricht man von Lehrsupervision (siehe S. 174 ff.).
(c) Sowie für *Praktiker* (auch in Arbeitsfeldern außerhalb des Sozialwesens), welche sich für die Supervision (und daraus entwickelte Varianten) als eine Form zusätzlicher beruflicher Qualifikation entschieden haben. Dann spricht man von *Weiterbildungssupervision* (siehe S. 170 f.).

Zielgruppen

Die Weiterbildungssupervision mit einer Person hat sich inzwischen nochmals zielgruppenspezifisch differenziert. Ich unterscheide dabei zwischen der Weiterbildungssupervision mit einer Person, die eine normale Mitarbeiter-Rolle ausübt oder sich in einer Vorgesetzten-Funktion befindet.

„Manchmal handelt es sich auch um Mitglieder von Arbeitsteams, die große Vorbehalte gegen Supervision haben, so daß nur die Möglichkeit einer individuellen Lösung bleibt. Seit einiger Zeit kommen aus denselben Gründen ebenfalls Techniker und Ingenieure zur Einzelsupervision." (Pühl 1994c, S. 85)

Auch Personen, die aus unterschiedlichen Gründen berufsmüde geworden sind (Burn-out) oder zum Gegenstand von Diskriminierungsprozessen am Arbeitsplatz wurden (Mobbing-Opfer) können in der Einzelsupervision Klärung und Hilfe erhalten. In diesem Setting kann dann auch der Wunsch nach einem Berufs- oder Arbeitsplatzwechsel reflektiert werden.

Rollen-beratung Der Terminus „Rollenberatung" bzw. „Rollencoaching" meint eine soziologische Variante der Einzelsupervision. Auch in der amerikanischen Sozialarbeiter-Ausbildung wurden schon seit den 30er Jahren soziologische Rollenkonzepte verwendet (Biscioni 1978). Im deutschen Sprachraum haben Auer-Hunzinger und Sievers (1991) und Hantschk (1994) die Rollenberatung genauer beschrieben. Rollenberatung soll die Berufsträger bei der Findung und Gestaltung ihrer Arbeitsrollen unterstützen. Person, Rolle und Funktion stehen im Zentrum. Denn bei der Ausgestaltung der beruflichen Rolle gehen sehr viele persönliche und organisatorische Anteile in die Aufgabengestaltung mit ein. Vordergründiger Ausgangspunkt für eine Rollenberatung sind – auch im Sinne des „Präsentierproblemes" – oftmals konkrete Fragestellungen. Dahinter verbergen sich dann vielfältige Themen, welche die jeweilige Person, ihre konkreten Aufgaben, Möglichkeiten und Grenzen, ihre Beziehungen zu den Kollegen und vor allem auch die ausgestalteten Kommunikationsmuster betreffen (Hantschk 1994, S. 166).

Leitungs-beratung Häufiger kommt es vor, daß Leiter eine zusätzliche Beratung wünschen, weil sie in dieser Rolle „einsam" sind und/oder die ihnen unterstellten Teams eine Teamsupervision erhalten. In solchen Fällen hat man es mit einer Leitungssupervision bzw. Leitungsberatung zu tun (Weigand 1994b). Gerade im sozialen Bereich „leiden" die Leiter. Oftmals sind die Rollenvorgaben und Führungskompetenzen nicht klar definiert. Bei manchen Mitarbeitern beinhalten Verhaltensweisen, die mit Autorität und Macht zu tun haben, einen negativen Anklang. Vor allem Leitungspersonen, die aus der Mitarbeiterebene in der gleichen Institution „aufgestiegen" sind, verfügen über langjährige persönliche Beziehungen zu den nun „Untergebenen" und möchten eher egalitär leiten. Dieses „innere" Bild einer „positiv" besetzten Autorität steht nun im Widerspruch zur neuen Rolle. Man ist auf die Führungsaufgabe nicht vorbereitet worden, wird eventuell von den Mitarbeitern als „jemand von da oben" oder als „Abtrünniger" angesehen. Auf der anderen Seite erwarten die übergeordneten Vorgesetzten vom neuen Leiter aber die effiziente Ausführung von Vorgaben. Leitungspersonen befinden sich deshalb häufig in einer „Sandwichposition" zwischen „oben" und „unten"; sie sind „einsam" geworden. Leitungsberatung ist oft auch dann notwendig, wenn das Führungspersonal aus fachfremden Berufen kommt; also beispielsweise eine medizinische oder juristische Ausbildung absolviert hat.

Coaching ist eine weitere Variante der Einzelsupervision, die in den letzten Jahren immer bekannter geworden ist. Nach Schreyögg sind Coaches vor allem für zwei Schwerpunkte zuständig: „Personalentwicklung" und „Unterstützung für Freud und Leid im Beruf" (1995, S. 9). Im Jahre 1986 soll der Begriff „Coaching" erstmals in der deutschen Management-Literatur aufgetaucht sein. Weshalb wird zunehmend der Begriff „Coaching" statt „Führungs- oder Leitungssupervision" verwendet? Die Beantwortung dieser Frage erklärt sich durch die Entwicklungsgeschichte von Supervision. Der „Begriff Supervision hat nämlich eine gewisse Abnutzung erfahren, indem er oft zu ‚klinisch', d. h. zu eng an psychotherapeutischen Arbeitsformen" orientiert wurde (Schreyögg 1995, S. 60). Auch kennt man vor allem in amerikanisch geführten Betrieben den Begriff Supervision im ursprünglichen Wort-Sinn von Aufsicht und Kontrolle. Welcher Manager wollte sich nun als Untergebener eines außenstehenden Supervisors verstehen? Vor allem für Manager im Profit- und Non-Profit-Bereich scheint der Coaching-Begriff deshalb besser geeignet zu sein, weil er in der Weiterbildung von Managern schon einen gewissen Bekanntheitsgrad erlangt hat.

Coaching wendet sich also an Menschen mit Leitungsaufgaben in Wirtschaft, Verwaltung, Sozialwesen und Politik. Weil in diesen Berufen bestimmte Charaktereigenschaften wie Machtbewußtsein, Effizienzdenken und ein höheres psychisches Abwehr- und Verleugnungspotential erforderlich sind, ist ein anderer, eher indirekter Umgang mit psychologischem Wissen angesagt.

Ein neu eingestellter Geschäftsführer in einer Möbelfabrik stieß bei seinen Versuchen, das Betriebsgeschehen effizienter zu gestalten, immer wieder auf die Ablehnung mehrerer Angehöriger der Eignerfamilie. Erst im Coaching konnte er verstehen lernen, daß er die persönlichen Beziehungen und Rivalitäten zwischen den Geschwistern, welchen die Firma gehörte, einfach zu wenig verstanden hatte. Er dachte nur „zweckrational"; es fehlte ihm einfach an psychologischem Wissen und Phantasie darüber, daß erwachsene Menschen ihre Geschwisterrivalitäten noch über die Leitung eines Unternehmens austragen könnten.

Anders stellt sich die Situation und eine mögliche Hilfestellung durch Coaching für Manager im Sozialwesen dar; vor allem wenn sie von ihren Grundberufen her sozialpädagogisch oder psychologisch orientiert sind. Ein Beispiel:

Ein in die Leitungsebene eines Trägerverbandes der freien Wohlfahrtspflege aufgestiegener Sozialarbeiter hatte es nun vor allem mit Juristen, Ökonomen und Verwaltungsfachleuten als Verhandlungspartner zu tun. Aufgrund seiner bisherigen Berufserfahrung war dieser Sozialarbeiter in seinem Kommunikationsverhalten eher „beziehungsorientiert". Sein Unverständnis der neuen „Kultur" dieser Verbandsverwaltung brachte ihn immer wieder in eine Außenseiterposition.

<small>Schwierigkeiten der Einzelsupervision</small>

Bei diesen speziellen Variationen der Einzelsupervision interessiert als nächstes: welches Wissen und Können benötigen Berater für die sehr unterschiedlichen Arbeitsweisen der Einzelsupervision? Eine Situation, in der zwei Menschen sich gegenübersitzen und der eine berufliche und damit auch persönliche Dinge dem anderen mitteilt, berührt immer Tiefendimensionen. Deshalb sind für alle Formen der Einzelsupervision psychotherapeutische, sozialwissenschaftliche und berufsfeldspezifische Qualifikationen notwendig. Nicht ohne Grund existieren in der Fachliteratur zur Supervision relativ wenige gute Beiträge über Einzelsupervision (Pühl 1994c, S. 86). Denn es bedarf seitens des Supervisors „geradezu einer besonderen Anstrengung, Therapie auszuklammern, wenn die Supervision tief greift, wenn es im Zusammenhang mit beruflichen Schwierigkeiten und Umorientierungen zu einer existientiellen Krise kommt" (Gnädinger 1983, S. 35). Vor allem bei der Einzelsupervision ist deswegen psychotherapeutisches Geschick vonnöten, gerade weil die therapeutische Dimension nicht – oder höchstens indirekt – anwandt werden sollte. Es sollte keine Grenzüberschreitung stattfinden. Analog der Gefahr eines Koalierens gegen die Leitung bei der Teamsupervision (siehe S. 120) soll auf eine Schwierigkeit bei der Leitungsberatung hingewiesen werden. Diese „verführt zur Parteilichkeit mit der Leitungsebene bzw. zur offenen oder heimlichen Koalition mit den der Leitungskraft unterstellten Mitarbeitern" (Weigand 1994b, S. 159).

Ein Sozialarbeiter im Ministerium (Fallanalyse)

Wiederum anders gelagert ist die Einzelsupervision mit einem „Einzelkämpfer" in einer Institution, die bisher keine Sozialarbeiter beschäftigt hatte. Ein 38jähriger Sozialarbeiter meldet sich zur Einzelsupervision an. Er verfügt über eine 14jährige Berufserfahrung in der Jugendarbeit und im Suchtbereich. Seit einigen Monaten ist er als Sozialberater in einem Ministerium tätig. Unter den dort über eintausend Verwaltungsbeamten, darunter vielen Juristen, ist er der einzige Angehörige eines Sozialberufes.
Seine offizielle Stellenbeschreibung lautet: „Beratung und Vermittlung von Hilfen in sozialen Angelegenheiten des Personals". Hierzu zählt beispielsweise die Stellungnahme zu Anträgen auf Zuweisung von Dienstwohnungen, Gespräche und Vermittlung sozialer Hilfen in Krankheits-, Renten- und Kurangelegenheiten, präventive Gesundheitskurse wie z.B. Raucherentwöhnung oder Anti-Stress-Kurse.
Inoffiziell soll sich dieser Sozialarbeiter jedoch auch um die hohe Quote der Alkoholiker sowie um Mitarbeiter kümmern, die hoch verschuldet und/oder psychisch auffällig sind. Man erwartet von ihm, daß er auf entsprechende Hinweise von Vorgesetzten mit diesen Personen Gespräche führt und Hilfen anbietet, damit der hohe Krankenstand reduziert werden könne. (Beamte, die andauernd und hoffnungslos hoch verschuldet sind, verstoßen gegen ihre Dienstpflichten und können nach dem Beamtenrecht im Extremfall aus dem Dienst entfernt werden.) Anlaß für das Interesse des Sozialarbeiters an der Einzelsupervision war diese für ihn neu aufkommende Problematik, also die Diskrepanz zwischen offiziellem und inoffiziellem Arbeitsauftrag, sowie die damit einhergehenden ethischen Probleme für ihn selber.
Noch ein weiteres Thema kam in der nächsten Supervisionsstunde hinzu: Mehrere Abteilungsleiter, alles Verwaltungsjuristen, schienen selber ein Problem im Ministerium zu sein. Ihnen mangelte es offensichtlich an Fähigkeiten zur richtigen Personalführung. Monatelang verschlossen sie die Augen vor ihnen unterstellten Mitarbeitern, die unter starken Alkoholproblemen litten. Diese Mitarbeiter konnten oft die einfachsten Tätigkeiten nicht mehr verrichten; ihre Krankheitsquote war überdurchschnittlich groß, das Betriebsklima entsprechend schlecht, weil deren Arbeitskollegen für diese Ausfälle mehr lei-

sten mußten. Als die betreffenden „Alkoholfälle" dann zum Sozialberater kamen, war es häufig zu spät.
Ein Fall von Überschuldung beschäftigte den Sozialarbeiter mehrere Monate intensiv. Ein Regierungsamtmann hatte, wohl auch um seiner geltungssüchtigen Frau zu imponieren, sich mit knapp einer Million DM in den letzten Jahren durch ein Luxushaus, teure PKW und aufwendige Ferienreisen hoffnungslos überschuldet. Immer wieder wurden weitere Kredite aufgenommen, um die Schuldenzinsen abzutragen. Nun waren mehrere Gehaltspfändungen gekommen, so daß vom Gehalt kaum noch etwas übrigblieb. Der Beamte war nur noch mit Umschuldungs-und Gerichtsterminen beschäftigt und wirkte oft auch alkoholisiert und unausgeschlafen. Seine Krankmeldungen hatten drastisch zugenommen.
In der Supervision wurden nun die vielen Gespräche des Sozialberaters mit diesem Beamten ebenso thematisiert wie mehrere fehlgeschlagene „Rettungsversuche": Einschaltung der örtlichen Schuldnerberatung, Stundungsversuche, Umschuldungsanträge. Versuche, das Haus zu verkaufen und in eine Mietwohnung zu ziehen, scheiterten angeblich am Widerstand der Ehefrau. Auf Anraten des Supervisors kam es, trotz anfänglichen Zögern seitens des Beamten, zu einem Gespräch in dessen Hause, an welchem auch die Ehefrau teilnahm.
In der nächsten Supervisionsstunde wurde deutlich, daß es in diesem Falle sich zumindest um zwei Problemkreise handelte:
(a) Das Beziehungsproblem eines Ehepaares im mittleren Lebensalter, das sich in dieser Überschuldung manifestiert. Der verzweifelte Ehemann riskiert seine Existenz, um seiner anspruchsvollen Ehefrau in materieller Hinsicht zu genügen. Über die Abhängigkeit des Beamten von seiner Frau und die dahinter stehende Beziehungsdynamik waren nicht genügend Informationen erhältlich. Versuche, das Ehepaar zu einer Paartherapie in einer Beratungsstelle oder beim niedergelassenen Psychotherapeuten zu bewegen, wurden schroff zurückgewiesen. (Das einige Monate später durchgeführte Disziplinarverfahren endete mit der Entfernung des Beamten aus dem Dienst.)
(b) Dieser für den Sozialberater trotz aller Anstrengungen erfolglos verlaufende Beratungsfall stand für viele im Ministerium. Sie verdeutlichen, daß sich diese Behörde hinsichtlich der Personalführung in einem desolaten Zustand befand. Spitzenpositionen wurden häufiger nach Parteizugehörigkeit als nach Qualifikation besetzt. Viele Führungspersonen nutzten den Arbeitsplatz im Ministerium, um sich für eine politische Karriere vorzubereiten. In Fragen der Personalführung waren sie oft hilflos. Einige Abteilungsleiter, durchweg Regierungsdirektoren, verwechselten den Sozialarbeiter wohl mit einem Psychologen und holten sich bei ihm auch in dienstlichen Angelegenheiten „Ratschläge".
Bei der Besprechung dieser Themen wurde eine große Unsicherheit des Sozialarbeiters deutlich: Er hatte Angst vor den „großen Tieren" und wagte es

selten, sich klar abzugrenzen. Aufgrund seiner Persönlichkeit wie auch der, wie er sagte, „wesentlich niedrigeren Gehaltsgruppe" war es ihm schwer möglich, die geforderten Kompetenzen einzubringen. Auftritte vor dem Personalrat ängstigten ihn tagelang. Bei Gesprächen mit den Ministerialräten und dem Staatssekretär war er völlig blockiert; obwohl diese „ganz normal" gewesen seien und sich von ihm Anstöße zur Verbesserung der Personalführung erhofft hatten. Den Hinweis, den lebensgeschichtlich bedingten Anteil seiner „Autoritätsprobleme" in einer Gruppentherapie intensiver zu thematisieren, konnte er nach einigem Zögern in Angriff nehmen. Viele Supervisionsstunden wurden damit verbracht, ihm „Nachhilfestunden" über den formalen Ablauf von bürokratischen Einrichtungen zu vermitteln. Damit zusammenhängend wurde ein weiteres professionelles Thema deutlich:

Der Sozialarbeiter litt offensichtlich unter seiner von „Einsamkeit" und „Freiheit" geprägten beruflichen Situation. Einerseits genoß er die vielen Freiräume sowie die Tatsache, daß er keinen direkten Vorgesetzten hatte. Andererseits fehlten ihm die Kollegen. Im Grunde genommen sehnte er sich zurück in die von Teamarbeit geprägte Atmosphäre des Jugendhauses. Der persönliche Anteil dieser Problematik liegt in seinem Selbstwertgefühl begründet, das nicht in der Supervision, sondern in der Gruppentherapie angesprochen wurde. Aus den Supervisionsstunden konnte er jedoch eine Anregung realisieren: Er wurde Initiator eines regionalen Arbeitskreises „Soziale Dienste in Industrie und Verwaltung". Regelmäßig traf sich eine Gruppe von etwa 10 bis 15 Sozialarbeitern, die eine ähnlich vereinzelte „Exotenrolle" in einigen großen Industriebetrieben und Ministerien der Umgebung innehatten. Durch Supervision, Gruppentherapie und diesen Arbeitskreis, der eine Art Mischung zwischen Stammtisch und kollegialer Supervision (siehe S. 112) darstellte, konnte sich nach zwei Jahren die neue Berufsrolle in persönlicher und fachlicher Hinsicht festigen.

Mit diesem Beispiel sollten weniger die durch Supervision unterstützten Problemlösungen des Sozialarbeiters in der alltäglichen „Fallarbeit" dargestellt werden. Es ging eher darum zu zeigen, welchen Schwierigkeiten Sozialarbeiter ausgesetzt sind, wenn sie „systemfremd" arbeiten, keine klaren Arbeitsaufträge haben bzw. sich ihr Arbeitsgebiet selber definieren können. Viele Angehörige sozialer Berufe zeichnen sich schon durch ihre Motivation zum Beruf, durch soziale Einstellungen, Wünsche nach Kooperation mit Kollegen sowie Selbstverwirklichung in der Arbeit mit jüngeren und bedürftigen Menschen aus. Individuelle Tätigkeiten in formalen Großorganisationen sind nicht so sehr erwünscht und selten bekannt. Andererseits werden immer mehr Angehörige sozialer Berufe auch in solchen Einrichtungen arbeiten: nicht nur in Industrie und Verwaltung, sondern auch in

Schwierigkeiten durch neue Tätigkeitsfelder

Krankenhäusern, Gesundheitsämtern, bei Krankenkassen und Versicherungen. Derartige Berufsfelder kamen früher selten in Frage und waren oft auch aus ideologischen Gründen verpönt. In der grundständigen Ausbildung für das Sozialwesen an den Hochschulen werden diese Berufsfelder, wie auch Fragen von Organisation und Verwaltung, immer noch vernachlässigt.

Leistung der Supervision
Gleichzeitig verdeutlicht dieses Beispiel die Leistungsmöglichkeiten von Einzelsupervision als Weiterbildung. Mit wem hätte der Sozialarbeiter seinen beruflichen „Sprung" von der Jugendarbeit über die Suchtkrankenhilfe in ein Ministerium sonst reflektieren können? In derartigen Fällen kann Supervision die *Einsozialisierung* in ein neues Berufsfeld und in eine noch nicht vorgegebene Berufsrolle unterstützen (siehe Ausführungen in Abschnitt 8.5., S. 177 ff.). Das Beispiel sollte auch verdeutlichen, daß bei tiefergehenden persönlichen Problemen von Supervisanden diese Themen von der Supervision abgetrennt in einer gesonderten Psychotherapie oder Beratung behandelt werden können.

5.2. SUPERVISION FÜR GRUPPEN

Vor allem seit den 70er Jahren hat die Nachfrage nach Gruppensupervision der vorher dominierenden Einzelsupervision den Rang abgelaufen. Unter Gruppensupervision versteht man ein Beratungsangebot für etwa drei bis zwölf Personen, die sich *nicht* in einem direkten Arbeitszusammenhang miteinander befinden. In der Fachsprache spricht man deshalb auch von *stranger group* im Gegensatz zur Teamsupervision, die aufgrund der Bekanntheit der Teammitglieder untereinander eher den Charakter einer *family group* hat. Die Supervision in der Stranger Group gestattet den einzelnen mehr Freiheiten in den Äußerungen, weil ein höherer Grad von Anonymität und Schutz gewährleistet ist. Schließlich haben die Gruppenmitglieder arbeitsmäßig nichts miteinander zu tun. Darstellungen eigener Schwäche haben keine negativen Folgen am Arbeitsplatz. Bevor die Einsatzmöglichkeiten von Gruppensupervision beschrieben werden, erfolgen einige allgemeine Hinweise zur Bedeutung von Gruppen in der Sozialen Arbeit.

5.2.1. Weshalb sind Gruppenerfahrungen wichtig?

Seit Mitte des letzten Jahrhunderts halten sich immer mehr Menschen außerhalb der *Primärgruppe Familie* auf. Verlängerte Schul-, Ausbil-

Gruppensupervision

dungs- und Jugendzeiten sowie die Trennung von Wohnort und Arbeitsplatz im Zuge der Industrialisierung haben zum Bedeutungsanstieg dieser *Sekundärgruppen* geführt. Erste freie Gruppenbildungen fanden statt bei den Handwerkern, Turnern und in der Jugendbewegung.

Schon im Jahre 1923 hat man in der amerikanischen Sozialarbeiter-Ausbildung den ersten Kurs in *social group work* (Gruppenarbeit) angeboten (Biscioni 1978, S. 49). Seit den 30er Jahren dieses Jahrhunderts wird die sozialisierende Wirkung von Gruppen zunehmend erforscht. So wurden in den USA und Deutschland bereits damals Jugendgruppen beobachtet und die Beziehungen der Jugendlichen untereinander beschrieben. Vor allem die Gruppenexperimente in der Nachfolge von Lewin (1890–1947) brachten folgendes Wissen über das menschliche Verhalten in Gruppen zutage: Sozialisierende Funktion von Gruppen

(a) Überschaubare und kontinuierliche Gruppen von drei bis zwanzig Mitgliedern können intensive Erfahrungen miteinander haben.
(b) Dabei bilden sich eigene Ziele, Werte und spezielle Beziehungen und Erwartungen (Rollen) heraus.
(c) Diese Rollen hängen einerseits von den vorher erlernten Rollen ab; sie entwickeln sich allerdings auch durch das Zusammen- und Gegeneinanderwirken der Gruppenmitglieder in jeweils spezifischer Weise als *Gruppenrollen* fort.
(d) Mit dem Begriff „Billard-Modell" kann man diesen Gruppenprozeß treffend beschreiben. Jede Äußerung eines Gruppenmitglieds löst etwas aus, das wie eine Billardkugel „in Gang gesetzt wird und seinerseits ein weiteres Ereignis auslöst" (Fengler 1986, S. 59).
(e) Die Gruppenmitglieder wirken aufeinander ein; sie bringen ihre früheren Erfahrungen und vor allem auch Übertragungen mit; es entwickelt sich mehrfache (multiple) *Übertragungen* untereinander. Menschen können sich nirgendwo so intensiv kennenlernen wie in gut arbeitenden Gruppen.
(f) Allerdings können Gruppen den Einzelnen bei ungünstigen Bedingungen (Fremdheit, Gruppendruck, Außenseitertum) ängstigen. Durch gezielte Interventionen ist es möglich, diesen unerwünschten Erscheinungen in der praktischen Gruppenarbeit entgegenzusteuern.
(g) Der zeitliche Ablauf in einer Gruppe unterliegt bestimmten Prozessen und *Gruppenphasen*. Diese sind beschreibbar und für das Verständnis menschlicher Entwicklung in Gruppen gut nutzbar.

Settings

(h) Gruppen sind *Korrekturmöglichkeiten* früherer Erfahrungen und Rollen: Eigene Verhaltensweisen und Rollen werden von anderen kritisch gesehen, kommentiert und sind deshalb veränderbar.
(i) Hierzu hat die Gruppendynamik ein Instrumentarium von Beschreibungen und Veränderungsmöglichkeiten entwickelt. Die bekannteste Möglichkeit ist das *Feed-Back*, die gezielte Rückmeldung darüber, wie man auf andere wirkt (Rechtien 1992).

Die Abbildung 9 ist in der Fachliteratur unter dem Begriff „Johari-Window" bekannt geworden. Diese Bezeichnung geht aus den Namen der beiden Autoren hervor: Joe Luft und Harry Ingham.

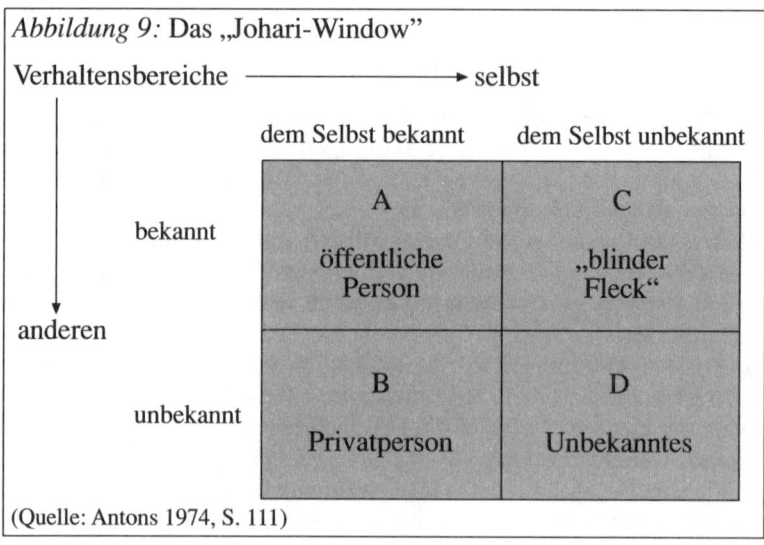

Abbildung 9: Das „Johari-Window"

(Quelle: Antons 1974, S. 111)

Johari-Window Das Johari-Window verhilft zu folgenden vereinfachten Erkenntnissen über das Lernen in Gruppen:
Der Bereich A ist derjenige Teil von uns, der sowohl dem Selbst als auch den anderen Menschen bekannt ist (Öffentliche Person).
Der Bereich B ist der Bereich der nur dem Selbst bekannt, den anderen allerdings unbekannt ist (Privatperson).
Der Bereich C ist zwar dem Selbst unbekannt; für die anderen jedoch sichtbar und mitteilbar. Hierunter fallen abgelehnte und vorbewußte Verhaltensweisen („Blinder Fleck").

Der Bereich D ist weder dem Selbst noch den anderen bekannt, es ist der Bereich, den man in der Psychoanalyse das Unbewußte nennt (Unbekanntes).
In jeder lernfähigen Gruppe wird sich beim Einzelnen das Feld A auf Kosten des Feldes B (durch Selbstöffnung) sowie des Feldes C (durch Rückmeldungen anderer) vergrößern; das Feld D bleibt weitgehend unverändert (siehe Abbildung 10).

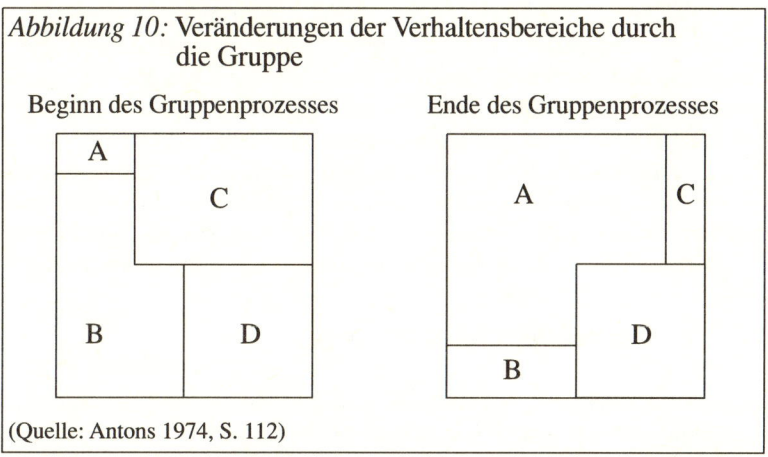

Abbildung 10: Veränderungen der Verhaltensbereiche durch die Gruppe

Beginn des Gruppenprozesses   Ende des Gruppenprozesses

(Quelle: Antons 1974, S. 112)

Seit den Forschungsarbeiten über Kleingruppenprozesse von Lewin haben die Anwendungs- und Trainingsmöglichkeiten für das „Gruppenwissens" beträchtlich zugenommen. Schon seit den späten 40er Jahren hat man in den USA zur Weiterbildung für Angehörige pädagogischer und sozialer Berufe spezielle gruppendynamische Seminare angeboten, in welchen die Lernmöglichkeiten über menschliches Verhalten in Gruppen vermittelt werden sollten. In den 70er Jahren kam es dann auch in Deutschland zu einer regelrechten *gruppendynamischen Bewegung,* die viele Anregungen für die Berufsfelder im Non-Profit-Sektor (Soziale Arbeit, Schule, Psychotherapie u. v. a.), aber auch im Profit-Bereich (Wirtschaft) mit sich brachte. Die Gruppendynamiker dieser Zeit waren neben den Praxisberatern aus dem Bereich der Wohlfahrtsschulen auch supervisorisch tätig. Deswegen ist die Gruppendynamik nach der amerikanischen Sozialarbeiter-Supervision und der psychoanalytischen Kontrollanalyse die dritte historische Quelle

Entwicklung der Forschung

der Supervision. Darüber hinaus wurde das Gruppenwissen durch das Aufkommen von *Gruppenpsychotherapien* bereichert. Nach Jacob Morenos (1892–1974) „Psychodrama" begannen die Psychoanalytiker damit, eine spezielle Therapieform für Gruppen zu entwickeln (Gruppenanalyse); nahezu alle anderen Schulen der Psychotherapie bis zur Familientherapie sind ihnen inzwischen gefolgt.

<small>Bedeutung für die Soziale Arbeit</small> Positive Gruppenerfahrungen sind eine gute Vorbereitung für den Sozialarbeiterberuf; diese erhöhen vor allem die sozialen Kompetenzen. Gleiches gilt für Reflexion von Berufserfahrungen in einer Supervisionsgruppe, deren Mitglieder nicht direkt in einer Arbeitsbeziehung zueinander stehen. Es würde den Rahmen dieses Buches sprengen, wenn ich alle diese Erkenntnisse und ihre Anwendungsformen für die Gruppen- und Teamsupervision ausführlich darstellen würde (Belardi 1992a, S. 105 ff.). Statt dessen sollen einige wichtige Lernmöglichkeiten des Gruppenwissens für das Mehrpersonen-Setting in der Supervision kurz benannt werden. Welche Einsatzmöglichkeiten von Gruppensupervision kennen wir, und was können diese leisten?

5.2.2. Gruppensupervision für Lernende

Supervisionsgruppen mit Teilnehmern aus unterschiedlichen Praktikumsfeldern tragen nicht nur zu einer Reflexion der ersten beruflichen Tätigkeit bei, sondern ermöglichen es den Anfängern über die Berichte der anderen Gruppenmitglieder das gesamte Feld der Sozialen Arbeit kennenzulernen. Dabei werden schnell gemeinsame Strukturprobleme der verschiedenen Arbeitsplätze deutlich.

Die 22jährige angehende Sozialarbeiterin kann im Jugendhaus nicht „Nein" sagen; immer wieder gelingt es einigen Jugendlichen, sie mit Regelverstößen zu provozieren. In der Supervisionsgruppe kommt es recht schnell zu einer „Polarisierung" der Meinungen. Einige äußern Verständnis für ihr Verhalten. Diese Studierenden schilderten später, daß es ihnen ähnlich ergangen sei. Andere verstehen das „Nähe-Problem" überhaupt nicht; sie verhalten sich ihren Klienten gegenüber so zurückhaltend, daß kaum Kontakt zustande kommt. Das gemeinsame Gruppenthema, „Nähe und Distanz" an den unterschiedlichen Arbeitsplätzen, wiederholt sich allerdings auch in der Supervisionsgruppe. Diejenigen, welche das Gruppenthema „Nähe/Distanz" offen äußern, spüren untereinander und in ihrem Verhältnis zum Gruppenleiter auch mehr Nähe; die distanzierteren Studenten bleiben „außen" vor. Wir haben es auch mit einem Spiegelungs- oder Resonanzphänomen zu tun (siehe S. 114).

Ein Hinweis ist noch wichtig: Vor allem ältere Supervisoren müssen bei der Gruppensupervision mit Auszubildenden wissen, daß sie auf der unbewußten Ebene des Gruppenprozesses in die *Übertragungsposition* von Eltern, Lehrern oder anderen Autoritätspersonen geraten können. Hierbei ist aufklärendes und flexibles Verhalten nötig. Man kann diese Schwierigkeit im Sinne des Transferlernens auch für die Praxis nutzen: Wie verhält man sich als Sozialpädagoge, wenn man selber in diese Position gerät?

5.2.3. Gruppensupervision als Teil der Supervisionsausbildung

Angesichts des gegenwärtigen Booms in der Supervision dürfte die Form der Gruppensupervision in der Ausbildung derzeit eines der häufigsten Settings der Supervisionsgruppe sein. Nach den Richtlinien der DGSv muß jeder Ausbildungskandidat etwa drei Jahre lang Mitglied einer derartigen Ausbildungsgruppe sein. Dort finden in mehreren hundert Stunden Selbsterfahrungs- und Weiterbildungsprozesse statt. Die Gruppenmitglieder haben ihre eigene Berufspraxis einzubringen und nutzen diese auch als Lernmöglichkeiten für die Weiterbildung in Supervision. Ähnlich wie in der Weiterbildung für Psychotherapie stehen die Ausbildungskandidaten vor einem Paradox:

(a) Einerseits müssen sie sich mit ihren beruflichen Problemen und Krisen einbringen und als *lernfähig* erweisen;   *Paradoxe Situation*
(b) andererseits dürfen ihre Darstellungen sowie ihre Rolle in der Gruppe jedoch *nicht so problematisch* sein, daß man ihnen die Weiterbildung verweigern müßte.

Dieses Paradox macht die Einmaligkeit und eigentlich auch Unvergleichbarkeit dieser Form der Gruppensupervision aus.

5.2.4. Gruppensupervision für Berufstätige

Diese Gruppensupervision ist eigentlich das normale Ziel und der Ausgangspunkt von Supervision in Gruppen gewesen. Es ist allerdings seltener der Fall, daß in einer Gruppe Berufstätige aus unterschiedlichen Einrichtungen zusammenkommen, um Supervision zu erleben. Denn die meisten Supervisionsgruppen finden heute in der Form der Teamsupervision statt. Im Bereich von Sozio- und Psychotherapie kommen Balint-Gruppen jedoch häufiger zustande als in der grundständigen Sozialarbeit (siehe S. 113). Die Gruppensupervision für Berufstätige ähnelt eigentlich der Gruppensupervision für Studierende bzw. Lernende. Allerdings fehlt hier der Teilnahmezwang sowie die (reale oder nur befürchtete) Kontrolle durch die Ausbildungsstätten. In der Regel sind die Teilnehmer an einer Gruppensupervision hoch motiviert. Insofern ist diese Gruppensupervision eine ideale *stranger group:* Man kommt freiwillig, kennt niemand anderen und entscheidet autonom, was man von sich preisgibt und wie lange man in dieser Gruppe bleibt.

5.2.5. Kollegiale Supervision

Begriffe Eine weitere Form der Gruppensupervision ist die kollegiale Supervisionsgruppe. Hierfür existieren unterschiedliche Bezeichnungen: *Peer Group Supervision, Intervisionsgruppe* oder *Kollegensupervision.* Gemeinsames Merkmal dieses Supervisionssettings ist, daß kein Supervisor von außerhalb kommt. Deswegen spricht man auch von der *supervision without parents.*

Grundtypen Berker hat drei Grundtypen der kollegialen Supervision herausgearbeitet:

(a) Gruppen, die während ihrer Ausbildung als Regional- und/oder Balintgruppen gegründet wurden und über das Ende ihrer Ausbildung hinaus zusammengeblieben sind.

(b) Gruppen, die als Praxisgemeinschaften bestehen oder entstanden sind sowie

(c) Gruppen, in denen sich frei- oder nebenberuflich arbeitende Kolleginnen und Kollegen zusammengefunden haben (Berker 1995, S. 70f.).

Erfolgs- In der Praxis widmen sich diese Gruppen hauptsächlich der „kollegiafaktoren len Fallbearbeitung". Über den Bereich der Sozialarbeit hinaus ist die kollegiale Supervision bei uns auch „unter Psychotherapeuten sehr verbreitet. Einige Psychotherapieverbände verlangen von ihren Mitgliedern eine Mindestzahl derartiger kollegialer Supervisionsstunden pro Jahr" (Belardi 1992a, S. 111). Ob diese leiterlose Supervision für alle Praxisfragen geeignet ist, müßte im Einzelfall geprüft werden. Sicherlich funktioniert sie bei langjährig erfahrenen Praktikern besser als bei Anfängern. Voraussetzungen für einen Erfolg sind auch folgende Faktoren:

(a) Keine überhöhten Ansprüche;
(b) klare und möglichst von Neid und Mißgunst freie Beziehungen;
(c) keine „heimlichen" Leiter oder Rivalitätskämpfe (Fengler u. a. 1994, S. 195; Thiel 1994).

5.2.6. Die Balint-Gruppe

Die Balint-Gruppe ist eine besondere Form der Gruppensupervision. Ursprünglich kommt dieses Setting aus der psychotherapeutisch orientierten ärztlichen Weiterbildung. Der ungarische Arzt und Psychoanalytiker Michael Balint (1896–1970) ging von der heute allgemein anerkannten Tatsache aus, daß viele Menschen, die in die Praxis des Allgemeinarztes kommen, auch psychische Probleme haben. Diese werden von den Ärzten oft übersehen, welche dann Medikamente verschreiben, anstatt eine psychotherapeutische Behandlung zu veranlassen. Auf dem Hintergrund dieses Wissens entwickelte Balint später in England eine Weiterbildungsgruppe für Ärzte. In seinem Buch „Der Arzt, sein Patient und die Krankheit" skizziert er das Ziel, „die psychologischen Probleme innerhalb der medizinischen Allgemeinpraxis zu studieren" (1965 S. 15 ff.).

Verbreitung und Erfolg dieser Balint-Gruppen beruhen auf der Beachtung folgender Regeln: *Grundregeln*

(a) Die Teilnehmer einer Balint-Gruppe sollten sich im Idealfall vorher *nicht kennen,* also auch nicht in gemeinsamen Arbeitsbezügen stehen.
(b) Die Gruppenmitglieder sind in ihrem Fach (damals dem Arztberuf) kompetent; sie möchten allerdings mehr über etwas neues, also ihre *Beziehungsdynamik* zu den Patienten, lernen.
(c) Ursprünglich war der Balintgruppen-Leiter Mitglied der *gleichen Berufsgruppe* wie die Teilnehmer und zusätzlich noch Psychoanalytiker.
(d) Selten werden Fachfragen erörtert. Vielmehr ermuntert der Balintgruppen-Leiter die Gruppenmitglieder zur *freien Fallschilderung* über Beziehungsprobleme von und mit Patienten.
(e) Gruppenmitglieder und Leiter äußern danach ihre Gefühle und spontanen Einfälle zur geschilderten Arzt-Patient-Beziehung im Sinne einer *freien Assoziation.*
(f) Die Balintgruppe ist kein technisches Seminar; sie zielt auch nicht

auf konkrete Handlungsanweisungen ab. Sie will eher „herauszufinden, was die vorgetragene professionelle Beziehung aktuell, d. h. zum Zeitpunkt des Vortragens, problematisch macht" (Harrach 1986, S. 158).

Definition Zur Abgrenzung der Balint-Arbeit von der Gruppensupervision schlägt Rappe-Giesecke folgende Definition vor:

„Balintgruppenarbeit ist eine Form von Gruppensupervision, in der Angehörige einer Profession, die beruflich und privat unabhängig voneinander sind, sich mit Hilfe eines psychoanalytisch psychotherapeutisch gebildeten Leiters/ Leiterin mit der Analyse von Professional-Klient-Interaktionen befassen." (1994b, S. 75)

Besonder- Balintgruppenarbeit ist also eine besondere Form der *Beziehungsdia-*
heiten *gnostik* auf tiefenpsychologischem Hintergrund. Neben den Übertragungs- und Gegenübertragungsvorgängen wird vor allem auf vielfältige *Spiegelphänomene* oder *Resonanzphänomene* geachtet (Kutter 1990b; 1994). Hierbei handelt es sich, vereinfacht gesagt, um ein allgemein menschliches und beziehungsmäßiges Verhalten, nämlich um die Wiederholung latent vorhandener und gefühlsmäßig wirksamer Interaktionsstrukturen in einem anderen Handlungssystem. Diese Wiederholung erfolgt teilweise über Worte, aber auch durch Handlungen oder körpersprachlich (Wolf 1995, S. 145). Schon in den 70er Jahren hat man diese Vorgänge in der Psychotherapie als „szenisches Verstehen" beschrieben (siehe S. 88). So können sich beispielsweise in der Balintgruppe bzw. Supervisionsgruppe Gefühle und Vorgänge aus der Ursprungssituation (Sozialarbeiter-Klient) wiederholen (spiegeln). Derartige Beispiele sind weiter vorne im Buch schon geschildert worden. Diese Spiegelphänomene verhelfen zum Verständnis der „Fallarbeit". Sie sind darüber hinaus ein wichtiger Beitrag des Balint-Konzepts für die Psychotherapie, die Supervision und die Soziale Arbeit.

Grenzen und Eine weitere Besonderheit der Balint-Methode ist, daß die persön-
Erweiterung lichen Probleme der Teilnehmer nicht direkt angesprochen, Übertra-
des Balint- gung und Regression (Rückkehr in kindhafte Gefühlswelten) nicht
Konzeptes vertieft werden. Balintgruppenleiter „grenzen" diesen persönlichen Bereich der „Falleinbringer" aus, weil sonst deren persönliche Probleme im Vordergrund stehen würden. In diesem Punkt gleicht die Balint-Arbeit den bekannten Supervisions-Konzepten. Balint-Arbeit ist natürlich keine Psychotherapie und nur in eingeschränkter Weise

Supervision, weil sie für die Behandlung von Team- und Organisationsfragen weniger geeignet ist. Denn im Ursprungskonzept der Balint-Arbeit fehlen gruppendynamische und organisationswissenschaftliche Elemente. Sie ist vielmehr eine berufsbezogene Selbsterfahrung auf psychoanalytischer Grundlage. Wenn man mit Arbeitsgruppen (Teams) diese Methode verwenden will, muß über ihren ursprünglichen Ansatz hinausgegangen werden. Auch der für die Balint-Arbeit notwendige „Mut zur Dummheit" (Balint), also ohne langes Nachdenken „Fälle" einzubringen oder sich dazu spontan zu äußern, wird in Teams weniger intensiv möglich sein als in *stranger groups*. Die im Balintansatz gewollte Vereinfachung der Beziehungen zwischen Helfer und Klient kann natürlich nicht direkt auf komplexe Gebilde wie Teams und Institutionen übertragen werden. Deshalb hat in den letzten Jahren das Balint-Konzept auch notwendige Erweiterungen erfahren (Rappe-Giesecke 1994b, 1994c).

5.3. SUPERVISION FÜR TEAMS

Teamarbeit ist sowohl in der Wirtschaft als auch in der Sozialen Arbeit eine relativ neue Erscheinung. Seit den 60er Jahren wurde sie zunehmend notwendig, weil die zu lösenden Probleme so komplex geworden sind, daß sie nicht mehr durch bloße Anweisung „von oben" und Vollzug „von unten", eventuell sogar von einer Person alleine, gelöst werden konnten. Bei vielen Sozialen Diensten (wie z. B. dem ASD) sind oft mehrere Personen mit einem „Fall" oder einem Aufgabenbereich befaßt bzw. für ein regionales Einzugsgebiet zuständig. Dann ist Teamarbeit erforderlich. Teamarbeit ist vor allem auch bei interdisziplinär bzw. multiprofessionell zusammengesetzten Arbeitsgruppen notwendig, wenn diese für ein gemeinsames Aufgabengebiet zuständig sind (z. B. Behindertenbereich oder Heimerziehung). Viele unklare Aufgaben erfordern einerseits eine teaminterne Aufgabenverteilung und -bewältigung als auch andererseits Autonomie und Kreativität. Mit diesen Merkmalen der „Teilautonomie" liegen viele Arbeitsteams „quer" zur weiterhin bestehenden Hierarchie der Verwaltung. Auch deshalb befinden sich viele Teams in einem Dauerkonflikt mit den übergeordneten Dienststellen. Die Sozialen Dienste nahmen diese Entwicklung auch zum Anlaß, Reformversuche in Gang zu setzen. Entsprechende Vorschläge zu den „neuen Steuerungsmodellen" für

Bedeutung der Teamarbeit

Settings

die Jugendhilfe seitens der Kommunalen Gemeinschaftsstelle für Verwaltungsvereinfachung (1991) werden derzeit erprobt.

Probleme Ein Team ist eine kooperierende Arbeitsgruppe innerhalb eines organisatorischen Zusammenhangs. In der Praxis haben viele Teams ihre Probleme.

„Ein populäres Mißverständnis des Teamgedankens besagt, daß es in einem ‚gut funktionierenden' Team keine Differenzierung von Entscheidungsbefugnissen geben dürfe, daß alle Teammitglieder gleichberechtigt seien, die gleiche Verantwortung trügen etc. Dieses Mißverständnis trägt gerade im sozialen Bereich leicht zur Ideologiebildung bei – dann nämlich, wenn über unterschiedliche Kompetenzen nicht mehr geredet werden darf oder so getan wird, als gäbe es sie nicht. Sowohl starre hierarchische Systeme, die dem einzelnen Mitarbeiter keinen Freiraum für die Entfaltung eigener Ideen und Interessen lassen, als auch pseudo-egalitäre Strukturen, in denen jeder für alles zuständig ist, behindern effektive Teamarbeit. Wo es keine geregelten Zuständigkeiten gibt, ist die Gefahr groß, daß selbst um Kleinigkeiten Machtkämpfe geführt werden, die sich destruktiv auf das Gesamtklima der Einrichtung auswirken." (Johach 1993, S. 57)

Nachfrage Alleine die hier angesprochenen Probleme führen zur Nachfrage nach
nach Team- Teamsupervision. Im Bereich der Sozialen Arbeit stellt die Teamsu-
supervision pervision auch deswegen inzwischen das am häufigsten nachgefragte Beratungssetting dar. Teamsupervision findet inzwischen statt in den Sozialen Diensten der öffentlichen Träger, sowie Kindergärten, Jugendhäusern, Kliniken, Schulen, dem Behindertenbereich, Erziehungsheimen und Beratungsstellen. Ferner wurde schon darauf hingewiesen, daß in einigen Arbeitsfeldern, die unter das „Achte Buch (SGB VIII) des Sozialgesetzbuches: Kinder- und Jugendhilfe" oder die „Psychiatrie-Personalverordnung" fallen, die Teamsupervision auch eine vom Gesetzgeber vorgeschriebene Pflichtberatung darstellt. Anfragen zur Teamsupervision sollten, wie oben gezeigt, kritisch untersucht werden (siehe S. 64). Was bedeuten diese Überlegungen für die Teamsupervision? Welche typischen Merkmale weist die Teamsupervision im Gegensatz zu den anderen Settings der Supervision auf? In der Teamsupervision geht es um

(a) die Fallarbeit mit der Klientel;
(b) Beziehungen im Team (Selbstthematisierung);
(c) Organisationsfragen (Institutionsanalyse) (Rappe-Giesecke, 1994c, S. 17 ff.).

Diese Schwerpunkte sind natürlich nicht scharf voneinander abzugrenzen:

„Um einen Fall, den ein Teilnehmer in der Gruppe vorträgt, effizient zu bearbeiten, ist es erforderlich, daß die Beziehungen innerhalb der Arbeitsgruppe geklärt sind. Ansonsten besteht die Gefahr, daß gruppen- und institutionsdynamische Aspekte auf der Inhaltsebene, also der Ebene des Falles ausgetragen werden. Das geschieht besonders häufig, wenn unbearbeitete Kränkungen zwischen den Teilnehmern vorhanden sind, und z. B. inhaltliche Beiträge als Racheaktionen dienen. Andererseits kann gerade die Bearbeitung dieser Beziehungsdynamik reiches Material für die Verbesserung der Kooperation bieten und vielleicht sogar durch die Fokussierung möglicher Spiegelungen des vorhandenen Falles zum Analogielernen für die berufliche Praxis führen." (Kersting/Krapohl 1994, S. 99)

Aufgrund der intensiven Arbeitsbeziehungen spricht man in der Teamsupervision auch von der *family group*. In der praktischen Arbeit bedeutet das für die Leitung einer Supervisionsgruppe, daß die Klärung von Beziehungen und internen Auseinandersetzungen nicht so weit gehen dürfen, daß das Team so zerstritten ist, daß es nicht mehr zusammen arbeiten möchte und die Supervision damit scheitert. Zur Teamsupervision gehört die Reflexion folgender „Essentials", die ich von Kersting/Krapohl (leicht verändert, gekürzt und ohne Zitation) übernommen habe:

(a) *Kein Team ohne Leitung:* Auch wenn die Teammitglieder das Vorhandensein einer Leitung – sei sie auch informell – leugnen mögen, so spricht die Erfahrung eine ganz andere Sprache.
(b) *Kein Team ohne Teamideologie:* Die Arbeit eines jeden Teams beruht auf Erfahrungen, Werten und Normen. Diese prägen als wichtige Unterscheidungen das Selbst- und Idealbild eines Teams, das manchmal auf Harmonie hin ausgerichtet ist. Neben der offiziellen Ideologie ist immer auch eine „geheime", eine latente Ideologie vorhanden und wirksam. Diese Unterscheidung wird in der Regel nicht gemacht oder gesehen. Je nach Teamideologie dürfen Unterschiede in bezug auf die Machtverteilung, Bezahlung, Status, Position usw. innerhalb des Teams existieren oder eben nicht.
(c) *Kein Team ohne Tabus:* Tabus können die Arbeitseffizienz von Teams behindern, gewährleisten aber auch Schutz und Sicherheit: Sie haben Sicherungsfunktionen und halten das Angstpotential in Schach.

(d) *Kein Team ohne Geschichte, Geschichten, Mythen:* Neben der historischen Dimension eines Teams gibt auch die Mythenbildung (Geschichten über das eigene Team, über Unterscheidungen von anderen Teams, Vorgesetzten, die Institution, die Klientel, das System) Aufschluß über die Wirkweise, die Kommunikationsmuster, die Regeln des Systems. Sie eröffnet Deutungsmöglichkeiten über die Sichtweisen der Mitglieder und der Außenstehenden. In den Mythen und Geschichten erreden die Teammitglieder das Team. Sie erzählen sich eine Teamgeschichte und konstruieren damit ihr Kollektiv. Als Teil von Institutionen und Organisationen stehen sie in der Auseinandersetzung mit anderen, hierarchischen, gleichgestellten oder unter- bzw. übergeordneten Systemen. Identität erhält ein Team durch Grenzsetzung, Grenzziehung und Unterscheidung. Das alles sind Vorgänge, die auch mit Kränkungen, Verlust und Begrenzung verbunden sein können. Ein Team findet dann zu einer brauchbaren Identität, wenn von einer gelungenen „Selbsteinredung", gesprochen werden kann. Die Supervision kann das ihre dazu beitragen.

(e) *Teams haben einen Aufgaben- und Arbeitsbezug:* Diese selbstverständliche, banal wirkende Aussage hat insofern ihre Berechtigung, als viele Teams sich zeitraubend und kräftezehrend mit Machtkämpfen, Verwicklungen in Kränkungsdynamiken, Kompetenzstreitereien und persönlichen Animositäten beschäftigen.

(f) *Das Team als Selbstzweck:* Manchmal setzt ein Team sein persönliches Wohlergehen über den Arbeitsbezug oder die Bedürfnisse der Klientel. Das Team bildet eine Art Intimgruppe und beschäftigt sich energiemäßig fast ausschließlich – und oft über lange Zeit – mit sich selbst. Diese Teams – oder Teamphasen – gibt es häufiger als viele glauben mögen.

(g) *Teams haben enge Verknüpfungen, Konflikte und existentielle Ängste:* Konflikte in Teams, seien sie nun als individuelle, gruppendynamische und/oder institutionelle beschrieben, können sehr schnell Existenzängste auslösen. Je nach Konstellation kann der Konflikt mit einem (oder mehreren) Teammitglied(ern) zur inneren oder äußeren Kündigung, zum „Mobbing" (Psychoterror am Arbeitsplatz), zur Unterwürfigkeit oder Verleugnung führen. Das führt in einem Team immer zu energieabsorbierenden, kreativitätshindernden und motivationshemmenden Mechanismen. In Tendenzbetrieben (z. B. Kirchen), kann sogar die private (mit den Tendenzen des Betriebs nicht übereinstimmende) Lebensführung den Konfliktstoff bilden bzw. zur fristlosen Kündigung führen. Daß Konflikte zwischen Leitung und Angestellten auf diesem Hintergrund eine besondere Brisanz erhalten, versteht sich.

(h) *Teams sind Bestandteile eines größeren Systems:* Teams können als Subsysteme verstanden werden. Sie sind zwar eigenständige Einheiten, die häufig für die Mitglieder eine identitätsstiftende und damit abgrenzende Funktion wahrnehmen. Aus einer anderen Perspektive jedoch können sie wahrgenommen werden als die Teile eines umfassenderen Systems. Institutionen sind Teil der Gesellschaft. Neben relevanten gesellschaftlichen Bedingungen sind hier Aspekte der Identifikation, der Loyalität und der Legitimation des jeweiligen Handelns innerhalb und außerhalb des Teams von Bedeutung. Veränderungen eines Subsystems wirken auf das Gesamtsystem und umgekehrt (nach Kersting/Krapohl 1994, S. 100 ff.).

Welches sind die typischen Anlässe und Themen bei der Nachfrage nach Teamsupervision?

Themen der Teamsupervision

(a) Wünsche, die eigene Arbeit zu reflektieren;
(b) Konflikte im Team oder von Teammitgliedern mit der Leitung;
(c) verwirrende Kommunikation, Konkurrenz, Rückzug;
(d) überhöhte Ansprüche;
(e) unklare Regeln, Absprachen und Entscheidungsstrukturen;
(f) erhöhter Aushandlungsbedarf täglich notwendiger Entscheidungen;
(g) Informationsaustausch über Klienten;
(h) Organisationsprobleme oder
(i) anstehende organisatorische Veränderungen etwa durch die Einführung von Qualitätsmanagement.

Bei Teams, die eher in hoch institutionalisierten Organisationen (z. B. Jugendamt, Behörden) arbeiten, haben wir es oftmals mit Übersteuerungsproblemen zu tun: Mögliche und zur Aufgabenbewältigung notwendige Eigeninitiativen der Teammitglieder werden – scheinbar oder real – durch enge bürokratische Vorschriften „von oben" behindert. Informations- und Korrekturmöglichkeiten, wie sie in der freien Wirtschaft durch Markt, Konkurrenzdruck oder Kosten existieren, sind derzeit beim „Produkt" Sozialer Dienstleistungen noch nicht entwickelt. In der nahen Zukunft ist jedoch damit zu rechnen, daß die genannten „neuen Steuerungsmodelle" auch ihre Auswirkungen auf die Teamarbeit und die Teamsupervision haben werden.

Übersteuerungsproblem

Settings

Untersteue- Diesen hochinstitutionalisierten sozialen Einrichtungen kann man
rungsproblem idealtypisch eine niedrig institutionalisierte Organisation entgegenstellen: Diese „leiden" an einem Untersteuerungsproblem. Es gibt zu wenig Vorgaben von „oben" oder „außen"; das Team ist zwar autonom und damit allerdings auch weitgehend sich selber überlassen. Das ist z. B. bei vielen kleinen freien Trägern, Alternativ- und Selbsthilfeprojekten der Fall. Eine Gemeinschaftsideologie („wir sind alle gleich", „wir arbeiten demokratisch", „hier gibt es keinen Chef") verhindert notwendige Regelhaftigkeit, Arbeitsteilung und letztlich Effizienz. Ideologisch und real erleben sich viele dieser Teammitglieder „nahe" bei der Klientel; vor allem, wenn sie selber auch nur über zeitlich befristete Verträge eine Anstellung erhalten haben (Pühl 1989).

Nach der „Wende" kam es in einer ostdeutschen Großstadt zur Besetzung leerstehender Häuser durch jugendliche Erwerbslose, die sich z. T. der Punker-Szene zurechneten. Mehrere aus dem Staatsdienst entlassene Lehrer und Erzieher gründeten einen Selbsthilfe-Verein. Dessen Finanzierung erfolgte größteneils über § 249h und Projektförderung. Diese nun plötzlich sich als Sozialarbeiter wiederfindenden Pädagogen renovierten mit den Jugendlichen ein ihnen von der Stadt überlassenes Haus und betrieben eine Recycling-Firma sowie ein Second-Hand-Möbellager. Zu Beginn der Aktivitäten erlebten sich alle als „gleich", auch weil sie gemeinsam „Opfer" der „Wende" gewesen waren. Doch mit dem Wachstum des Vereins kam es bald zu Binnenkonflikten. Neu professionalisierte Sozialarbeiter und Szenen-Jugendliche konnten keinen Konsens mehr über die Geschicke des Vereins finden.

Rolle des Die Rolle des Teamsupervisors ist sicherlich die schwierigste: Er ist
Teamsuper- nicht mehr wie in der Einzel- oder Gruppensupervision einem oder
visors mehreren Supervisanden an „fernen" Arbeitsplätzen verpflichtet. Vielmehr wird er in der Regel über einen „Dreieckskontrakt" engagiert. Wer sind seine „Klienten" bzw. „Auftraggeber"? Das Team, der Geschäftsführer oder die Aufgaben der Institution bzw. die abwesende Klientel? Dabei wird „deutlich, daß gerade in der Teamsupervision der Supervisor seine Identität im vorhinein geklärt haben muß" (Kersting/Krapohl 1994, S. 98). Denn sowohl die „Abstinenzregeln" aus der Psychoanalyse wie auch die „Parteilichkeitsvorstellungen" klientenbezogener Sozialarbeit helfen hier nicht weiter.

Problem- Was sollten Teamsupervisoren vor Beginn ihrer Tätigkeit beachten?
diagnose Von Rappe-Giesecke stammt folgende „Anleitung zur Problemdiagnose bei Teams", die hier leicht gekürzt und verändert wiedergegeben werden. Das primäre Problem liegt im

(a) *Verhältnis vom Team zur Organisation:* Wenn beispielsweise die übergeordnete Organisation ein Problem an das Team delegiert (wie im Beispiel auf S. 122), so ist eine Organisationsentwicklung (siehe S. 128) notwendig, die sowohl das Team als auch die Organisation einbezieht. Wenn im umgekehrten Falle das Team ein Problem mit der Organisation hat, so ist zuerst eine Organisationsentwicklung notwendig und dann eine Teamsupervision. Hat das Team aber Schwierigkeiten mit anderen Subsystemen der Institution, dann muß eine Organisationsentwicklung unter Beteiligung aller dieser Subsysteme stattfinden.
(b) *Verhältnis Team zur Klientel:* Wenn das Team vor allem Schwierigkeiten mit der Klientel hat, so sollte in der Teamsupervision schwerpunktmäßig Fallarbeit geleistet werden.
(c) *Teaminterne Probleme:* Gibt es im Team keine Einigung über die wichtigsten Aufgaben, so bietet sich die klassische Teamsupervision an (Rappe-Giesecke 1994a, S. 20f.). Häufig kommt es vor, daß alle Schwerpunkte eine Rolle spielen. Dann ist es wichtig, daß Supervisanden und Supervisor sich über die Reihenfolge einigen.

5.3.1. Differenzierung von Teamsupervision ist notwendig

Seit den 90er Jahren ist der Begriff „Teamsupervision" für viele Autoren immer fragwürdiger geworden, vor allem weil er zu breit und undifferenziert verwendet wird. Einigkeit herrscht darüber, daß es bei der Beratung von Teams um den „Ernstfall" einer gesamten Arbeitsgruppe im Rahmen einer Institution geht, während in der Gruppensupervision jeder einzelne mit seinem beruflichen Hintergrund in eine neue, „arbeitsplatzferne" Gruppe eintritt. Allerdings bestehen auch Mischformen. Hierzu zählt beispielsweise die Indoor-Supervision, in welcher Elemente von Gruppen- und Teamsupervision enthalten sind. Von Indoor-Supervision[20] spricht man, wenn die Supervisanden alle aus einer Einrichtung (z.B. Jugendamt, Klinik) aber nicht aus einem Bereich, sondern aus mehreren Abteilungen oder Teams kommen. Diese personelle Zusammensetzung bewirkt eine spezielle Dynamik sowohl zwischen den Teams als auch innerhalb der Teams. Denn es sind aus allem Teams einige, aber nicht alle, „dabei". Die Indoor-Supervision findet stärker im Rampenlicht der Organisationsöffentlichkeit statt, als die Teamsupervision. Teilweise wird die Indoor-Supervision auch bewußt als „Querschnitt-Supervision", etwa für Lei-

Begriff und Definition

Indoor-Supervision

tungspersonen aus den verschiedenen Teams oder für Mitarbeiter, die vergleichbare Aufgaben in den unterschiedlichen Abteilungen (z. B. Aufnahme neuer Patienten) wahrnehmen, eingesetzt.

Balint-Gruppenarbeit Auch die Balint-Gruppenarbeit wird fälschlicherweise oft als Teamsupervision bezeichnet. Wenn Supervisoren Balint-Gruppenarbeit für Teams anbieten, so müssen sie, um effektiv zu sein, neben den Interpretationsmustern der Balint-Methode noch gruppendynamische und organisationsbezogene Elemente hinzufügen. Dann allerdings handelt es sich nicht mehr um Balint-Arbeit im klassischen Verständnis.

Organisationsberatung Sicherlich stellt die Teamsupervision die höchsten Anforderungen an die Berater, vor allem aber auch weil sehr unterschiedliche Varianten von Teamsupervision oder der Supervision in Organisationen existieren. Denn hier werden neben den schon genannten Wissensbeständen aus der Einzel- und Gruppensupervision auch noch Kenntnisse aus der Organisationswissenschaft (Puch 1994) sowie der Organisationsberatung (Gotthardt-Lorenz 1989) benötigt. Ein weiterer Kritikpunkt, weshalb manche Autoren den „verschwommenen" (Weigand 1996, S. 5 ff.) bzw. „fragwürdigen" (Leffers 1996, S. 12 ff.) Terminus Teamsupervision problematisieren, ist die darin enthaltene Verleugnung von organisatorischen Bezügen. So meint Weigand, daß die Teamsupervision als Family Group sich „oft am familialen Werte- und Beziehungsmodell, nicht an rational-professionellen Organisationsstrukturen" orientiere. Deshalb bevorzugen viele Praktiker zunehmend statt des unklaren Terminus Teamsupervision den Begriff Organisationssupervision bzw. Supervision in Organisationen.

5.3.2. Leitungsteam-Beratung in einer Drogenklinik (Fallanalyse)

Leitende Mitarbeiter von psychosozialen Einrichtungen sind langjährig ausgebildete und spezialisierte Fachkräfte. Diese fachspezifische Ausbildung beinhaltet jedoch nicht, daß sie auch über Qualifikationen in der Leitung von multiprofessionellen Teams und komplexen Organisationen verfügen. Das folgende Beispiel gehört in den sich überschneidenden Bereich zwischen Beratung eines Leitungsteams und Organisationsberatung.

Die Chefärztin einer Drogenklinik für Frauen und ihr Stellvertreter, ein Diplom-Psychologe, sowie der Verwaltungsleiter melden sich bei einem Supervisor und Organisationsberater an. Am Telefon berichtete die Chefärztin, daß seit ihrer Kündigung aus privaten Gründen in der Klinik „chaotische

Zustände" herrschten und sie nicht wüßte, ob und wie sie die verbleibenden Wochen bis zum Dienstende verbringen sollte. Sie wisse nicht mehr weiter und möchte aber auch kein „Chaos" hinterlassen.
Aufgrund der zeitlichen Begrenztheit wurden nur zwei je zweistündige Beratungstermine mit diesen Leitungspersonen vereinbart. Alle telefonisch vermittelten Informationen deuteten darauf hin, daß es sich um eine „Krisensupervision" (siehe S. 76) handelt. Es mußten unter Zeitdruck Entscheidungen getroffen werden; entsprechend strukturiert und direktiv waren die Interventionen des Supervisors.
Im ersten Gespräch stellte sich folgender Sachverhalt heraus: Es handelt sich um eine relativ kleine Klinik mit 70 Betten, das Personal umfaßt insgesamt 34 Personen. Vom therapeutischen Personal sind etwa die Hälfte Diplom-Psychologen und Sozialarbeiter/Sozialpädagogen, die als Gruppentherapeuten tätig sind. Träger der Klinik ist eine gemeinnützige GmbH. Es wurde gesagt, daß diese am Schicksal der Klinik relativ desinteressiert sei. Die Leiter befürchteten, daß die Geschäftsführung wieder einen männlichen Arzt zum Klinikchef bestellen werde. Dabei war es für die Klinik ein großer Erfolg gewesen, daß mit der Chefärztin erstmals eine Frau die Leitung übernehmen konnte. Der stellvertretende Leiter, der Diplom-Psychologe, war seit 15 und der Verwaltungsleiter seit 8 Jahren in der Klinik tätig; die Chefärztin kam vor drei Jahren hinzu. Sie hatte ihren Weggang schon vor sechs Monaten angekündigt, und nun zeigten sich Krisenphänomene. Nach diesen allgemeinen Informationen erarbeitete der Supervisor mit den Beteiligten eine Situationsanalyse.
Nachdem der Supervisor über die notwendigen Informationen verfügte, wurde er zunächst mit der schon erwähnten Nachfolgefrage konfrontiert. Die Verbandsleitung möchte einen (bestimmten) männlichen Leiter; aus sachlichen Gründen wäre wiederum eine Frau angebracht. Auch der Kostenträger wünscht sich eine weibliche Leitungsperson. Außerdem sei seit einigen Wochen das „Chaos in der Klinik" ausgebrochen. Die Teamarbeit funktioniert nicht mehr. Einige langjährige Teammitglieder sprechen von Kündigung. Die Therapieabbrüche haben in „erschreckendem Maße" zugenommen. Seitens des Kostenträgers wird das auf den anstehenden Leitungswechsel zurückgeführt.
Auch die Chefärztin sieht das so. Sie hat Schuldgefühle, weil sie zu Dienstantritt deutlich gemacht hatte, daß sie „lange bleiben" möchte. Sie wirkt verzweifelt und weint mehrfach in der ersten Sitzung. Andererseits möchte sie die privat begründete Kündigung nicht mehr rückgängig machen. Nach Aussagen der anderen Leitungspersonen war die Ärztin bei Personal und Patientinnen sehr beliebt; sie sei ein „mütterlicher Typ", der sich auch gut für die persönlichen und sozialen Belange aller eingesetzt habe. Eine derartige Leiterin habe die Klinik schon lange benötigt. Ferner äußerte die Ärztin noch, daß sie gerne nach Ende des Arbeitsvertrages auf Honorarbasis weiterarbeiten möchte,

damit die Einarbeitungszeit (des von ihr abgelehnten potentiellen) neuen Leiters besser gelingen könnte. Hier fragte der Supervisor mehrfach nach. Ergebnis war, daß dieses Vorhaben vorwiegend von ihren Schuldgefühlen getragen wurde und die Zusammenarbeit mit dem Leiter schon deswegen schwierig werden könnte. Ein „klarer Schnitt" sei vielleicht schmerzhaft, aber der Eindeutigkeit wegen wohl besser als ein „Abschied auf Raten und von Schuldgefühlen getragen".

Als nächstes sprach der Supervisor die Beziehung des Stellvertreters zur Ärztin an. Dieser hatte immer gern und gut mit der Leiterin zusammengearbeitet. Seine Gefühle über deren schnellen Weggang hielt er zurück. Intensiver danach befragt, äußerte der Mann eine große Enttäuschung, die er seiner Kollegin bisher vorenthalten hatte. Als er seine bisher verleugnete Betroffenheit zeigte, mußte er plötzlich weinen. Es waren ihm Ähnlichkeiten zu früheren Verlassenheitserfahrungen in seiner Herkunftsfamilie eingefallen. Die Ärztin wiederum äußerte nun, daß sie verstehen könne, weshalb ihr Kollege sich emotional so sehr zurückgehalten habe. Deutliche Kritik wäre ihr lieber gewesen. Hinsichtlich der aktuellen Beziehung dieser beiden Menschen konnte nun eine Klärung herbeigeführt werden. Die Ärztin verstand, daß sie in diesem Punkte ihrem Kollegen gegenüber keine „besonderen" Schuldgefühle haben mußte. Ihm wiederum wurde klar, daß die Situation in der Klinik nicht mit seinem persönlichem Schicksal vergleichbar sei; auch wenn die Gefühle ihn zeitweise in die Irre geleitet hatten. Als günstig erwies sich in diesem Falle, daß beide auch ausgebildete Psychotherapeuten waren.

Auf der rationalen Ebene konnte nun herausgearbeitet werden, daß es in allen Institutionen zu personellem Wechsel kommt. Diejenigen, die gingen, haben keine Verantwortung für das, was nach ihrem Weggang passiert. Auch der Verwaltungsleiter sah diese Situation weniger dramatisch, er sorgte sich mehr um die hohe Zahl der Therapieabbrüche. Die Reaktionen dieser drei Leitungspersonen zeigen auch, wie unterschiedlich Menschen mit verschiedenen beruflichen Hintergründen auf eine Situation reagieren können; die Helfer reagierten eher emotional, der Verwaltungsleiter sachrational.

Für die Besprechung der Situation in den Teams war nun kaum noch Zeit. Befragt, was in den letzten 20 Minuten noch klärenswert sei, antworteten alle drei mit einem aktuellen terminlichen Problem. In den nächsten Tagen kämen die Leiter aller anliegenden ambulanten Beratungsstellen zu einer jährlichen Informationstagung in der Klinik. Viele Teammitglieder fühlten sich den (befürchteten) kritischen Fragen dieser Kollegen bezüglich des Leitungswechsels und der erhöhten Abbruchzahlen nicht gewachsen. Am liebsten möchten sie diese Tagung absagen.

Angesichts der knappen Zeit und des Termindrucks intervenierte der Supervisor sehr direktiv und übernahm damit zeitweilig eine Leitungsfunktion für die gesamte Klinik. Er äußerte die Vermutung, daß die innere Problematik der Klinik auch auf diese Tagung projiziert wird. Sagt man die Tagung ab, steigert man die Selbstentwertung, und es geht mit den Selbstwertgefühlen von Behandlern und Patientinnen möglicherweise noch weiter bergab. Die negative Selbstbeschreibung mußte gestoppt werden. Ausgehend von der aktuellen Problematik sollte diese Tagung besonders sorgfältig vorbereitet werden. Schließlich überweisen die Beratungsstellen ihre Klientinnen an die Klinik. Sie haben deswegen sehr wohl ein Recht zu erfahren, weshalb die Abbruchzahlen sich erhöht haben und wie es nach dem Leiterwechsel weitergeht. In beiden Punkten komme es auf die Präsentation der Klinikmitarbeiter an. Der Supervisor riet, man solle offensiv vorgehen. Anstatt sich nach den eigenen Problemen (die ja auch schuldhaft verzerrt erlebt wurden) „befragen" zu lassen, solle man den Leiterwechsel als etwas „Normales" definieren; schließlich komme das auch in Beratungsstellen vor.

In der Klinik nahm man seit einigen Wochen unhinterfragt immer an, daß die erhöhte Abbruchquote der Patientinnen ausschließlich Ursache des Weggangs der Ärztin sei. Man hat damit die Veränderungen bei den Patientinnen zum Anlaß genommen, die eigene Verlassenheit noch stärker in Richtung einer kollektiven depressiven Stimmung zu entwickeln. Diese Vermutung ist jedoch nicht überprüft worden. So war eine selbstkonstruierte „Wahrheit" entstanden; diese verstärkte das negative Selbstbild.

Auf die Idee, daß die erhöhten Abbrüche auch etwas mit veränderten Konstellationen bei den von den Beratungsstellen eingewiesenen Patientinnen zu tun haben könnten, also etwa, daß die Beratungsstellen „schwierigere" Patientinnen geschickt hätten, war man nicht gekommen. So paßte die Selbstdeutung, daß die erhöhten Abbrüche Folge des „Chaos" wären, gut ins negative Selbstbild. Von der Ärztin „verlassene" Behandler produzieren nun einmal „sich selbst entlassende" Patientinnen. Dieser Teufelskreis wurde vom Supervisor umgedeutet. Die Behandler sollten in der Tagung diesen Sachverhalt selber ansprechen und fragen, ob sich die Einweisungspraxis der Beratungsstellen geändert habe bzw. ob dort zunehmend schwierige Patientinnen aufgetaucht seien.

Im Sinne von „Hausaufgaben" schlug der Supervisor dem Leitungsteam vor, auch mit Hilfe des Personalrates und des Kostenträgers beim Anstellungsträger auf eine baldige Klärung der Nachfolgefrage hinzuwirken. Gleichzeitig sollte auf die negativen Folgen hingewiesen werden, wenn ein männlicher Chef käme. Dieser Gedanke fand ausdrückliche Zustimmung des Verwaltungsleiters. Denn das hatte die Chefärztin bisher (wohl auch aufgrund ihrer inneren Unklarheiten) nicht getan. Damit war die erste von zwei Krisensitzungen beendet.

Das zweite und letzte Gespräch fand eine Woche später statt. Dabei sind folgende Themen besprochen worden:

(a) Seitens der Klinikleitung wurde in einem mündlichen Gespräch und schriftlich auf die möglichen negativen Folgen einer nicht sachgerechten Besetzung der Chefarztstelle hingewiesen. Unterstützende Schreiben des Personalrates und des Kostenträgers waren angeregt worden. Außerdem wurde daran erinnert, daß die Behandlungsteams aus Gründen des künftigen Arbeitsklimas an dieser Entscheidung zu beteiligen seien. Eine Entscheidung des Anstellungsträgers war noch nicht gefallen. Gleichzeitig wurde den Teams deutlich, daß die Klinikleitung alles Mögliche getan habe. Die Kompetenzen der Ärztin, des Diplom-Psychologen und des Verwaltungsleiters waren in dieser Hinsicht begrenzt. Diese Realitäten mußten anerkannt werden.

(b) Gleichzeitig hatte die Leiterin in einer Mitarbeiterbesprechung den „klaren Schnitt" machen können. Sie stand innerlich nun eindeutiger hinter ihrer Kündigung. Nach Antritt ihres Urlaubs in der nächsten Woche, an den sich das Ende ihrer vertraglichen Arbeitszeit anschließt, wird sie nicht mehr in die Klinik zurückkehren. Bis zur Neubesetzung der Leitungsfunktion übernimmt der Diplom-Psychologe diese Aufgaben, was er schon früher getan hatte. Eine außenstehende Ärztin sorgt zeitweilig für die medizinische Betreuung der Patientinnen.

(c) Die Fachtagung war für die Klinik ein Erfolg. Die Leiter der Beratungsstellen klagten ihrerseits über die Zunahme von „schwierigen Klientinnen". Auf dieser Tagung wurde von beiden Seiten, Klinik und Beratungsstellen, daran gearbeitet, wie mit dieser Situation besser umzugehen wäre. Auch an eine entsprechende gemeinsame Stellungnahme für den Kostenträger war gedacht worden.

Entscheidend für diesen neuen Umgang der Ärztin mit ihrer Kündigung war die geänderte Sichtweise. Eigene Schuldgefühle (Ärztin) und familiäre Verlassenheitserfahrungen (Diplom-Psychologe) hatten sich wechselseitig hochgeschaukelt und sich negativ auf die Institution ausgewirkt. Die Abgrenzung von innerer persönlicher Geschichte und äußeren Ereignissen in der Realität der Klinik war empfindlich gestört worden. Beide Ebenen gingen in gefährlicher Weise ineinander über. Eine verhängnisvolle Kette von Fehldeutungen und Fehlentscheidungen wäre die Folge gewesen. Leitungspersonen prägen die *Organisationskultur* einer Einrichtung beträchtlich. Organisationen müssen mit einem Leitungswechsel „leben" können (Rau 1994). Das von der Leitung ausgehende negative Selbstbild mußte gestoppt werden. Das Maximalziel einer optimalen Neubesetzung der Chefarztstelle konnte nicht erreicht werden, weil die Entscheidungsbefugnis hierzu nicht in den Händen der Beteiligten lag.

Erfolgreich war diese Supervisionsarbeit jedoch dort, wo die unmittelbar Beteiligten zu neuen Einsichten und Verhaltensänderungen gelangen konnten. Schließlich handelte es sich um eine Krisenintervention mit begrenzter Stundenzahl und unter erheblichem Zeitdruck. Folglich waren die Interventionen des Supervisors strukturierend und direktiv. Es ging in erster Linie darum, die zentralen Problembereiche anzusprechen, Blockaden aufzulösen und die Beteiligten zu unterstützen, notwendige Entscheidungen zu treffen.

5.4. SUPERVISIONSKONZEPTE

Mit der Supervision ist es so ähnlich wie mit den Therapie- oder Beratungsansätzen. Es existiert ein Pluralismus von historisch entstandenen und auch immer in Veränderung begriffenen Konzepten, die manchmal auch nur für Teilbereiche oder bestimmte Problemstellungen Geltung haben können. Im folgenden soll etwas über die „Brillen" (Schreyögg 1994) gesagt werden, welche Supervisoren benutzen können und weshalb es nicht *ein* richtiges Konzept geben kann. Es durfte schon deutlich geworden sein: *die* Theorie der Supervision existiert nicht. Wir kennen derzeit verschiedene Supervisionsrichtungen, und die bekanntesten davon sind in der Deutschen Gesellschaft für Supervision (DGSv), vertreten. Aber auch dieser Verband „steht für kein spezielles inhaltlich-theoretisches Konzept von Supervision, allenfalls für bestimmte Standards, die eine qualifizierte Ausbildung und Ausübung von Supervision gewährleisten" (Wilhelm/Weigand 1994, S. 25). *[Pluralismus von Konzepten]*

Schon ein Blick in die Supervisionsgeschichte verdeutlicht, daß es verschiedene Phasen der Methodenorientierung in der Supervision gegeben hatte. Zunächst gab es die Entwicklungsphase Casework und Supervision ungefähr bis 1970, wobei die Supervisionsmethodik vorwiegend aus der psychoanalytischen Theorie schöpfte. Etwa ab 1970 kommen gruppendynamische und gruppentherapeutische Verfahren sowie die Balint-Methode hinzu. Diese Entwicklungsphase geht etwa bis in die Mitte der 80er Jahre. Für beide Perioden kann festgehalten werden, daß weder ein eigenständiges Supervisionsverfahren noch eine übergreifende Methodik oder Theorie existierten. Supervisoren bezogen ihr Handwerkszeug und ihr Instrumentarium zu Interventionen eigentlich aus anderen Ansätzen (Psychoanalyse, Gruppendynamik usw.). Meistens verwendet ein Supervisor einen Ansatz oder, je nach Situation mehrere oder Teile von mehreren Ansätzen (eklektisches Verfahren). *[Phasen der Methodenorientierung]*

Gleichzeitig entdeckte man in den 80er Jahren durch die Ausweitung der Teamsupervision den Bereich, mit welchem die Supervision der *[Organisationssupervision und -entwicklung]*

Sozialarbeit vor hundert Jahren eigentlich begonnen hatte: Es handelte sich um die Institutionen und Organisationen Sozialer Arbeit, zu welchen die Teams und die einzelnen Mitarbeiter gehören.[21] Das Thema Soziale Arbeit und Organisation (Sozialmanagement) rückt angesichts knapper werdender Kassen wieder in den Vordergrund. Teams sind in hierarchischen Institutionen oft ein untergeordneter Bestandteil von Organisationen. Wenn viele Mängel, die in den Teams offensichtlich werden, auch die Ergebnisse von Weichenstellungen „von oben" sind, so muß sich auch etwas „von oben" nach „unten" ändern, d. h. auf allen Ebenen der Organisation. Auch aus diesen Gründen bevorzugen einige Autoren den Begriff „Organisationssupervision", statt Teamsupervision. Deshalb sollte bei umfassenden Teamsupervisionen auch eine Bestandsaufnahme der Organisation vorgenommen werden (Organisationsanalyse). Alle Subsysteme einer Organisation wie Teams, Abteilungen oder Stationen sollten bereit sein, sich beraten zu lassen (Organisationsberatung). Und schließlich meint der umfassendere Begriff „Organisationsentwicklung", daß kreative und flexible Organisationen sich auf allen Ebenen mit allen Beteiligten immer wieder selber reflektieren und an die veränderten inneren und äußeren Bedingungen anzupassen haben. Maßnahmen zur Organisationsentwicklung sind also umfassender Art; sie dauern oftmals mehrere Jahre und werden im optimalen Falle auch wissenschaftlich begleitet.

Das diskutierte Beispiel der Teamsupervision im Wohnheim für alkoholkranke Männer wie auch die Supervision in der Drogenklinik hätten eher eine Organisationsberatung benötigt. Diese Überlegungen lassen sich beliebig fortsetzen. Auch im kirchlichen Bereich kommt es nicht selten vor, daß protestantische Gemeindepfarrer, die aufgrund ihrer „Lebensführung" (z. B. Scheidung) nicht mehr in ihrer ursprünglichen Funktion tätig sein wollen oder können, nun in die Leitung einer diakonischen Einrichtung „abgeschoben" werden. So findet sich dann ein Pfarrer plötzlich in der unbekannten Rolle als Geschäftsführer einer kirchlichen Klinik oder Beratungsstelle. Die bisherigen autonom handelnden fachlichen Leiter (Arzt, Psychologe oder Sozialarbeiter) werden ihm untergeordnet. Wenn der Pfarrer nun auch noch gestalterisch einzugreifen versucht, kann die Institution in eine Krise geraten. Auch in einem Kindergarten merkte man sehr spät, daß die nun faktisch unkündbare Leiterin neuen Konzepten gegenüber nicht aufgeschlossen war und jüngere, fähige Mitarbeiterinnen zu überhöhten Krankmeldungen bzw. zu Kündigungen veranlaßte. Teamsupervision wird in solchen Fällen nicht nur scheitern, sondern sie kann auch auf die Mitarbeiter in den Teams abschreckende Wirkung haben.

Diese fühlen sich nun nämlich „doppelt bestraft": zur unfähigen Leitung kommt jetzt noch die erzwungene Offenlegung von unveränderbaren Arbeitssituationen oder persönlichen Kränkungen.

Diese Beispiele sollten andeuten, um wieviel komplexer und komplizierter eine direkte Beratung und Veränderung von Organisationen als Erweiterung der supervisorischen Aufgabe sein kann. Auf der Ebene des *Wissens* gehören hier zusätzlich noch fundierte Kenntnisse der Sozialwissenschaften, speziell der Organisationswissenschaft und Soziologie hinzu. Auf der Ebene des *Könnens* müssen Supervisoren als Organisationsberater nicht nur mit Einzelnen und Teams, sondern mit mehreren Teams gleichzeitig und den verschiedenen Personen in Verwaltung und Leitung zusammenarbeiten (Belardi 1992a, S. 125 ff.). Eine weitere Darstellung des Supervisionssettings Organisationssupervision bzw. Organisationsberatung muß in dieser Einführung ausgespart bleiben. Beschreibungen von Organisationsberatung für die Felder der Sozialen Arbeit hat Gotthardt-Lorenz schon im Jahre 1989 vorgelegt. Im Anhang (siehe S. 209 ff.) wird auf weitere Publikationen verwiesen.

Wie schon erwähnt, bringen die 90er Jahre für die Supervision eine neue Situation. Vermutlich hat die enge Methodenorientierung in der Supervision damit ihr Ende gefunden. Entsprechendes hat C. W. Müller schon zu Anfang der 80er Jahre für die klassischen Methoden der Sozialen Arbeit (*casework* und *social groupwork*) festgestellt (1982, 1988). Die Methoden, welche die Supervisoren bisher verwendet haben, sind grundsätzlich schon mehrere Jahrzehnte alt und bringen eigentlich wenig Neues. Neu ist lediglich, daß weitere Beratungsmethoden und ähnliche Ansätze in das Geschäft mit der Supervision einsteigen, so z. B. die *Themenzentrierte Interaktionelle Methode (TZI)*, das *Neurolinguistische Programmieren (NLP)*, der *Konstruktivismus*, das *Psychodrama, Systemische Ansätze* oder andere.[22] In der Erstausgabe des „Handbuch der Supervision" (Pühl 1990) werden verschiedene dieser Verfahren vorgestellt. Demgegenüber sind die im folgenden angesprochenen komplexen Theorien jedoch kreative Weiterentwicklungen der Supervision. *(Gegenwärtiger Stand)*

Der schon zu Mitte der 80er Jahre erarbeitete Supervisionsansatz der schwedischen Autoren Gunnar Bernler und Lisbeth Johnsson (deutsche Übersetzung: 1993) beruht auf zwei Schwerpunkten: erstens der *psychodynamischen Theorie.* Hierzu zählt das Wissen aus tiefenpsychologischer Sicht über die Individuen, das gruppendynamische *(Verschiedene Ansätze und Modelle)*

Wissen sowie die Wissensbestände aus der Familientherapie, und zweitens der *Systemtheorie* einschließlich ihrer Weiterführung als *Kommunikationstheorie*. Allerdings kann diese Konzeption die Teamarbeit und eine organisationsbezogene Betrachtung nicht berücksichtigen. Auch bleiben die besonderen Bedingungen deutscher Sozialarbeit ausgespart. Damit fällt dieses Buch hinter den Wissensstand der deutschen Diskussion der 90er Jahre zurück. Denn im Jahre 1990 erschien das schon mehrfach zitierte Buch von Kornelia Rappe-Giesecke mit dem Titel „Theorie und Praxis der Gruppen- und Teamsupervision" (zweite Auflage: 1994). Darin wird Supervision in systemtheoretischer Sichtweise verstanden als eine „Beratung zweiter Ordnung", also eine *Beratung für Berater und Multiplikatoren* und nicht für die „Endverbraucher". Das Problem der Vielfalt von Konzepten und Methoden meistert die Autorin dadurch, daß sie eine „Sichtweise der Supervision" einführt, „die nicht identisch ist mit der Sichtweise und der Begrifflichkeit eines Konzepts von Supervision. Es ist mit anderen Worten ein metatheoretischer Standpunkt nötig" (1990, S. 5). Dafür benutzt sie die Systemtheorie und die Kommunikationstheorie, „um eine von den Konzeptualisierungen der Praktiker unabhängige Beschreibungssprache zu gewinnen" (ebd., S. 5). Gruppendynamik, Gruppenpsychotherapie und der Balint-Ansatz werden nun in die Möglichkeiten dieser Gruppensupervision „eingebaut", um drei Leistungen oder Programme anzubieten:

„Das erste Programm ist die *Fallarbeit*, das auf der Methode der Balint-Gruppenarbeit basiert und die Psychodynamik der Professional-Klient-Beziehung erfaßt.
Das zweite Programm heißt *Selbstthematisierung*, es greift Methoden der Gruppentherapie und Gruppenselbsterfahrung auf. In diesem Programm kann man die psychodynamischen Beziehungen in der Supervisionsgruppe und im Team, sofern es Konflikte hat, die nicht institutioneller, sondern gruppendynamischer Natur sind, thematisieren.
Das dritte Programm, die *Institutionsanalyse* hat ihre Wurzeln in der „angewandten Gruppendynamik", in der „Sozioanalyse" und der „Organisationsentwicklung" (Rappe-Giesecke 1990, S. 5).

In den Niederlanden entwickelte Louis v. Kessel ein pädagogisch-andragogisches Modell. Supervision ist eine Lehr-Lerntheorie; psychologisches (psychodynamisches) und organisationswissenschaftliches Wissen stehen *nicht* im Zentrum dieses Ansatzes.

Methodisches Handeln in bezug auf Denken, Wollen, Verhalten u. a. wird in Beziehung gesetzt zu spezifischen beruflichen Qualifikationen und Situationen innerhalb eines gesellschaftlichen Rahmens. Es handelt sich um einen metatheoretischen Ansatz bzw. um ein *multi-paradigmatisches Modell* (v. Kessel 1994, S. 124 f.).
Im Jahre 1991 wurde von Schreyögg ein Theoriemodell zur Supervision vorgestellt. Ähnlich wie vorher Bernler/Johnsson und Rappe-Giesecke verwendet sie für die Settings Einzel-, Gruppen und Teamsupervision unterschiedliche konzeptionelle und theoretische Ansätze. Diese werden in ein metatheoretisches Modell integriert. Es existiert eine wertemäßige Stufung von „oben" nach „unten": An der Spitze stehen Menschenbild, ethische Prämissen sowie allgemeine Ziele. Auf einer „darunterliegenden" allgemeinen Theorieebene werden nun alle verfügbaren Wissensbestände auf ihre Brauchbarkeit und Übereinstimmung mit den vorgenannten Postulaten hin untersucht und eingebaut, z. B. Psychoanalyse, Gestalttherapie, Psychodrama, Gruppen-

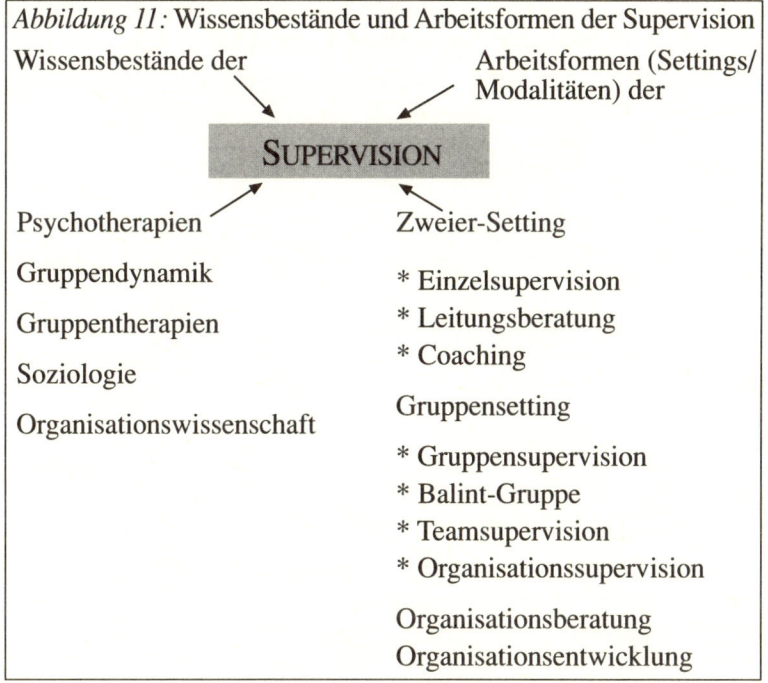

Abbildung 11: Wissensbestände und Arbeitsformen der Supervision

Wissensbestände der

Psychotherapien
Gruppendynamik
Gruppentherapien
Soziologie
Organisationswissenschaft

Arbeitsformen (Settings/ Modalitäten) der

SUPERVISION

Zweier-Setting

* Einzelsupervision
* Leitungsberatung
* Coaching

Gruppensetting

* Gruppensupervision
* Balint-Gruppe
* Teamsupervision
* Organisationssupervision

Organisationsberatung
Organisationsentwicklung

Settings

dynamik, Gruppentherapien, Balint-Arbeit, Organisationstheorien. Weiter „unten" angesiedelt finden sich nun praktisch verwertbare Bestandteile aus diesen Theorien für die Supervisionsarbeit einschließlich des dazu notwendigen klienten- und feldspezifischen Wissens (Schreyögg 1991, S. 82 ff.).

Verwissenschaftlichung Die neue Situation ist, daß wir es zunehmend mit komplexen Theorien für das supervisorische Geschehen zu tun haben, welche Zweierbeziehungen, Gruppen- und Teambeziehungen wie auch Organisationszusammenhänge reflektieren und für alle beruflichen Themen Geltung beanspruchen.[23] Supervision wird damit immer mehr zu einer allgemeinen Beratungswissenschaft für berufliche Zusammenhänge. Welchen Nutzen komplexe Theorien auch für die Praxis haben, kann hier nicht entschieden werden. Sicher ist allerdings, daß die Akademisierung und Verwissenschaftlichung von Supervision als besondere Beratungsform auch eine Theoriebildung erzwingt. Hinzu kommt

Abbildung 12: Diese Beziehungen zwischen Sozialer Arbeit, Supervision und Supervisorenausbildung können systemisch folgenderweise dargestellt werden:

(a) Sozialarbeit/-Pädagogik ist Beratung, Hilfe, Unterstützung, Vermittlung, Erziehung u. a.: berufsmäßige Beratung *erster Ordnung*

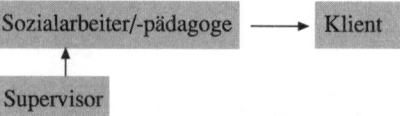

(b) Supervision ist Beratung dieses Sozialarbeiters/-pädagogen (und sonstiger Helfer) in ihren professionellen Bezügen für die Klientenarbeit: berufsmäßige Beratung *zweiter Ordnung*

(c) Lehrsupervision, also die Ausbildung von Sozialarbeitern/-pädagogen zu Supervisoren, um anderen Sozialarbeitern/-pädagogen zu helfen, mit ihren Klienten fachgerechter zu arbeiten: berufsmäßige Beratung *dritter Ordnung*

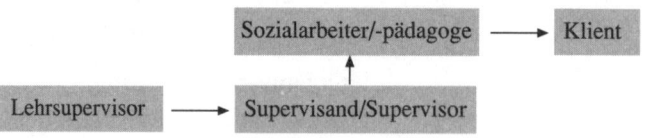

noch, daß die Ausbildungsinstitute sich zunehmend theoretisch und methodisch legitimieren müssen.[24]

Welche Konzepte verwenden die Supervisoren eigentlich? Eine Umfrage unter 777 Lesern der Zeitschrift „Supervision" aus dem Jahre 1995 zeigt, daß psychotherapeutische Konzepte an der Spitze liegen: Psychoanalyse, systemische Beratung, Gruppendynamik, Gesprächstherapie, Gestalttherapie u. a. Hierbei zeigt sich, daß „Supervision gleichsam ein Seitenast am Baum der Therapie ist" (Hege 1996, S. 104). Allerdings verwenden die meisten Supervisoren selten ein Konzept alleine; durchschnittlich wurden 3,2 Konzepte genannt. Ebenfalls befürworten nahezu alle Befragten die „Offenheit" für verschiedene Richtungen und Schulen in konzeptioneller Hinsicht.

Dieser Rahmen mag manchen Laien möglicherweise übertrieben oder umständlich vorkommen. Allerdings beruht er auf einer nun über einhundertjährigen Erfahrung in der Vermittlung von beruflichen Lernprozessen. Diese gelingen um so eher, je abgegrenzter sich die miteinander in berufliche Beziehungen tretenden Personen verhalten; also je klarer Person, Rolle und Funktion getrennt wahrgenommen werden können. Abgegrenztheit meint jedoch nicht Desinteresse oder mangelndes soziales und emotionales Engagement. Die Erfahrung zeigt, daß sich erst dann Wissen, Können und Haltung in optimaler Weise verbinden können. Gerade durch die Nicht-Beteiligung und die Nicht-Verstrickung können Außenstehende anderes und wichtigeres vom jeweiligen Arbeitsproceß des Sozialarbeiters sehen, um so Hilfestellung zu leisten.

6. Institutionelles: Wissenswertes über den Supervisions-Markt

Entwicklung Bis Ende 1972 waren in Deutschland etwas mehr als 200 Praxisberater, wie sich die Sozialarbeiter-Supervisoren damals noch nannten, ausgebildet worden. Die wenigsten waren ausschließlich als Supervisoren aktiv; die meisten arbeiteten als mittlere Vorgesetzte in sozialen Einrichtungen oder an den Wohlfahrtsschulen; Supervision war nur eines ihrer Tätigkeitsfelder. 1972 gründete sich der Verein für Praxisberater und Supervisoren. Er zählte jedoch nie mehr als etwa 100 Mitglieder. Sieben Jahre später konstituierte sich der Berufsverband der Sozialarbeiter, Sozialpädagogen – Vereinigte Vertretung sozialpädagogischer Berufe. Innerhalb dieses Verbandes wurde der Verein für Praxisberater und Supervisoren eine eigene Fachgruppe (T. Müller 1985, S. 22 f.). Im gleichen Jahr veranstaltete die damalige Akademie für Jugendfragen in Münster den ersten Fachkongreß mit dem Thema: „Supervision im Spannungsfeld zwischen Person und Institution". Außerdem hat sich seit 1984 im Deutschen Arbeitskreis für Gruppenpsychotherapie und Gruppendynamik (DAGG) eine Fachgruppe Supervision entwickelt. Die Periode zwischen 1970–1990 bezeichnet man deshalb auch als „Institutionalisierung und Professionalisierung in der Supervision – der Supervisor als Organisationsberater und der Supervisor in freier Praxis" (Weigand 1989, S. 255).

Anstieg der Nachfrage In den 80er Jahren stieg die Nachfrage nach Supervision nicht nur im Sozial- und Gesundheitswesen beträchtlich an, sondern auch in anderen Berufsfeldern (Schule, Wirtschaft, Verwaltung, Alternativsektor) kommt es vermehrt zum Interesse an Supervision. Zusätzlich entstand eine kaum noch zu überschauende Fülle von Angeboten zur Supervision und beruflichen Weiterbildung, oftmals als Begleiterscheinung des „Psychomarktes". Inzwischen bietet nahezu jede psychotherapeutische Richtung eine eigene Variante der Supervision an, die aber nicht ohne Modifikation auf soziale Arbeitsfelder übertragen werden sollte. Aus diesen Gründen war eine Standardisierung und Überschaubarkeit der vielen Supervisionsangebote dringend geboten.

6.1. Die „Deutsche Gesellschaft für Supervision"

Am 13. Dezember 1989 wurde die Deutsche Gesellschaft für Supervision (DGSv) in Köln gegründet. Der DGSv angeschlossen sind inzwischen mehr als 20 Ausbildungsinstitute, die in den unterschiedlichsten Zusammenhängen entstanden sind: an Weiterbildungsakademien der freien Wohlfahrt und Jugendhilfe, an Hochschulen sowie an freien Weiterbildungsträgern mit unterschiedlichem, meist psychotherapeutischem Hintergrund. Ferner wurde noch das Studium zum Diplom-Supervisor an der Universität/G.H. Kassel von der DGSv anerkannt. Wenn ein Ausbildungsinstitut nach Satzung, Ausbildungspersonal, Curriculum und weiteren Kriterien die Standards der DGSv erfüllt, kann es Mitglied der DGSv werden. Die von den Instituten graduierten Supervisoren haben dann die Möglichkeit, die Einzelmitgliedschaft in der DGSv zu beantragen. Solange sie sich noch in der Ausbildung befinden, werden sie als außerordentliche Mitglieder geführt. Anfang 1996 hatte die DGSv knapp über 1.700 persönliche Mitglieder; davon ungefähr 230 mit außerordentlichem Mitgliederstatus. Die DGSv ist ein Fachverband mit weiblicher Mehrheit. Zum angegebenen Zeitpunkt waren 917 Mitglieder des Verbandes Frauen.

Inzwischen ist das Verbandsgeschehen in über 30 Regionalgruppen organisiert. Zunehmend widmet man sich in der DGSv auch einer arbeitsfeldspezifischen Schwerpunktorientierung (siehe Ausführungen in Abschnitt 2.3., S. 40 ff.). Hierbei kooperieren Supervisoren, die mit einer ähnlichen Klientel arbeiten, um Erfahrungen auszutauschen.

„So sind in den letzten Jahren eine Arbeitsgruppe ‚Industrie', ‚organisationsinterne Supervision', ‚Psychiatrie' und nicht zuletzt eine Arbeitsgruppe ‚Neue Länder' entstanden. Eine Arbeitsgruppe für ‚Supervision in der Bewährungshilfe' beginnt sich zu konstituieren." (DGSv-Aktuell 1/1995, S. 5)

Schon seit längerem veranstalten die DGSv bzw. Untergliederungen Fachkongresse zur Supervision, wie den jährlichen „Deutschen Supervisionstag"; sie tritt auch gegenüber den „Abnehmern" von Supervision (z. B. Wohlfahrtsverbänden) und der Öffentlichkeit als berufsständische Interessenvertretung und Garant für fachliche Standards auf. In einer Publikation der DGSv heißt es:

„Supervision wird im Berufsverband trotz des viel zitierten Professionalisierungsinteresses unterschiedlich verstanden:

a) Das *traditionelle Verständnis:* Supervision als Beratungsmethode im Feld sozialer und pädagogischer Arbeit.
b) Das *funktionale Verständnis:* Supervision als Beratungsmethode beruflicher Interaktionsprobleme unabhängig von einem spezifischen Arbeitsfeld.
c) *Das professionelle Verständnis:* Supervision als eigenständige Profession, d. h. selbständige Supervisoren bieten ihre professionelle Dienstleistung am Arbeits-/Beratungsmarkt an und definieren dadurch ihre berufliche Identität. Wahrscheinlich könnte das Spektrum der supervisorischen Selbstverständnisse, Leitbilder und Ziele noch weiter differenziert werden; deutlich wird jedenfalls, daß es kein einheitliches Leitbild gibt, sondern eher Unterschiede und Gegensätzlichkeiten zwischen den ‚ideologischen' Positionen." (DGSv-Aktuell 2/1995, S. 8)

6.2. PROFESSIONALISIERUNG UND AKADEMISIERUNG DER SUPERVISION

Vom Ehrenamt zum Beruf — Supervision in Deutschland entwickelt sich in berufssoziologischer Hinsicht in vielen Tendenzen ähnlich wie die Soziale Arbeit und andere Dienstleistungsberufe. Aus einer ehrenamtlichen Tätigkeit wurde eine Profession. Anfangs gab es keine spezielle Ausbildung. Seit Beginn dieses Jahrhunderts entstanden nun die ersten kommunalen und kirchlichen Wohlfahrtsschulen. Der Entwicklungssprung vom Ehrenamt zum Hauptamt ist gleichzeitig die Geburt eines neuen Berufes. Diese Form der Professionalisierung bringt eine berufliche Monopolisierung mit sich. Schon Jahrhunderte vorher haben die Ärzte, Juristen und Theologen damit den Anfang gemacht.

Berufsausbildung — Seit den 70er Jahren kann man in Deutschland nur noch Sozialarbeiter oder Sozialpädagoge werden, wenn man ein Hochschulstudium (Fachhochschule/Universität) absolviert hat. Die Professionalisierung wurde also auch mit einer Akademisierung verbunden. Das Berufsmonopol ist dadurch enger gefaßt. Andererseits hat sich durch etwa 150.000 Studienabsolventen im Sozialwesen und über 250.000 Erzieher die Zahl der Berufstätigen beträchtlich erhöht. Auch diese hohe Anzahl an Praktikern ist die Basis für den seit den 70er Jahren ausgeweiteten Supervisionsmarkt. Dabei folgt die Ausbildung der Supervisoren mit einer jahrzehntelangen Verspätung genau diesem vorgegebenen Weg von der Professionalisierung zur Akademisierung. Noch vor 1970 waren freiberufliche Supervisoren undenkbar. Heute scheint die Freiberuflichkeit der Wunsch vieler Mitglieder der DGSv zu sein.

Während vor mehr als einem Vierteljahrhundert die angehenden Praxisberater zu Kursen kamen, die teilweise von ausländischen Fachleuten geleitet wurden, konkurrieren heute über 20 Ausbildungseinrichtungen um die Ausbildungskandidaten.

Aber nicht nur der Sozialarbeiterberuf, sondern auch die Ausbildung zum Supervisor hat sich akademisiert. Von Ausnahmen abgesehen, darf man gemäß den Richtlinien der DGSv nur Supervisor werden, wenn man ein Hochschulstudium abgeschlossen hat. Erzieher- und Krankenpflegeberufe sind grundsätzlich von der Weiterbildung ausgeschlossen. Über diese Frage kam es schon zu verbandsinternen Auseinandersetzungen (DGSv-Aktuell 2/1991, S. 1 ff.). Für die Zukunft werden noch weitere Studiengänge an den Hochschulen erwartet; möglicherweise auch in Kooperation mit freien Institutionen oder Akademien der Wohlfahrtsverbände. Inzwischen existieren in Deutschland zwei fest eingerichtete Professuren für Supervision: Im August 1993 übernahm Kornelia Rappe-Giesecke an der Evangelischen Fachhochschule Hannover die erste Professur für Supervision in Deutschland. Kurz danach wurde Kurt Buchinger Professor für Supervision an der Universität/G. H. Kassel. Schon in den Jahren 1992–94 hatte Nando Belardi für die Freie Universität Amsterdam eine Gastprofessur für Supervision wahrgenommen.

Ausbildung zum Supervisor

6.3. Verwissenschaftlichung der Supervision

Wenn berufliche Tätigkeiten auf akademischem Niveau monopolisiert werden, dann sind neben der Verengung des Zugangs zum Markt durch Zertifikate zusätzliche Bestrebungen zur Verwissenschaftlichung wichtig. Das gilt auch für die Publikation supervisorischer Fachbeiträge. Schon seit dem Jahre 1982 wird die Fachzeitschrift „Supervision" herausgegeben; sie hat derzeit 2.100 Abonnenten. Eine Zeitschrift „Supervision als angewandte Psychoanalyse", die vom Evangelischen Fortbildungsinstitut Burckhardthaus (Gelnhausen) im Jahre 1992 gestartet wurde, kam über die erste Nummer nicht hinaus. 1993 folgte dann die Gründung von „Forum Supervision", die sich vor allem der psychoanalytisch und gruppendynamisch orientierten Beratungsarbeit verpflichtet sieht. Ein Jahr später kam mit einer Auflage von 1.000 Exemplaren die Zeitschrift „Organisationsberatung, Supervision, Clinical Management" (OSC) auf den Markt. Schon der Titel weist darauf hin, daß man sich in dieser Zeitschrift auch Themen wie der Organisationsberatung widmen möchte. Deshalb weisen die Fachbeiträge über den Bereich des Sozialwesens hinaus in den Gesundheitssektor, die Verwaltung und die Wirtschaft. Insgesamt haben die Veröffentlichungen zum Thema Supervision in den letzten zehn Jahren beträchtlich zugenommen. Bis zum Jahre 1992 konnten in der bisher umfangreichsten Literaturanalyse über eintausend Fachbeiträge zur Supervision der Sozialen Arbeit gezählt werden (Belardi 1992a, S. 263). Gerade im Hinblick auf Veröffentlichungen hat sich die Supervision teilweise von ihrem „Ursprungsland" (Weigand 1989), der Sozialarbeit, abgekoppelt und zu einer eigenständigen berufsbezogenen Beratungsdisziplin entwickelt.

6.4. Marktorientierung und Konkurrenz

DGSv Bisher war im Zuge der Professionalisierung von Supervision nur von der DGSv die Rede. In einem Buch, das sich mit der Supervision Sozialer Arbeit beschäftigt, hat das auch seine Berechtigung. Denn die DGSv hat ihre Ursprünge auch in der Praxisberatung der sozialarbeiterischen Tradition; vor allem viele ihrer frühen Mitglieder haben ihren Arbeitsschwerpunkt in den Feldern helfender Berufe, und dieser Verband ist die erste Berufsorganisation für Supervision in Deutschland. Die DGSv wird allerdings nicht der einzige Berufsverband bleiben. Denn die Professionalisierung, Akademisierung und Monopolisierung neuer hochspezialisierter beruflicher Tätigkeiten ruft unweigerlich „Gegenmonopole" hervor.

BDP Der Bund Deutscher Psychologen (BDP), der schulenübergreifende Berufsverband praktisch tätiger Diplom-Psychologen mit etwa 21.000 Mitgliedern (von insgesamt ca. 35.000 Diplom-Psychologen), bietet seit 1995 im Rahmen der „Deutsche Psychologen Akademie" ein eigenes Weiterbildungs-Curriculum zum Supervisor (BDP) an. Diese Weiterbildung verdeutlicht, daß künftig auch von dieser Seite aus Angebote zu erwarten sind. Das vorliegende Curriculum wendet sich vor allem an Psychologinnen und Psychologen mit langjähriger Berufstätigkeit und einem Schwerpunkt in Klinischer Psychologie/ Psychotherapie bzw. Fachpsychologie der Medizin (zusammen ca. 10.000 Personen, davon 40 % freiberuflich) sowie Arbeits-, Betriebs- und Organisationspsychologie, also die sogenannten „ABO-Psychologen" (etwa 1.200 Personen). Gerade aus der letztgenannten Gruppe kann den Sozialarbeiter-Supervisoren eine große Konkurrenz erwachsen, weil diese schon von der Grundausbildung her über mehr Kenntnisse im Bereich von Organisationen verfügen. Das Supervisions-Curriculum des BDP ist keinesfalls zu „eng" psychologisch konstruiert, sondern schulenübergreifend psychologisch, sozialwissenschaftlich und organisationsbezogen. Die BDP-Supervisoren sollen sowohl in Wirtschaft und Verwaltung, aber auch in den sozialen Dienstleistungseinrichtungen tätig werden können. Dieser Tendenz zur Partizipation am neuen Markt scheinen nun auch die verschiedenen Psychotherapie- und Beratungsverbände zu folgen.

Die Gesellschaft für wissenschaftliche Gesprächspsychotherapie (GwG) hat ebenfalls schon ein Weiterbildungs-Curriculum für Supervision erarbeitet. Die ersten Ausbildungsgruppen werden ab 1996 als „Pilotprojekt" gestartet und wissenschaftlich begleitet. Die künftige GwG-Ausbildung in Supervision ist ebenfalls für Angehörige der Sozialberufe interessant. Denn von den 7.500 Mitgliedern der GwG gehören etwa 1.200 der Berufsgruppe Sozialarbeiter, Sozialpädagogen, Diplom-Pädagogen und Erzieher an. Knapp zwei Drittel der Verbandsmitglieder der GwG sind Diplom-Psychologen. Um auch für die Sozialen Felder fachgerecht ausgebildete Supervisoren zur Verfügung zu stellen, müße der bisherige eher auf die Zweier-Beratung abzielende „personenzentrierte Ansatz" der GwG allerdings im Hinblick auf Gruppe, Team und Organisation erweitert werden.[25] GwG

Auch die Deutsche Gesellschaft für Verhaltenstherapie (DGVT) hat 1989 ein neues Modell der Aus- und Weiterbildung beschlossen, das ausdrücklich Supervision vorsieht (Verhaltenstherapie und psychosoziale Praxis 4/1992, S. 581). In Zusammenarbeit mit dem Zentrum für Psychotherapie der Ruhr-Universität Bochum bietet dieser Fachverband seit Sommer 1996 eine Weiterbildung in Supervision an (Report Psychologie 4/1996, S. 363). Andere Therapierichtungen werden folgen müssen, oder sie stellen sich marktmäßig selber ins Abseits. DGVT

Wenn diese weiteren Supervisionsverbände ihre Aufbauphase hinter sich gebracht haben, dürfte es interessant sein zu erfahren, ob es ihnen ebenso wie der DGSv gelingt, ihre Mitgliederverzeichnisse auch bei den Wohlfahrtsverbänden erfolgreich zu plazieren (siehe S. 195 ff.). Der Konkurrenzkampf scheint jedoch nicht total zu sein. Viele dieser Neugründungen orientieren sich an den Standards der DGSv oder befinden sich mit ihr im Gespräch. Alleine die Tatsache, daß die DGSv Entwicklungen die öffentliche Diskussion und Standardisierung von Supervision überhaupt angestoßen hat, ist ein großes Verdienst. Vermutlich kommt es, wie im Bereich der Psychotherapie, zukünftig auch zu einer deutschen Supervisions-Dachorganisation, die mehrere Verbände umfaßt. Diese für Deutschland beschriebene Tendenz gilt auch für die internationale Szene. So lehren deutschsprachige Supervisoren diese Beratungsmethode schon seit längerem im Ausland. Deutsche Ausbilder sind in Österreich, der Schweiz und Südtirol tätig. Umgekehrt kommen österreichische, schweizerische und niederländische Supervisoren zu uns. Neu ist, daß deutsche Supervisoren auch beim Aufbau einer Supervisoren-Ausbildung in Spanien und einigen osteuropäischen Ländern aushelfen. Der Vorstand der DGSv hat den Kontakt zu den Berufsverbänden in Österreich und der Schweiz aufgenommen. Die Standards sind inzwischen nahezu identisch, so daß seit Ende 1995 die Ausbildungen dieser drei Verbände wechselseitig anerkannt werden. Inzwischen existiert schon ein europäischer Dachverband bestehend aus DGSv, ÖVS und BSO.

6.5. ZAHLEN ZUM SUPERVISIONS-MARKT

Ausbildung als Markt Im psychosozialen Bereich kennen wir viele „Modewellen" (siehe „Sozialmagazin" 12/1995). So hat der Managementmarkt den Psychomarkt ergänzt oder abgelöst. Das gestiegene Bedürfnis nach der Weiterbildung in Supervision verweist auf die Defizite in den grundständigen Hochschul-Ausbildungen der verschiedensten Fachrichtungen sowie auf vielfache Probleme in der beruflichen Praxis. Die Motivation zur Ausbildung in Supervision sollte deswegen gründlich hinterfragt werden. Was bedeutet es eigentlich, wenn jemand schon nach wenigen Berufsjahren mit Hilfe der Supervision beruflich „aussteigen" oder „aufsteigen" möchte, um Kollegen bei deren Arbeitsproblemen zu „helfen"? Problematisch ist daran, daß die Supervision bezüglich der Ausbildungsseite auch ein „Markt" geworden ist. Bekannte Supervisoren werden nicht nur als Autoren, Referenten und Berater für Organisationen „nachgefragt"; sondern fungieren auch als Ausbilder. Ausbildungskandidaten für die Supervisions-Weiterbildung können unter verschiedenen Ausbildungsinstituten „auswählen" und nehmen zum Teil mehrjährige Wartezeiten bis zum Beginn der Weiterbildung in Kauf. Nach Abschluß der Ausbildung müssen sie sich auf diesem Markt anbieten. Die vielen Ausbildungsinstitute stehen deswegen untereinander in einem produktiven Wettbewerb. Der Markt für Supervision expandiert seit einigen Jahren kräftig. In der Regel suchen sich die Teams den Supervisor selber aus. Die Anstellungsvertreter informieren sich mit Hilfe einer Mitgliederliste der DGSv über mögliche Supervisoren (siehe S. 193).

Der Markt, um den es geht, ist beträchtlich: Alleine im Sektor der freien Wohlfahrt existieren über 80.000 Einrichtungen (Kindergärten, Erziehungsheime, Jugendhäuser, Krankenhäuser, Behindertenheime, Beratungsstellen u.v.a.) mit etwa einer knappen Million hauptberuflicher Mitarbeiter (Bundesarbeitsgemeinschaft 1994, S. 78). Demgegenüber beschäftigte Deutschlands Schlüsselindustrie, der Kraftfahrzeugbau, im Jahre 1995 gerade 650.000 Personen. Zu den hauptamtlich Beschäftigten in der freien Wohlfahrtspflege kommen noch ca. 1,5 Mio. neben- und ehrenamtliche Kräfte. Alleine beim größten Trägerverband, der Caritas, arbeiten 430.000 Mitarbeiter, mehr als bei VW oder Mercedes-Benz. Der Jahresumsatz der Branche liegt bei etwa 50 Milliarden Mark – das Vierfache des deutschen Esso-Konzerns („Der Spiegel" Nr. 52/1995, S. 40 f.). Jährlich verlassen über 10.000 ausgebildete Sozialpädagogen die Fachhochschulen und Universitäten. Insgesamt sind in Deutschland etwa 250.000 Erzieherinnen und 150.000 hochschulmäßig ausgebildete Fachkräfte tätig (Rauschenbach 1991, S. 41 f.). Diese Zahlen beziehen sich z.T. noch auf die alte BRD. Für die neuen Länder besteht noch Nachholbedarf. Geht man von der aktuellen Bevölkerungsverteilung Ost-West aus, so wären etwa noch ein Viertel der jährlichen Neu-Absolventen der Alt-BRD für die neuen Länder zu kalkulieren.

In einigen Arbeitsfeldern kommt Supervision selten vor (Jugendarbeit), in anderen müßte sie eigentlich Pflicht sein: in Beratungsstellen, Heimen, Suchtkliniken, Psychiatrien, sozialpädagogische Familienhilfe, Allgemeiner Sozialer Dienst, Bereiche der Adoptions- und Pflegekindbetreuung u.v. a. Darüber hinaus steht den Supervisoren zunehmend ein potentiell noch größerer Markt im Bereich der Schule, Erwachsenenbildung, Verwaltung und Wirtschaft zur Verfügung. Voraussetzung ist allerdings eine Lern- und Anpassungsbereitschaft an die spezifischen Fragestellungen und Veränderungen dieser Berufsfelder. Hierzu gehört auch die Flexibilität, andere dem Feld angepaßte Beratungsformen zu entwickeln und anzubieten: Leitungsberatung, Coaching oder Organisationssupervision. Um diesen gewaltigen Markt konkurrieren nicht nur die etwa 1.700 Mitglieder der DGSv, sondern noch etwa einige tausend Personen, vorwiegend Diplom-Psy-

Arbeitsfelder

chologen, Psychotherapeuten und Sozialwissenschaftler, die ebenfalls Supervision anbieten; zukünftig noch diejenigen, die aus den neuen Ausbildungsgängen kommen werden. Wieviele Supervisoren leben vorwiegend von dieser neuen Berufstätigkeit?

Einkünfte Eine Mitgliederbefragung des DGSv-Vorstandsmitgliedes Gerd Schüning aus dem Jahre 1993 ergab bezüglich der Einkommensquellen von 385 DGSv-Mitgliedern folgendes Bild: 54 % erwirtschaften bis zu 30 % des Einkommens, 17 % verdienen bis zu 50 % ihres Lebensunterhalts und 29 % erhalten bis zu 100 % ihrer Einkünfte aus der Supervisions-Tätigkeit (Schüning 1993, S. 2). Hochgerechnet auf den heutigen Mitgliederstand kann man annehmen, daß etwa 500 DGSv-Mitglieder nahezu ausschließlich von der Supervision leben. So sind schätzungsweise zwei Drittel der DGSv-Mitglieder eher Teilzeit-Supervisoren (Schüning 1993, S. 2). Eine Untersuchung der Leser der Zeitschrift „Supervision" von 1995 ergab, daß von den 777 Befragten nur etwa 6 % ausschließlich von Supervision leben, 14 % beziehen ihre Einkünfte überwiegend aus dieser Tätigkeit (Fellermann 1996, S. 99). 40 % gaben an, daß sie nur ein geringfügiges Einkommen durch Supervision erwirtschaften. Auf eine andere Frage antworteten 19 %, daß sie in beruflicher Hinsicht vorwiegend für die freien Träger der Jugendhilfe und Wohlfahrtspflege tätig seien (ebd., S. 96). Die Mitglieder der DGSv und die Leserschaft der „Supervision" ist jedoch nur teilweise identisch. Nimmt man noch eine nicht genau bekannte Anzahl von Angehörigen anderer Berufe (z. B. Psychologen), so kann man vermuten, daß in Deutschland maximal 1.000 bis 2.000 Personen vorwiegend von dieser Tätigkeit leben. Auch in der Schweiz und Österreich dürfte das Bild nicht viel anders aussehen. Etwa zwanzig Prozent der Mitglieder des schweizerischen „Berufsverbandes für Supervision und Organisationsberatung" (BSO) beschäftigen sich zu mehr als der Hälfte ihrer Arbeitszeit mit Supervision. Supervision ist also für die meisten Mitglieder immer noch eine Teilzeitbeschäftigung (Brönnimann 1994, S. 40). Vom schweizerischen Berufsverband liegt seit 1995 auch schon eine Tarifordnung vor. Diese enthält beispielsweise Orientierungswerte für eine Stunde Einzelsupervision (125,- bis 180,- SF), für eine Großgruppensitzung von 90 Minuten (bis 370,- SF) und eine Tagespauschale (900,- bis 1.800,- SF).

Um ein geregeltes durchschnittliches Monatseinkommen in der Höhe von BAT II bis III zu erhalten, müßte man schon monatlich etwa 10.000 DM brutto einnehmen; auch um Bürokosten und die Risiken der Freiberuflichkeit (Kranken- und Altersversorgung) sowie „Durststrecken" in den Ferienmonaten zu überbrücken. Selbst bei Spitzenhonoraren von über DM 1.000,- täglich, die natürlich nicht jeden Tag möglich sind, können das nur wenige Supervisoren erreichen.

Wie kommen diese Supervisoren eigentlich zu ihren „Aufträgen"? Die Verteilung sieht wie folgt aus: 30 % durch Werbemittel, 30 % durch Kollegen und 40% durch Supervisanden und institutionelle Kontakte (Gröning 1993, S. 63).

Supervision ist und wird für die meisten eine nebenberufliche Tätigkeit bleiben. Vor allem das „erste Standbein" in einer beruflichen Praxis kann das „Spielbein" Supervision bereichern. Für hauptberufliche Supervisoren ist schon eine spezifische Publikation erschienen: „Selbständig machen als SupervisorIn. Ein Leitfaden" heißt ein 1995 veröffentlichtes Buch des mit einer Diplom-Supervisorin verheirateten Steuerberaters Volker Bastert (siehe S. 209). Supervisoren sind auch häufig längerfristig als organisationsnahe Berater für große Verbände oder Einrichtungen tätig. Häufig sind größere Trägerorganisationen dazu übergegangen, „Rahmenrichtlinien" und „Musterarbeitsverträge" für die bei ihnen tätigen Supervisoren anzuwenden. Einige davon habe ich im Anhang abgedruckt. Insgesamt zeugen diese Regelungen von einem Anstieg des professionellen Umgangs mit Supervision (siehe S. 194 ff.). *Nebenberufliche Tätigkeit*

6.6. SUPERVISION IN DEN NEUEN BUNDESLÄNDERN

Bekanntlich war das Wirtschaftssystem der DDR völlig anders als das des Westens. Der größte Teil von Industrie und Landwirtschaft befand sich unter staatlicher Kontrolle. Die Betriebe hatten auch eine andere Bedeutung als die Arbeitsstätten im Westen. Sie waren nicht nur Orte der Produktion, sondern auch der Reproduktion. Zusammen mit den Schulen, Hochschulen und Massenorganisationen waren sie Anbieter eines beträchtlichen Teils der Dienstleistungen im sozialen Bereich, im Sport und im Freizeitwesen. So befand sich die Mehrheit aller Vorschulkinder in Betriebskindergärten. In den Schulen wurden auch zusätzliche Angebote im Sport oder für den Freizeitbereich bereitgestellt. Auch die medizinische Basisversorgung hatte einen Platz an vielen Arbeitsstätten. Denn die DDR war eine „betriebszentrierte Arbeitsgesellschaft" (Kohli 1994). Die Erträge der Arbeit wurden nach anderen Prinzipien verteilt als bei den Gesellschaften des Westens. Arbeitsplätze und preiswerte Wohnungen sowie Grundnahrungsmittel gehörten zu den subventionierten Gütern. Soziale Randgruppen waren in die Betriebe integriert, um dort von ehrenamtlichen Kräften aus Partei und Gewerkschaften betreut bzw. kontrolliert zu werden. Dies sind nur einige Merkmale der völlig anderen Struktur *Strukturelle Unterschiede* soziaker Versorgung in der DDR. In einem derartigen System mit viel sozialer Gleichheit und weniger persönlicher Freiheit benötigte man längst nicht so viele Fachkräfte für das Sozialwesen: wenige tausend Erzieher für die abgeschlossenen Heime sowie Fürsorger für die Jugendämter, die vorwiegend kontrollierende Aufgaben hatten. In diesem System erübrigte sich auch eine breit aufgebaute freie Wohlfahrt. Lediglich die beiden Kirchen und das Rote Kreuz waren von den ehemals vielen freien Trägern der Jugendhilfe und Wohlfahrtspflege von vor 1933 bzw. vor 1949 übriggeblieben.

Soziale Arbeit in der DDR In der DDR sollte Soziale Arbeit westlicher Prägung eigentlich nicht notwendig sein, weil in einem sozialistischen Staats- und Gesellschaftswesen soziale Probleme größeren Ausmaßes nicht vorzukommen hätten. Entsprechend klein wurde die Zahl der Fachkräfte gehalten. Die Fürsorger im staatlichen Bereich waren vor allem mit administrativen und kontrollierenden Aufgaben beschäftigt. Auch die Heimerziehung orientierte sich eher an der Instruktionspädagogik im Stile sowjetischer Vorbilder. Viele Fachkräfte aus der ehemaligen DDR wußten nicht, daß sich im „Freiraum" der kirchlichen Einrichtungen mit Hilfe westlicher Fachkräfte „anspruchsvollere Ausbildungsgänge" entwickeln konnten, die „zumeist schon an westlichen Standards orientiert" waren (Schreyögg/Belardi 1995, S. 312). In diesem Sektor kannte man eigentlich schon alles an Methoden und Fachliteratur, was im Westen Verbreitung gefunden hatte.

„Besonders hoch im Ansehen standen Ansätze aus dem Formenkreis der Humanistischen Psychologie, wie z. B. die Gesprächspsychotherapie, das Psychodrama, die Gestalttherapie oder die TZI. Darüber hinaus lehrte man auch analytische Verfahren. Sie rangierten aber begrifflich meistens als ‚Gruppendynamik'." (Schreyögg/Belardi 1995, S. 312)

Supervision in der DDR Natürlich hat es in der DDR durch die geringeren Freiheitsgrade nicht diese Pluralisierung von Lebensformen, einen großen Alternativsektor, eine „Sozialarbeiter-Szene" oder eine „Psychologisierung des Alltags" gegeben wie im Westen. Dennoch war in Fachkreisen Supervision bekannt und wurde genutzt.

„Das Wort ‚Supervision' fanden wir in der ehemaligen DDR hauptsächlich in konfessionellen Institutionen. Es gab aber auch in den staatlichen Bereichen und Einrichtungen supervisionsähnliche Angebote, wo Mitarbeiter die Möglichkeit hatten, schwierige Fälle oder schwierige Arbeitssituationen zu reflektieren". Aus taktischen Gründen hat man nach Möglichkeit den westlich geprägten Begriff Supervision vermieden. Jedoch wurde in den konfessionellen Bereichen schon „deutlicher von Supervision gesprochen. Es existierten direkte Supervisionsangebote sowie eine Ausbildung zum Seelsorgeberater beim diakonischen Qualifizierungszentrum der evangelischen Kirche. Dort wurden im Grunde genommen Supervisoren nach ‚westlichem' Modell und anfangs mit westlichen Trainern ausgebildet" (Börngen 1995, S. 347).

Auf evangelischer Seite begann im Jahre 1971 die Ausbildung in klinischer Seelsorge; hierfür hat man seit 1979 Ausbilder (Supervisoren) für Seelsorgeberater qualifiziert. Schon 1972 hatte das Burckhardthaus (Gelnhausen) in der DDR einen Qualifizierungslehrgang „Praxisberatung" angeboten, der auch als Vorform heutiger Supervision gelten kann.[26] Auch im Bereich der Katholischen Kirche des bischöflichen Kommissariats Erfurt war es zu einer sozialpsychologisch orientierten Weiterbildung in Supervision durch Schüler von Lowy gekommen. Vorläuferseminare fanden statt über Methoden in der Jugendarbeit im Raume des Bistums Erfurt (1975/76). Nach einer Weiterbildung für Führungskräfte im Sozialwesen entstand 1978 eine Supervisionsausbildung für kirchliche Mitarbeiter beider großen Konfessionen unter der Leitung des DGSv-Mitgliedes Prof. Virnich (F. H. Esslingen) sowie weiterer westdeutscher Ausbilder. Um Mißverständnisse zu vermeiden, nannte man diesen Kurs „Praxisberatung" und installierte ein gemeinsames Leitungsteam.[27] Es ist erstaunlich, wie sehr diese seit den 80er Jahren in der DDR praktizierte, wenn auch gering verbreitete und nur in engeren Fachkreisen bekannte Supervision den heutigen Standards ähnelt._Kirchen entwickeln Supervisionsausbildung_

„Dabei fanden sich inhaltlich und methodisch die gleichen Grundsätze wie in ‚westlichen' Supervisionsangeboten. Beziehungsarbeit, Selbsterfahrung, Gesprächsführung, gekoppelt mit theoretischen Sequenzen bildeten den Inhalt der Angebote und führten eindeutig zu einer Optimierung der verschiedenen Arbeitssituationen. Die klassischen Methoden der Supervision, wie Einzel-, Gruppen- und Teamsupervision, waren die Regel. Lediglich die Methode der Organisationssupervision war wenig bekannt bzw. wurde wenig praktiziert." (Börngen 1995, S. 351)

Trotz dieses relativ hohen Standards beschränkte sich die Kenntnis von Supervision zu DDR-Zeiten auf einen kleinen Kreis von Fachkräften im Umfeld der wenigen kirchlichen Wohlfahrtseinrichtungen. Nach der „Wende" erhielten dann im Zuge des Ausbaus des Sozialwesens viele tausend ehemalige Erzieher, Lehrer und Angehörige anderer Berufe Arbeitsplätze in diesen neuen Berufsfeldern. Für viele _Folgen der Wende_ war der Weg zur Sozialen Arbeit eher unfreiwillig; hatten sie doch viele Jahre lang ihr Auskommen als Erzieher oder Lehrer in gesicherten Verhältnissen an Kindergärten, Heimen oder Schulen gehabt. Nun fanden sie sich vielfach in ungesicherten Arbeitsverhältnissen und unter dem Zwang von berufsbegleitenden „Anpassungsqualifikationen". Manche haben in beruflicher Hinsicht einen „tiefen Fall" erlitten, sie „erlebten einen Karriereknick vom Schuldirektor zum Streetworker; es gibt eine problematische Neujustierung der Umgangsformen und des Selbstbildes. Viele dieser KollegInnen beklagen den erlittenen Statusverlust, den niedrigen gesellschaftlichen Stellenwert, den soziale Arbeit und die darin Tätigen erfahren" (Pietsch 1995, S. 356). In vielen Maßnahmen zur beruflichen Weiterqualifizierung, berufsbegleitenden Studiengängen oder auch Weiterbildungen am Arbeitsplatz spielte Supervision dann eine Rolle. Bisher liegen wenig Berichte über die Supervision in der DDR bzw. in den neuen Bundesländern vor. Im Oktober 1996 fand seitens der DGSv in Berlin eine Fachtagung zu „Supervision und Beratung in der DDR" statt. Der Lehrstuhl für Sozialpädagogik an der TU Chemnitz veranstaltet seit 1995 regelmäßig den „Chemnitzer Supervisionstag" als Fachtagung für Praktiker in den neuen Bundesländern. Auch an vielen Fachhochschulen des Ostens gehört Praxisberatung/Supervision inzwischen zum Regelangebot der Ausbildung.

Schwierigkeiten in den neuen Ländern Welche Schwierigkeiten findet die Supervision in den neuen Bundesländern vor? Sommerfeld betont, daß von der „untergegangenen Kultur" der DDR noch viele Gesten, Rituale und Worte übriggeblieben sind. „Die Begriffe Leitung, Kontrolle, Kritik, Normen bedeuten in west-deutsch und ost-deutsch nicht das Gleiche" (1995, S. 114). Kühl verweist auf die vielen Akzeptanzprobleme, die Supervision im Osten haben kann. Viele Supervisanden haben sich durch die „Wende" beruflich verschlechtert; Supervision kommt dann einer mehrfachen „Entwertung" gleich (1993, S. 8). Es werden nämlich nicht nur die bisherigen beruflichen Qualifikationen und die Ideale in Frage gestellt, sondern westliche Supervisoren, die an „Nachqualifizierungen" beteiligt sind, geraten mit ihren Supervisanden relativ schnell in eine komplizierte Übertragungsdynamik: Als Repräsentanten des „siegreichen Systems" bestimmen sie über die beruflichen Qualifikationen der „Verlierer". Wie kann man dann im Erlernen der Supervision diese Realerfahrungen von den mitgebrachten biographischen Problemen und Gefühlen der Supervisanden trennen? Supervision in den neuen Bundesländern hat es deshalb in mehrfacher Hinsicht schwer:

(a) Bei den Supervisionsangeboten dieser Weiterbildungsmaßnahmen handelte es sich vielfach um Zwangssupervision; sie abzulehnen hätte den Arbeitsplatz oder zumindest die Hoffnung darauf, in Gefahr gebracht.
(b) Im Osten Deutschlands ist die Psychokultur, die Psychologisierung des Alltags oder die Sozialarbeiter-Szene längst nicht so verbreitet wie im Westen. Supervision ist nun einmal auch ein Teil dieser kulturellen Erfahrungen.
(c) Bestimmte Erfahrungen und Begriffe des zwischenmenschlichen Bereichs sind oft nicht so bekannt oder werden anders benutzt. Team und Kollektiv sind nicht dasselbe. Im Zuge der deutschen Teilung haben sich nicht nur zwei verschiedene Sprachen entwickelt, sondern auch ein unterschiedlicher Umgang damit.
(d) Im Supervisionsprozeß können sich die jeweiligen früheren Tätigkeiten der Supervisanden als Hemmnis erweisen. „Wer war vor der Wende was? Ist vielleicht ein ehemaliger Spitzel unter uns? Wer hatte eine Leitungsfunktion zu DDR-Zeiten? Wer stand auf welcher Seite? Wer versteht sich als Täter, wer als Opfer? Wer könnte den Wert der Früchte meines langen Arbeitslebens bedrohen"? (Waldzus/Galander 1995, S. 391).
(e) Bei vielen Supervisionsangeboten in den neuen Bundesländern stammen die Ausbilder aus dem Westen und die Teilnehmer aus dem Osten. Damit treten die Supervisoren als Repräsentanten eines überlegenen gesellschaftlichen Systems auf. Dabei besteht die Gefahr, daß die geographische Herkunft „als Erklärungsprinzip für alle möglichen Probleme herangezogen wird" und es kann eine „Sackgasse der alles und nichts erklärenden Kulturunterschiede" geben (Waldzus/Galander 1995, S. 390).
(f) Teilnahme an Supervisionsprozessen – im Westen und unter den gegenwärtigen Bedingungen im Osten noch stärker – bringt nun einmal einen Kränkungsfaktor mit sich. Wer zur Supervision kommt – freiwillig oder unter Zwang – dem ist klar, daß er Hilfe möchte oder daß eine andere Instanz ihn zwingt, sich helfen zu lassen. Das ist eine paradoxe Situation.
(g) Supervision darf nicht auf Tabus und Unausgesprochenem aufbauen. Für viele ältere Fachkräfte in den neuen Bundesländern berührt

vor allem die Supervisions-Weiterbildung eine Kränkungserfahrung. Diese muß von den Supervisoren, egal von wo sie kommen, angesprochen und aufgearbeitet werden: Was bedeutet es, wenn man als 40jähriger Lehrer noch einmal von vorne anfangen mußte, ein ganzer Lebensplan zusammenbrach? Welche Enttäuschung bringt es für den einzelnen mit sich, wenn viele Ziele und Ideale von vor 1989 nun falsch sein sollen? Supervision leistet hierbei auch Trauerarbeit.
(h) Auch in inhaltlicher Hinsicht kann Supervision verunsichern. Die häufigste Weiterbildungsmethode in der DDR war der konfrontatorische Unterricht; d. h. eine an sowjetischen Vorbildern orientierte Instruktionspädagogik mit scheinbar wissenschaftlich gesicherten Erkenntnissen und Handlungsanweisungen für alle Lebenslagen. Dieses „Wissen" mußte nur „richtig" vermittelt und dann in der Praxis angewendet werden. Supervision und verwandte Sichtweisen haben jedoch ein differenziertes Bild von der Wirklichkeit. Hier werden Schemata bevorzugt, die mit der mehrdeutigen Erklärung sozialer Vorgänge zu tun haben. Hierzu gehören das Aushandeln von Kompromissen, das Betrachten eines Vorganges von verschiedenen Blickwinkeln aus, das Miteinander-Reflektieren, der Umgang mit Mehrdeutigkeiten, das Aushalten von Problemen und Ungerechtigkeiten.
(i) Fachkräfte, die anders ausgebildet wurden und deren berufliche Position nicht klar ist, können durch diese Form der Supervision verunsichert werden. Wo sind die „richtigen" Ergebnisse, wo die „Leitlinien", an welchen man sich orientieren kann?

Unter diesen Bedingungen muß die Supervisionspraxis in Ostdeutschland manchmal modifiziert werden.

Vielfach ist Supervision bei Modellprojekten vorgeschrieben. So fanden sich zwei ehemalige Lehrerinnen nun in einer Schule auf befristeten Stellen in einem Projekt zur Drogenprävention. Supervision sollte auch stattfinden. Der Supervisor sah für sich folgende Probleme, die er mit den beiden Frauen diskutierte:
(a) Supervision ist auch Kontrolle. Lehrer in der DDR wurden stärker als Lehrer im Westen kontrolliert. Es besteht die Gefahr, daß diese Supervision als reines „Muß" akzeptiert wird.
(b) Der Supervisor stand vor dem Dilemma, Supervision als reale Hilfestellung zu vermitteln oder die Supervision zu verweigern. In dieser Region gab es keine anderen Supervisoren. Wie sich andere (aus dem Westen angereiste) Supervisoren in dieser Frage verhalten würden, bleibt offen.
(c) Nach einem Gespräch wurde deutlich, daß die Drogenberaterinnen sehr

wenig über ihr Aufgabengebiet wußten. Wie viele ältere Fachkräfte im Osten hatten sie noch ein berufsbegleitendes Studium begonnen und litten deswegen unter der Dreifachbelastung: Ungesichertes Arbeitsverhältnis, Studium und Familie.
(d) Schon deswegen mußte die Supervision hauptsächlich den Charakter einer Fachberatung annehmen. Supervision in Richtung auf beziehungsmäßige Untersuchung der Zusammenarbeit mit den Schülern und Lehrern wurde abgelehnt.
(e) Der Supervisor sprach nun die offensichtliche Tatache an, daß beide Frauen über viele Jahre hinweg in gesicherten Verhältnissen als Lehrerinnen tätig waren und nun auf der ungesicherten Basis (ABM und § 249h) zeitweise an die Schule zurückkehren konnten. Das führte dazu, daß sie persönlich sehr betroffen waren. Die weitere Beratung brachte auch an den Tag, daß beide durch überhöhte Anstrengungen (z. T. in die falsche Richtung) diesen Makel kompensieren wollten. Neben der Fachberatung hatte die Supervision dann noch ausgesprochen stützende (psychohygienische) Aufgaben übernommen.

Im Osten wird Supervision häufig als reine Fachberatung angefragt. Beziehungsmäßige Themen sind vordergründig unerwünscht. Wenn man als Supervisor jedoch den Zugang zu diesem Bereich findet, erweist sich gerade das als der richtige Weg, auch über ein „Tabu" zu sprechen.

6.7. KRITISCHES ZUM SUPERVISIONS-MARKT

Die Veränderungen und Professionalisierungsbestrebungen in der Supervisionsszene haben Nellessen dazu bewogen, die Entwicklung von der „Nachfrage- zur Angebotssupervision" zu beschreiben. Vor allem bekannte Supervisoren werden „nachgefragt". Die übrigen müssen sich „erst ins Gespräch bringen" (1985, S. 27).
Nach Weigand und Schüning gliedert sich die DGSv in drei Gruppen:

(a) Die *freiberuflichen und selbständigen Supervisoren*. Diese umfassen etwa 20 % der Verbandsmitglieder.
(b) Die *Teilzeitsupervisoren*, die neben ihrer vollen Berufstätigkeit ihr Einkommen durch Supervision aufbessern. Dieser Gruppe gehören etwa 27 % der in der DGSv organisierten Supervisoren an.
(c) Die *nebenamtlichen Supervisoren*, die etwa je zur Hälfte ihren Lebensunterhalt durch freiberufliche Supervision und durch ein gesichertes Arbeitsverhältnis verdienen. Diese Gruppe stellt mit etwa 51 % die Mehrheit der Verbandsmitglieder dar (Schüning 1993, S. 2; Weigand 1994c, S. 57).

Gruppierungen

Supervisionsmarkt

Trend zur Hauptberuflichkeit
Damit wird deutlich, daß die Interessenlage dieser drei Gruppierungen höchst unterschiedlich ist. Die aus der Generation der Praxisberater stammenden und in sozialen Einrichtungen tätigen Verbandsmitglieder haben sicherlich mit den hauptberuflichen Supervisoren der jüngeren Generation wenig Gemeinsamkeiten. Der Trend zur hauptberuflichen Supervisionstätigkeit stößt auch verbandsintern auf Kritik:

„Wenn eine Tätigkeit zu einer neuen Profession wird, sind damit Verteilungskämpfe verbunden. Auf dem Feld der Supervision tobt zur Zeit ein stiller Kampf um Marktanteile und Geld. Dieser Kampf wird auf zwei Ebenen ausgetragen: Auf institutioneller Ebene kämpft die Deutsche Gesellschaft für Supervision (DGSv) mit gutem Erfolg um die Kontrolle des Marktes. Auf individueller Ebene versuchen immer mehr SupervisorInnen, sich in freier Praxis zu etablieren. Viele Sozialarbeiter entschließen sich mit dieser Perspektive zu einer Supervisionsausbildung" (Edding 1994, S. 43).

Damit sind sie aus den mühevollen Ebenen der Sozialarbeit aufgestiegen.

Probleme beim Aufstieg
(a) Ihre ursprünglichen Berufswünsche lagen oftmals in scheinbar uneigennützigen Helfermotiven und/oder gesellschaftspolitischen Reformvorstellungen. Häufig hat der Alltag in der Sozialen Arbeit die engen Grenzen dieser Ideale aufgezeigt. Es ist fraglich, ob „Berufsflüchtlinge" aus der Sozialen Arbeit gute Berater für praktisch tätige Sozialarbeiter sein können.

Konkurrenz der Ausbildungsinstitute
(b) Die Ausbildungsinstitute sollten eher ältere Sozialarbeiter zur Supervisionsausbildung bevorzugen und durch die Auswahlseminare sorgfältiger prüfen, ob die Bewerber nur vom „Fluchtmotiv" zur Supervisionsausbildung motiviert worden sind. Allerdings sind die meisten Ausbildungsinstitute kommerziell orientiert und konkurrieren miteinander. Beispielsweise führen in einem Bundesland mehrere Institute jährlich über 100 Supervisoren dem Markt zu.

(c) So fragt Wirbals in der Verbandszeitschrift „DGSv-Aktuell", „wieviele Ausbildungsinstitute wird der Berufsverband auf Dauer verkraften können"? und „wieviele Ausbildungsabsolventen verkraftet der Markt oder anders gefragt, welche Verantwortung übernimmt der Berufsverband DGSv für die Existenzmöglichkeiten seiner Mitglieder? Der Begriff der Supervisorenschwemme geht um" (Wirbals 1996, S. 10).

Verhältnis zu Geld
(d) Vor allem diejenigen Supervisoren, die aus der Sozialen Arbeit stammen, bekommen dann „Schwierigkeiten mit dem Geld" (Edding

1994, S. 45). Stundenhonorare von 100,– bis 200,– DM machen verführbar. Arbeitet man lieber dort, wo mehr bezahlt wird, z. B. in der Industrie, oder sollte man seine Fähigkeiten eher der Jugendberufshilfe oder dem Frauenhaus zur Verfügung stellen, die als „arme Träger" höchstens ein Anerkennungshonorar von DM 50,– anzubieten haben?
(e) Honorarfragen sind allerdings auch „Selbstwertfragen" (Edding 1994, S. 49). „Wieviel bin ich wert"? „Was nehmen die anderen"? „Bin ich besser geworden, weil ich jetzt ein höheres Honorar erhalte, oder bekomme ich mehr Geld, weil ich besser sein muß"?
(f) Supervision bringt viele Sozialarbeiter/-pädagogen in eine Machtposition ehemals fremden Teams und Leitungspersonen gegenüber. Sozialarbeiter haben oft unter Leitung „gelitten" und ein problematisches Verhältnis zu Macht, Hierarchie und Organisationen entwickelt. Kann die Ausbildung diese problematischen Erfahrungen auffangen?

Macht

Wir sehen, die Supervisionstätigkeit bringt für viele Sozialarbeiter/-pädagogen einen bedeutenden Rollenwechsel mit sich, der dann am schwierigsten sein dürfte, wenn man den „Sprung" in die Freiberuflichkeit wagt. Die ursprünglichen Studienmotive und Berufserfahrungen, das Verhältnis zu Geld und Macht erleben eine beträchtliche Veränderung. Mitglieder einer Berufsgruppe, die vorher eher solidarisch und gruppenmäßig gearbeitet haben, müssen sich jetzt wettbewerbsmäßig und individualistisch verhalten. Es kann nicht oft genug betont werden: Nicht jeder Supervisor kann bzw. sollte freiberuflich tätig sein. Gerade die nebenberuflichen Supervisoren stehen weniger in der Gefahr, die „Bodenhaftung", also die Verbindung zum Berufsalltag, zu verlieren. Der Angebotsmarkt an Supervision wird immer knapper und die Konkurrenz steigt an. Trotzdem wird eine qualifizierte Supervisionsausbildung privat und auch beruflich meistens ein Gewinn sein. Viele, welche die Ausbildung mit dem „Berufsfluchtmotiv" begonnen haben, konnten sich in der Folgezeit besser mit ihrer Arbeit arrangieren, haben den Arbeitsplatz gewechselt oder sind intern aufgestiegen. Diese „psychohygienische" Funktion der Ausbildung zur Supervision sollte nicht vergessen werden. Denn sie verhindert Burn-out und erhält der Sozialen Arbeit ein qualifiziertes Personal. Abschließend sei noch an die historisch erste und immer noch wichtigste Funktion der Supervisionsarbeit erinnert: Supervision dient der berufsinternen Ausbildung, Weiterbildung und Qualitätskontrolle. Die meisten der gegen-

Rollenwechsel

wärtigen Supervisoren verrichten diese wichtige Aufgabe in ihrer Einrichtung für eigene Praktikanten und Mitarbeiter oder für andere Institutionen als nebenberufliche Tätigkeit.

7. Der gesetzliche Rahmen: Recht und Supervision

Viele Supervisions-Ansätze kommen aus der Psychotherapie, den Gruppenverfahren und organisationswissenschaftlichen Ansätzen. Moralische, ethische oder gar rechtliche Themen werden darin selten zur Diskussion gestellt. Dabei wären viele Fragen klärungsbedürftig.

Im Jahre 1993 hat folgender Vorfall in Köln bundesweit für Schlagzeilen gesorgt. Die zweieinhalbjährigen Zwillinge Udo und Dirk B. waren im Januar des Vorjahres innerhalb weniger Tage verhungert. Das Sorgerecht übten die alkoholkranke alleinerziehende Mutter und der von ihr getrennt lebende Vater gemeinsam aus. Mutter und Kinder wurden seit 1991 von zwei Mitarbeitern des Allgemeinen Sozialdienstes (ASD) des Kölner Jugendamtes betreut. Obwohl die Anzahl der Besuche des ASD erhöht worden war, kamen die Zwillinge innerhalb weniger Tage, in denen aufgrund eines Urlaubs keine Betreuung stattfand, zu Tode. Nach monatelangen gerichtlichen Untersuchungen wurde die ursprüngliche Anklage gegen die Sozialarbeiter wegen „Verletzung der Fürsorgepflicht" gegen eine Geldbuße von 5.000 DM eingestellt. Bei den gerichtlichen Untersuchungen spielte es eine entlastende Rolle, daß beide Sozialarbeiter den „Fall" dieser alkoholkranken Mutter regelmäßig in der Supervision diskutiert hatten. Nach Auskunft des Jugendamtes leben in der Millionenstadt etwa 1.000 Familien, also 0,1 Prozent der Bevökerung, in welchen sich ähnliche extreme Vernachlässigungen wiederholen könnten.

Immer wieder werden Supervisoren, vor allem in der Altenarbeit, Psychiatrie, Heimerziehung, sozialpädagogischen Familienhilfe und dem Allgemeinen Sozialen Dienst mit Fällen körperlicher und seelischer Mißhandlung oder Vernachlässigung von Klienten – auch durch die Helfer – konfrontiert. Wie sollte man sich dann verhalten? Diese Überlegungen führen zu einigen rechtlichen Rahmenfragen von Supervision.

7.1. Das Zeugnisverweigerungsrecht

Im Bereich der allgemeinen Sozialarbeit sind die seit 1948 andauernden Forderungen der Sozialarbeiter-Berufsverbände nach dem Zeugnisverweigerungsrecht im Rahmen eines Strafverfahrens bekannt.

Gesetzlicher Rahmen

Lediglich der Gruppe der Drogenberater wurde im Jahre 1993, wie schon zuvor den Ärzten und Geistlichen, ein Zeugnisverweigerungsrecht im Strafprozeß zugestanden. Vom Strafverfahren vor Gericht sind allerdings die anderen Gerichtsverfahren zu unterscheiden, bei welchen die rechtliche Stellung der Supervisoren erheblich besser ist.

„Im Verfahren vor den Zivil-, Arbeits-, Verwaltungs- und Sozialgerichten steht dem Supervisor ein Zeugnisverweigerungsrecht immer dann zu, wenn er zur Verschwiegenheit verpflichtet ist. Nur in der Strafprozeßordnung hat der Gesetzgeber den sachlichen Zusammenhang zwischen dem Zeugnisverweigerungsrecht und der Schweigepflicht nicht anerkannt: Sozialarbeiter, Sozialpädagogen, Diplompädagogen und Psychologen gehören nicht zum Kreis derjenigen, die ein beruflich begründetes Zeugnisverweigerungsrecht gemäß § 53 StPO haben." (Fieseler/Lippenmeier 1986, S. 70)

7.2. BESTEHT EINE VERPFLICHTUNG ZUR SUPERVISIONSTEILNAHME?

Fieseler und Lippenmeier versuchen die Frage zu klären, ob ein „Anstellungsträger seine Mitarbeiter zur Teilnahme an der Supervision verpflichten" darf. Sie meinen, daß Beamte sehr wohl, Angestellte aber nicht vom Arbeitgeber zur Supervision verpflichtet werden können.

Es ist „ein Mißverständnis anzunehmen, die Fürsorgepflicht des Anstellungsträgers verbiete es, den Sozialarbeiter zur Supervision zu verpflichten, weil er dabei psychisch belastenden Situationen ausgesetzt sein kann. Eine fehlerhafte Wahrnehmung von Klientenproblemen führt zu fehlerhaften Maßnahmen und Interventionen des Sozialarbeiters (Supervisanden) und kann professionelle Paradoxien, wie z. B. Symptomverstärkung durch den Sozialarbeiter bewirken". Einige Untersuchungen des beruflichen Zusammenhanges sind deshalb notwendig und zumutbar. „Auch den Klienten wird zugemutet, sich zur Bewältigung ihrer Situation möglichst weitgehend zu öffnen." (Fieseler/ Lippenmeier 1985, S. 79)

Dieser allgemeinen Verpflichtung gegenüber steht die Erfahrung, daß jede organisationsgebundene Supervision bei den Supervisanden auch Ängste, etwa vor Bloßstellung, Kontrolle oder Offenlegung persönlicher Schwierigkeiten wecken kann. Deshalb ist es aus sachlichen Gründen nicht gerechtfertigt im Rahmen der Teamsupervision „psychotherapie-ähnliche Beratungsaufgaben wahrzunehmen" (Schreyögg 1991, S. 37). Der berechtigte Anspruch der Arbeitgeber auf Kontrolle der Arbeit und Weiterbildung (Supervision) der Mitarbeiter muß in einer entsprechenden Weise stattfinden, die das Privatinteresse der Supervisanden berücksichtigt (Siemes 1995, S. 187).

7.3. HABEN SOZIALARBEITER EINEN ANSPRUCH AUF SUPERVISION?

Kann man aus den Fürsorgepflichten des Arbeitgebers zur Kontrolle und Weiterbildung der Mitarbeiter und zum Wohle der Klienten auch das Recht dieser Mitarbeiter ableiten, eine Supervision auf Kosten des Arbeitgebers zu verlangen? Ein allgemeines Recht auf Supervision gibt es nicht (Siemes 1995, S. 187). Allerdings heißt es in § 72, Abs. 3 SGB VIII/KJHG: „Die Träger der öffentlichen Jugendhilfe haben Fortbildung und Praxisberatung der Mitarbeiter des Jugendamtes und des Landesjugendamtes sicherzustellen". Aus diesem Grund muß Praxisberatung angeboten werden. Ob es sich dabei auch um Supervision handeln kann, muß im Einzelfall geklärt werden. Immerhin wird für die öffentliche Jugendhilfe nach dem SGB VIII eher indirekt und allerdings erstmalig die Supervision als Gesetzesauftrag festgeschrieben.

7.4. DIE SCHWEIGEPFLICHT

Schon mehrfach wurde auch auf die Schweigepflicht der Supervisoren hingewiesen. Allgemein gilt: „Persönliche Lebensverhältnisse der Klienten können und müssen in der Supervisionssitzung *anonymisiert* wiedergegeben werden. Das gilt selbst dann, wenn SupervisorIn und SupervisandIn MitarbeiterIn derselben Behörde sind." Eine Verletzung der Schweigepflicht liegt auch dann vor, wenn der Empfänger einer Mitteilung selber zur Verschwiegenheit verpflichtet ist, also beispielsweise in einer Gruppensupervision (Report Psychologie 3/1996, S. 210). Persönliche Informationen dürfen in Ausnahmefällen nur dann weitergegeben werden, wenn die Betroffenen dem (schriftlich) zustimmen oder wenn höhere Interessen vorliegen, z. B. beim Schutz von Minderjährigen vor sexuellem Mißbrauch. In jedem Falle sollten Rechtsauskünfte eingeholt werden. Wenn in der Supervision etwas thematisiert werden sollte, was allerdings mit den Interessen der Institution in Widerspruch zu geraten droht, „dann kann der Supervisand von seinem Arbeitgeber eine *Entbindung von der Schweigepflicht* ver-

Persönliche Informationen

Gesetzlicher Rahmen

langen. Dies ergibt sich aus der Fürsorgepflicht des Arbeitgebers, der zur Förderung und Qualifizierung des Arbeitnehmers auch auf diesem Wege beiträgt" (Siemes 1995, S. 191). Auch hinsichtlich der Weitergabe von Informationen gegenüber Dritten gelten diese Regeln. Der Hinweis auf die Verschwiegenheitspflicht *muß* Bestandteil des Supervisionsvertrages sein. Die „Rahmenrichtlinien für Supervision in den v. Bodelschwinghschen Anstalten" in Bethel empfehlen bezüglich dieses Punktes folgendes: „Verschwiegenheit im Persönlichen und abgesprochene Offenheit im Sachlichen" (Haus Terach 1993, S. 5). Vor allem Supervisoren dürfen Außenstehenden personenbezogene Daten nicht mitteilen. Bei wissenschaftlichen Veröffentlichungen ist entweder das Einverständnis einzuholen, oder die Informationen sind bis zur Unkenntlichkeit zu anonymisieren.

Inhalt der Supervision Als nächstes gilt es zu klären, ob „der Anstellungsträger vom Supervisor Auskünfte über den inhaltlichen Verlauf der Supervision" verlangen kann. Dazu meinen Fieseler/Lippenmeier, daß der Anstellungsträger nur „Auskunft über Rahmendaten" erwarten darf. Er könnte also beispielsweise fragen, *ob* die Supervision überhaupt stattgefunden hat. Darüber, *was* der Supervisand ihm berichtet hat, „braucht der Supervisor dem Arbeitgeber keine Auskunft zu geben" (Fieseler/Lippenmeier 1986, S. 67).

Denn für die Effizienz von Supervision, für deren Ziele und für die Zukunft dieser jungen Profession ist die „Wahrung und Einhaltung der Schweigepflicht gegenüber dem Arbeitgeber von äußerster Wichtigkeit: Supervision darf nicht vor den Karren von institutionsinterner Überwachung von SozialarbeiterInnen gestellt werden. Wenn ein Supervisand kein Vertrauen haben kann in dieser Frage, wenn z. B. befürchten muß, daß er durch das, was er in die Supervision einbringt, beurteilt wird, so wird er weder einen Fall ungeschützt einbringen noch seinen Umgang damit offen schildern, ganz zu schweigen von Problemen mit dem Arbeitgeber etc." (Siemes 1995, S. 192)

Gleiches gilt für die Mitsupervisanden. Auch der Arbeitgeber darf von ihnen keine inhaltliche Auskunft verlangen. Zwar müssen die Sozialarbeiter (Supervisanden) den dienstlichen Anordnungen des Arbeitgebers Folge leisten, „allerdings braucht man Anordnungen, deren Ausführung – erkennbar – den Strafgesetzen (z. B. § 203 StGB) zuwiderlaufen, nicht zu befolgen" (Siemes 1995, S. 193). Außerdem sind noch die jeweiligen Bestimmungen der Datenschutzgesetzgebung zu beachten.

7.5. Sind Supervisoren für ihre Beratung rechtlich verantwortlich?

In einem Beitrag über „rechtliche Aspekte externer psychiatrischer Supervisionen" wird der juristisch weitgehend unverbindliche Beratungscharakter von Supervision hervorgehoben.

Danach besteht die Tätigkeit des Supervisors vor allem „in der Beobachtung, Aufdeckung und gegebenenfalls Beeinflussung von ‚Mißständen'. Verbindlich sind seine Ratschläge und Hinweise nicht, die Verantwortung bleibt beim handelnden Personal. Eine Übernahme von Empfehlungen erfolgt letztlich aufgrund ihres eigenen, verantwortlichen Entschlusses." (Vollmoeller 1989, S. 246)

Ein Schadensersatzanspruch ist nach § 676 BGB ausgeschlossen. Im Falle einer wissentlich falschen Auskunft oder Beratung steht dem Supervisanden jedoch ein Schadensersatzanspruch zu (§ 823, 826 BGB). Im Gegensatz zum Formalvorgesetzten ist der Supervisor nicht verantwortlich für das, was die Supervisanden mit den Vorschlägen anfangen. Die Rolle des Supervisors ist in dieser Hinsicht einzigartig: Er verfügt unter Umständen über viel informelle Macht, ohne sie formal oder rechtlich verantworten zu müssen. Diese komplizierten Zusammenhänge ethischer und rechtlicher Fragen der Supervision sollten gegebenenfalls, auch mit den Vorgesetzten, die nicht an der Supervision teilnehmen, thematisiert werden.

7.6. Müssen Straftaten angezeigt werden?

Ebenfalls nicht exakt geklärt ist die *Anzeigepflicht* des Supervisors, wenn er unmittelbar in der Supervision direkt oder über Dritte von Gesetzesverstößen, Pflichtverletzungen oder unethischem Verhalten der Supervisanden erfährt (Mörsberger 1985, S. 128 ff.). Im Falle des vermuteten sexuellen Mißbrauchs wurde schon darauf hingewiesen, daß der Schutz der Minderjährigen ein höheres Rechtsgut als die Verschwiegenheitspflicht darstellt.

Ein Supervisor hat bei seiner Tätigkeit in einer psychiatrischen Klinik erfahren, wie ein Krankenpfleger einen „Aufhebungsvertrag" mit dem Arbeitgeber abschloß, weil man ihm sexuellen Mißbrauch einer psychiatrischen Patientin nachweisen konnte. Durch die Vertragsaufhebung wurde die Sache von der

Klinikleitung vertuscht. Dieser Supervisor ist auch in einer anderen Klinik tätig. Eines Tages wird dieser Krankenpfleger dort eingestellt. Er weiß allerdings nicht, daß der Supervisor von seiner „Vorgeschichte" informiert ist. Nach einigen Wochen kommt es innerhalb des Teams mit dem neuen Krankenpfleger zu Auseinandersetzungen über dessen „Nähe" zu einigen Patientinnen? (Belardi 1992a, S. 218).
Die Patientin einer Psychotherapeutin gesteht dieser in einer Therapiestunde, daß sie ihren vor zwei Jahren verstorbenen Ehegatten vergiftet habe. Das berichtet die Therapeutin ihrer Supervisorin.

7.7. DER SUPERVISIONSKONTRAKT

Ergänzend zur beziehungsmäßigen Diskussion des Supervisionskontraktes (siehe Ausführungen in Kapitel 5) folgen an dieser Stelle noch einige rechtliche Hinweise. Die Supervisionsvereinbarung ist ein *Dienstvertrag* zwischen Supervisor und Supervisanden, er regelt sich nach den §§ 611 bis 630 BGB. Als Anbieter von Dienstverträgen gilt für Supervisoren:

(a) Sie sind nicht weisungsgebunden;
(b) Man muß keinen bestimmten Erfolg erzielen;
(c) Supervisionsleistungen sind persönlich zu erbringen;
(d) Arbeitgeber bzw. Supervisanden sind zur Honorierung verpflichtet;
(e) Liegen keine konkreten Honorarvereinbarungen vor, so gelten die üblichen Vergütungssätze.
(f) Auch der mündlich abgeschlossene Vertrag ist gültig.
(g) Der Honoraranspruch des Supervisors gilt auch, wenn die Supervisanden nicht zum vereinbarten Termin erscheinen (Siemes 1995, S. 188 f.).

Vorschläge zum Vertrag Zusätzlich sind noch folgende rechtliche Bestimmungen zu beachten, die sich wiederum an den §§ 611 ff. BGB orientieren. Immer sind dabei beide Gesichtspunkte, die beziehungsmäßigen und die juristischen, in einem Zusammenhang zu sehen und entsprechend zu vereinbaren.

(a) *Fristenablauf:* Wurde eine bestimmte Anzahl von Supervisionssitzungen beschlossen, so endet der Supervisionsvertrag mit der letzten Sitzung (§ 620 BGB).

(b) *Stillschweigende Verlängerung:* Wird das Supervisionsverhältnis nach Vertragsablauf vom Supervisor mit Wissen des Auftraggebers fortgesetzt, so gilt es auf unbestimmte Zeit als verlängert, sofern der andere Teil nicht widerspricht (§ 625 BGB).
(c) *Beiderseitige Einigung:* Wenn bei Vertragsabschluß die Anzahl der Sitzungen unbestimmt bleibt, können beide Seiten den Vertrag in beiderseitigem Einvernehmen aufheben (Aufhebungsvertrag). Hierfür müssen keine Gründe angegeben werden.
(d) *Einseitige Kündigung:* Diese ist im Prinzip als ordentliche Kündigung für alle Beteiligten ohne Begründung jederzeit möglich. Hierbei kommen in den seltensten Fällen Kündigungsfristen überhaupt in Frage. § 621 BGB regelt die entsprechenden Fristen. Es empfiehlt sich deshalb, Kündigungsgründe und -fristen im Supervisionskontrakt genau festzulegen.
(e) *Fristlose Kündigung aus wichtigem Grund:* Diese ist für beide Seiten aus „wichtigem Grund" ohne Einhaltung der Kündigungsfrist möglich; sie muß allerdings bis spätestens zwei Wochen nach Bekanntwerden von eventuell vertragswidrigen Tatsachen (z. B. Indiskretion, ausstehendes Honorar) in schriftlicher Form erfolgt sein (§ 626 BGB).
(f) *Fristlose Kündigung bei Vertrauensstellung:* Eine fristlose Kündigung ist auch ohne die Voraussetzungen des § 626 BGB möglich, wenn „Dienste höherer Art zu leisten" sind, die „auf Grund besonderen Vertrauens übertragen zu werden pflegen" (§ 627 BGB). Im Falle der supervisorischen Beratung handelt es sich um eine derartige Vertrauenstätigkeit, die auch ohne besonders vertragswidriges Verhalten jederzeit gekündigt werden kann (Siemes 1995, S. 190).

„Will man die jederzeitige Kündigungsmöglichkeit nach § 627 BGB begrenzen, so empfiehlt es sich, zweierlei in den Supervisionsvertrag aufzunehmen:
(1) Das Supervisionsverhältnis darf nur unter Benennung der dafür relevanten Gründe gekündigt werden;
(2) Festlegung bestimmter Kündigungsgründe, die als kündigungsrelevant gelten sollen." (Siemes 1995, S. 190)

Das schützt Supervisoren vor den Folgen des § 627 und etwaigen Mißverständnissen. Diese Besonderheiten der rechtlichen Konstruktion von Supervisonsverträgen spricht eindeutig für entsprechende schriftliche Abmachungen (siehe Anhang 2 und Anhang 4, S. 194 und 200 f.).

Gesetzlicher Rahmen

7.8. Fehlendes Berufsrecht für Beratungsarbeit

Kein Berufsrecht
Als letztes muß noch darauf hingewiesen werden, daß es kein Berufsrecht für Supervisoren gibt. Der Titel „Supervisorin" bzw. „Supervisor" ist nicht geschützt, was bedeutet, daß sich jeder so nennen und entsprechende Dienstleistungen anbieten kann. Die etwa 20jährige Auseinandersetzung um das Berufsrecht für psychotherapeutische Diplom-Psychologen (Psychotherapeutengesetz) läßt kaum Hoffnung aufkommen, daß der Gesetzgeber auch eine rechtliche Regelung für Supervision und andere Beratungstätigkeiten, also eine Art Beratungsgesetz, erlassen wird. Gesamtgesellschaftlich gesehen scheint die Supervisionstätigkeit zu unbedeutend zu sein, so hilfreich sie im Einzelfall auch ist, um vom Staat mit einem besonderen Gesetz geschützt zu werden.

Bedeutung des Fachverbandes
Diese fehlende rechtliche Absicherung der Supervision erhöht die Bedeutung eines Fachverbandes hinsichtlich der Qualitätskontrolle und Ausbildungsstandards. Der Berufsverband Deutsche Gesellschaft für Supervision (DGSv) empfiehlt den Wohlfahrtsverbänden als „Abnehmer" von Supervisionsleistungen, nur solche Bewerber anzustellen, die im Mitgliederverzeichnis der DGSv aufgeführt sind. Eine Ethikkommission wacht über Regelverstöße.

7.9. Ethische Überlegungen

Wie bereits angesprochen wurde, sind im Supervisionsprozeß auch allgemeine ethische Gesichtspunkte zu berücksichtigen. Ethik befaßt sich mit dem Aspekt des menschlichen Handelns, ob es als positiv und besonders wertzuschätzen oder gar normativ zu fordern ist (Wendt 1985, S. 114). Zum Bereich der Ethik gehören auch Werte als „Ausdruck einer (dauernden) Bevorzugung" und Normen als „Verhaltensvorschriften nach Maßgabe der Werte" (ebd., S. 117).

Verstrickungen im Dreiecksverhältnis
In der Supervisionspraxis entstehen oftmals typische Verstrickungen, die auch einer ethischen Klärung bedürfen. Wer ist eigentlich der „Klient" und der „Auftraggeber" des Supervisors? Beim Stichwort „Dreieckskontrakt" (siehe S. 66 f.) ist deutlich geworden, daß beide oft nicht identisch sind. Die Arbeitsgruppe, die ihn ausgesucht hat, der eventuell abwesende Vorgesetzte, der Träger oder Arbeitgebervertreter, das wie auch immer definierte Organisationsziel oder die Klienten

bzw. sonstige Abnehmer der Dienstleistungen der Institution als „abwesende Dritte"? Wie verhält sich der Supervisor bei Konflikten und divergierenden Meinungen zwischen diesen Instanzen? Das ethische Hinterfragen supervisorischen Geschehens befindet sich in der Theoriediskussion noch in den Anfängen. Demgegenüber hat in den USA schon seit den 70er Jahren eine Auseinandersetzung mit „Ethics of Supervision" (Levy 1979) stattgefunden; bei uns begann diese Diskussion erst ein Jahrzehnt später.

Von Peter Kutter stammt ein kurzer Beitrag über „Ethik und Supervision", der auf einen Vortrag auf dem Supervisions-Kongreß in Bensheim 1989 zurückgeht. Er erläutert darin, weshalb ethische Fragestellungen der Supervision heute besonders wichtig sind. Hierzu zählen Überlegungen über den „Wertewandel" und die jüngste Diskussion um die „Euthanasie", auch im Gefolge der Publikationen und öffentlichen Äußerungen des Australiers Peter Singer. Ansonsten zählt Kutter noch einige Bezüge der ethischen Diskussion auf: Ethik und Macht, die Beziehung von Ethik zur Psychoanalyse und Familientherapie sowie ethische Probleme in verschiedenen beruflichen Feldern (1990a, S. 45 ff.).

Ethische Fragestellung

Am ausführlichsten hat sich bisher Astrid Schreyögg in mehreren Beiträgen mit dem Thema „Supervision und Ethik" auseinandergesetzt. Schon aufgrund häufiger asymmetrischer (ungleicher) oder paradoxer (widersprüchlicher) Beziehungsformen in der Supervision ist deren ethische Fundierung wichtig. „Der Professionelle muß auf die asymmetrische Rollendefinition gegenüber dem Klienten eingehen, damit eine symmetrische Beziehung entstehen kann" (1988, S. 161).

Vom Blickwinkel der praktischen Philosophie aus ist es unmöglich, für jeden Praxisfall von vornherein einen verbindlichen ethischen Maßstab zu entwerfen. „Ethisch richtiges Handeln resultiert ja in diesem Verständnis nicht einfach aus einer ‚edlen Gesinnung' oder aus der Anwendung universalierbarer Prinzipien, wie Kant noch postulierte. Ethisches aktualisiert sich in sozialen Interaktionen" (Schreyögg 1990, S. 18). Da die Möglichkeiten problematischen Handelns zu groß sind, kann es in der Supervision keine allgemeingültige Ethik geben. Deshalb ist in jeder supervisorischen Kommunikation ein potentiell ethischer Dialog mit enthalten.

Ethisch problematische Verhaltensweisen von Supervisoren können sein:

Problematische Verhaltensweisen

Gesetzlicher Rahmen

(a) Zu frühes Infragestellen bisheriger Einstellungen und Normen;
(b) Abwertende oder kränkende Äußerungen;
(c) Vorschnelle und „aufgesetzte" Deutungen (Fremddeutungen);
(d) Interventionen, die sich auf den persönlichen Bereich der Supervisanden beziehen (Hege 1994).

Bedeutung ethischer Reflexion Supervision ist zum Ort der ethischen Auseinandersetzung innovativer beruflicher Praxis geworden. Sie hat angesichts der wachsenden Probleme in den verschiedenen Berufen und neuer Zielgruppen über ihre Aufgaben hinaus noch weitere Lösungen anzubieten, was zur Folge hat, daß Supervisoren ebenfalls die ethische Problematik von Themen des Alltagshandelns erkennen und ansprechen müssen. Hilfreich wäre eine umfassende Theorie der Supervision, welche methodisches Handeln mit unterschiedlichen Zielgruppen in verschiedenen institutionellen Zusammenhängen bei Berücksichtigung rechtlicher und ethischer Fragen bedenkt. Schließlich ist die ethische Reflexion auch angesichts der zunehmenden Professionalisierung und materiellen Orientierung mancher Supervisoren wichtig (DGSv-Aktuell 1/1995, S. 5). Sollen Supervisoren ihre Kenntnisse für Arbeitszusammenhänge und Ziele zur Verfügung stellen, wenn diese sich nicht humanen Prinzipien verpflichtet fühlen? Ein Beispiel:

Eine Supervisorin wird angefragt, ob sie in einer Weiterbildungsveranstaltung Versicherungsvertreter mit Hilfe von Methoden des „Neurolinguistischen Programmierens" (NLP) so schulen kann, daß diese die speziellen „Kommunikationskanäle" der potentiellen Kunden besser erkennen, um zu einer höheren Abschlußquote zu kommen. Der Honorarsatz ist etwa doppelt so hoch wie bei entsprechenden Anfragen aus dem Sozialbereich.

8. Anwendungen: Adressaten für Supervision

Die Supervision hat vielfache Möglichkeiten berufsbezogener Anwendungen entwickelt. Bevor diese ausführlich dargestellt werden, erfolgt ein kurzer Überblick.
In der Supervisionsliteratur unterscheidet man zwischen Ausbildungs- und Weiterbildungssupervision. Die *Ausbildungssupervision* für Lernende ist die älteste Form der Supervision; sie hat ihre Quellen in der amerikanischen und englischen Sozialarbeit und ähnelt unserer Praxisanleitung. Auch eine spätere Quelle der Ausbildungs-Supervision ist schon erwähnt worden. Im Jahre 1920 wurde am Psychoanalytischen Institut in Berlin die *Kontrollanalyse* eingeführt; ein Modell der beruflichen Qualifikation, das inzwischen von allen wichtigen psychotherapeutischen Ausbildungen übernommen worden ist. Neben der Eigentherapie und der theoretischen Arbeit müssen die Ausbildungskandidaten für Psychotherapie die von ihnen behandelten „Fälle" von einem anderen, erfahrenen Psychotherapeuten überprüfen lassen (Pühl 1990, S. 61 f.).

— Überblick

Bei der *Weiterbildungssupervision* für Praktiker ist charakteristisch, „daß die Supervisanden ihre Berufsausbildung abgeschlossen haben und in ihrem Praxisfeld arbeiten. Im Gegensatz zur Ausbildungssupervision geht es nicht um das Erlernen einer speziellen Methode zur Bewältigung der beruflichen Anforderungen, sondern um die Integration des Gelernten in das Spezifische des konkreten Berufsalltags und um die Weiterentwicklung der institutionellen Strukturen entsprechend ihrer spezifischen Arbeitsaufgabe." (Pühl 1990, S. 121)

Als weitere Variante der Weiterbildungssupervision wird dann noch als neuer Gesichtspunkt in der Fachliteratur die Supervision als *nachholende Qualifizierung* beschrieben. Zusätzlich hat sich im Zuge der Ausbildung zum Supervisor eine besondere Lernform herauskristallisiert, die *Lehrsupervision*.
Daneben bietet die Supervision als Folge ihrer Professionalisierung und Ausweitung in andere Märkte auch spezialisierte Angebote für *neue Arbeitsfelder* an. Supervision wird auch für viele Arbeitsbereiche, die außerhalb der helfenden Berufe liegen (Industrie, Verwaltung, selbständiger Mittelstand) zunehmend attraktiv.

8.1. SUPERVISION IN DER AUSBILDUNG (AUSBILDUNGSSUPERVISION)

Kranken- und Altenpflege
: In der Ausbildung für die sozialen und pädagogischen Berufe hat die Supervision sehr unterschiedliche Anwendungsmöglichkeiten gefunden. In der eher schulmäßig organisierten Qualifizierung für die Erzieherberufe sowie für die Kranken- und Altenpflege kommt Supervision kaum vor. Denn die Supervision folgt aufgrund ihrer Finanzierung leider der Hierarchisierung sozialer und pädagogischer Felder. Gleiches gilt für die Lehramtsstudiengänge. Gerade diese Berufe leiden unter einer relativ kurzen Ausbildung und dem hohen Problemdruck in der Praxis. Um so größer ist dann der Bedarf an Beratung in der Berufsausübung.

Sozialarbeiter, -pädagogen, Heilpädagogen, Diplompädagogen
: Ähnlich sieht es bei den meisten der über 100 Ausbildungsstätten für Sozialarbeiter, Sozialpädagogen, Heilpädagogen und Diplom-Pädagogen an den Fachhochschulen, Pädagogischen Hochschulen und Universitäten aus, die jährlich etwa knapp 10.000 Absolventen dem Arbeitsmarkt zuführen (Hamburger 1995, S. 102). Sofern die Studienordnungen entsprechende Praxisanteile oder ein Projektstudium vorsehen, werden oft auch praxisvorbereitende, praxisbegleitende oder praxisnachbereitende Veranstaltungen angeboten, die ihrerseits unterschiedliche Bezeichnungen haben können. Ob dabei jedoch die vollen Lernmöglichkeiten der Supervision genutzt werden, hängt von den jeweiligen Bedingungen ab. Hohe Studentenzahlen, die geringe Anzahl supervisorisch ausgebildeter Lehrpersonen und die Kosten für die Einstellung nebenamtlicher Supervisoren verhindern vielfach ein lernträchtiges Angebot. Vor allem einige kleinere Fachbereiche des Sozialwesens der Fachhochschulen engagieren sowohl für das Projektstudium als auch für das Berufspraktikum Supervisoren von außerhalb und können somit eine externe Gruppensupervision für Studierende anbieten.

Angelsächsische Länder
: An der TU Chemnitz sollen die Studierenden im berufsbegleitenden und postgraduierten Aufbaustudiengang „Diplom-Sozialpädagogik" mindestens an einer Gruppensupervision teilnehmen. Diese wird sowohl von Mitarbeitern des Lehrstuhls als auch von externen freiberuflichen Supervisoren angeboten. Insgesamt ist die deutsche Ausbildungssituation längst nicht so supervisionsfreundlich wie in den angelsächsischen Ländern. Dort ist Supervision seit Jahrzehnten fester Bestandteil der Sozialarbeiterausbildung. Allerdings ist sie weitaus trägerbezogener als unsere Praxisanleitung und wird seit Jahren in

Kooperation zwischen Hochschulen und Abnehmern intensiv wissenschaftlich erforscht (Belardi 1994a). Hinzu kommt noch die Konkurrenz zwischen den Hochschulen. Denn in vielen dem angelo-amerikanischen System (USA, Canada, Großbritannien, Asien, Australien) angegliederten Hochschulen werden schon seit Jahren die Examensergebnisse der Absolventen von hochschulunabhängigen Gremien dokumentiert und verglichen. Wenn eine Ausbildungstätte dann die Anerkennung dieser Gremien verliert, gehen die Studentenzahlen zurück. Supervision ist dort ein Qualitätsmerkmal in der grundständigen Ausbildung. Hochschulen, die nicht in der Lage sind, praxisorientiert auszubilden, verlieren ihre Studenten und damit ihre Zuschüsse.

8.1.1. Weshalb ist die Ausbildungssupervision wichtig?

Die Bedeutung der Ausbildungssupervision ergibt sich aus einer Fülle von Gründen. Diese hängen zusammen mit dem Widerspruch zwischen einem formal organisierten Studium für große Zahlen von Lernenden und den notwendigen persönlichkeitsbildenden Inhalten dieser Angebote für eine sehr komplexe berufliche Praxis.

(a) Die Ausbildungssupervision ist oft der einzige Ort, an dem die Studienmotive wirksam reflektiert werden können. Die „Helferdiskussion" (siehe Ausführungen in Abschnitt 1.3., S. 31 ff.) hat inzwischen einen bedeutenden phänomenologischen und empirischen Erkenntnisstand für die sozialen Berufe zutage gefördert. Selbst wenn man dieses Wissen in Vorlesungen und Seminaren vermitteln kann, so kommt dabei doch selten eine persönliche Reflexion über die eigenen, oft sehr idealistischen Motive zur Berufswahl, zustande. *Reflexion der Studienmotive*

(b) Außerdem kann man in der Ausbildungssupervision den Theorie-Praxis-Zusammenhang wirksam reflektieren. Studierende können erkennen, daß ihre Schwierigkeiten und Möglichkeiten in der Praxis nicht zufällig, sondern „typisch" sind. Weil sie ähnliche Lernprobleme haben und weil die Praxis selber typische Regelhaftigkeiten aufweist. Verschiedene Beziehungsdynamiken werden verstehbar gemacht; etwa diejenige mit den Klienten, den Kollegen vor Ort, der Institution und den Anforderungen der Ausbildungsstätte. Der Unterschied zwischen Person, Rolle und Funktion kann so „hautnah" reflektiert werden. In der Supervisionsgruppe erleben sich die Studierenden nicht so vereinzelt wie im Praktikum. Sie können aus „Fehlern" lernen und *Reflexion des Theorie-Praxis-Zusammenhangs*

Anwendungsmöglichkeiten

neue Strategien erproben. Sie lernen aber auch von den Mitstudierenden, wie es in ähnlichen oder anderen Praxisfeldern aussieht.

Reflexion von Berufswechsel (c) Empirische Untersuchungen der letzten Jahre haben verdeutlicht, daß viele junge Studienanfänger sich im Ablöse- und Entwicklungsprozeß befinden. Im Westen Deutschlands herrschen eher postmaterialistische Wertorientierungen vor. Viele der Studierenden finden keinen Arbeitsplatz. Deshalb ist es verständlich, daß sie diese Zeit als „Parkstudium" für sich nutzen, um sich zu orientieren. Im Osten gelten andere Werte; denn dort sind viele Studierende schon vor der „Wende" in anderen Berufen tätig gewesen. Sie kamen eher durch den Druck der Verhältnisse zum Sozialwesen. Sozialarbeit ist in solchen Fällen eher ein Zwangsberuf. Ein derartiger Berufswechsel ist deshalb auch mit Entwertungen und Kränkungen verknüpft. Das sollte man in der Ausbildung berücksichtigen.

Integrationsfunktion (d) Die Ausbildung im Sozialwesen ist vor allem generalistisch orientiert. In der relativ kurzen Zeit von drei bis fünf Jahren kann man nur wenige Berufsfelder kennenlernen. Allerdings berechtigen die Abschlüsse dazu, für viele Arbeitsmöglichkeiten tätig zu werden. Außerdem ändern sich diese Praxisfelder ständig. Auch sind die Studieninhalte z. B. an den Fachhochschulen in bis zu neun Fachgebiete aufgesplittert: „Es dominiert ein vorgegebenes Fächerstudium, bei dem die Synthese der verschiedenen inhaltlichen und methodischen Wissenselemente allein von den Studierenden geleistet werden muß." Vielfach sind die Praktika „vom Studium abgespalten bzw. finden unverbunden neben dem eigentlichen Studium statt" (Ehrhardt-Kramer/Hanesch 1987, S. 106). Möglicherweise sind die Supervisionsveranstaltungen an den Ausbildungsstätten der ideale Ort zur Integration von Wissen, Können und beruflicher Haltung im Studium.

Verschiedene Formen (e) Ausbildungssupervision kann sowohl als *arbeitsfeldhomogene* oder *arbeitsfeldheterogene Gruppensupervision* stattfinden. Beide Lernmöglichkeiten haben ihre jeweiligen Vor- und Nachteile. Kommen alle Teilnehmer der Gruppensupervision beispielsweise aus einem Feld, etwa der Jugendarbeit, so lernen sie viel über die unterschiedlichen Arbeitsbedingungen mit Jugendlichen; nichts aber über die sozialen Dienste, den Vorschulbereich, die Heimerziehung oder die Altenhilfe. Kommen die Gruppenteilnehmer aus unterschiedlichen Feldern, so haben sie die Chance, ein breiteres Spektrum der Sozialarbeit kennenzulernen. Oftmals findet dann aber auch ein „inneres Abschalten" einzelner statt, die sich halt nur für „ihr" Arbeitsfeld interessieren.

(f) Ideal wären deshalb zwei unterschiedliche Supervisionserfahrungen: bei den studienbegleitenden Projekten in einer arbeitsfeldhomogenen Gruppe und beim Berufspraktikum in einer arbeitsfeldheterogenen Gruppe. In den USA, wo man diese Lernmöglichkeit schon lange praktiziert, nennt man dies *pattern matching*. Es meint die „Begegnung und Auseinandersetzung, die Interaktionen von zwei unterschiedlichen Elementen oder Personen („Mustern"), die sich in ihrer Wesenheit", nicht sehr voneinander unterscheiden (Biscioni 1978, S. 192). — pattern matching

(g) Damit gewinnt die Ausbildungssupervision *antizipatorischen Charakter*, das heißt, Praxiserfahrung kann teilweise vorweggenommen und verinnerlicht werden. Das Thema der Antizipation von Lernerfahrungen bzw. von Lebens- und Berufswirklichkeit war ein großes Anliegen der Bildungsreformen der 70er Jahre (Belardi 1975). Schüler sollten die Arbeitswelt schon im Schulunterricht über Betriebspraktika erleben können, um kritische Bürger zu werden; Studierende wollten praxisorientiert ausgebildet werden. Inzwischen sind Fragen des antizipatorischen Lernens in den Hintergrund gerückt. Die Erfahrungen der letzten Jahre haben gezeigt, daß man sich mit vorwegnehmendem Lernen niemals vollständig auf die Berufspraxis vorbereiten kann. Gerade in den Feldern der Sozialen Arbeit ist dies bei der hohen Komplexität der Problemlagen, des raschen Wandels von Praxis sowie des schnellen Veraltens von Wissen einfach unmöglich. Trotzdem hat antizipatorisches Lernen einen großen Stellenwert in der Ausbildung für die helfenden Berufe. Schließlich wird darin auch auf eine „Reflexionskultur" hin sozialisiert (Pühl 1994h, S. 407). Diese „Reflexionskultur" ist für die Berufsausübung unbedingt notwendig; sie ermutigt auch zur berufsbegleitenden Supervision. — Antizipation von Berufserfahrung

8.1.2. Erfahrungen mit der Ausbildungssupervision

Wer sich für einen sozialen Beruf entschieden hat muß wissen, daß man vieles, was man von der Klientel verlangt, auch selber können sollte – und das mit einer professionellen Haltung. Von der Klientel erwartet man, daß sie ihre persönlichen und wirtschaftlichen Verhältnisse schildern. Sozialarbeiter/-pädagogen können damit nur umgehen, wenn sie auch ähnliche Erfahrungen gemacht haben. Wer diese — Selbstreflexion

Anwendungsmöglichkeiten

Selbstreflexion in einer Lerngruppe verweigert, muß sich fragen lassen, ob er nicht den falschen Beruf gewählt hat. Allerdings haben die Ausbildungsstätten hierzu humane und motivierende Lernchancen anzubieten, um den Studierenden über ihre verständlichen Ängste und Widerstände hinwegzuhelfen.

Freiwilligkeit und Zwang — Erfolgreiche Soziale Arbeit benötigt, wie wohl kein anderer Beruf, eine besondere *Offenheits- und Aushandlungskultur*. Gute Sozialarbeiter/-pädagogen sind vor allem Gruppen- und Teammenschen. Dazu müssen in der Ausbildung die Grundlagen gelegt werden. Diese Überlegungen sprechen für eine verpflichtende Gruppensupervision an den Ausbildungsstätten. Dabei stellt sich dann allerdings die Frage nach dem Verhältnis von Zwang und Freiwilligkeit. Erzwingt man Supervision, und findet diese dann noch unter fachlich ungünstigen Bedingungen statt, so erschwert man die Entwicklung der Offenheits- und Aushandlungskultur für den späteren Berufsweg.

Nachdem die Sozialarbeiterin im Team ihren Wunsch nach Supervision thematisiert hatte, kam es zu heftigem Widerspruch. „Das mußten wir an der Fachhochschule über uns ergehen lassen. Jeder sollte sagen, wie er sich fühlt." Andere Äußerungen: „Ich hatte über meine Eltern zu sprechen." Oder: „Wir mußten uns auf den Boden setzten und Körperarbeit machen."

Es ist egal, ob das Supervision, Selbsterfahrung oder was auch immer war. Wichtig ist, *wie* es ankam und daß damit dem Anliegen von Supervision als fachlicher Qualifikation ein Bärendienst erwiesen wurde. Auf der anderen Seite sind auch die Grenzen von Supervision an den Ausbildungsstätten zu bedenken. Die besten Lernmöglichkeiten existieren nun einmal in der selber finanzierten Einzel- oder Gruppensupervision fern vom Ausbildungs- oder Arbeitsplatz. Nur hier kommen die Supervisanden wirklich freiwillig und können sich offener äußern. Doch das ist nicht allen bekannt und möglich. Supervision findet dabei unter den Bedingungen eines realen Preis-Leistungsverhältnisses statt. Schon die Teamsupervision bringen Zwänge und Rücksichten mit sich. So kommt es zu Reaktionen wie: „Ich habe eigentlich nur teilgenommen, weil ich kein Außenseiter im Team sein wollte." „Nachdem ich viele Jahre lang Teamsupervision hatte, möchte ich hier in der Einzelsupervision einmal Dinge klären, die ich im Team nicht gewagt hatte, anzusprechen."

An den Ausbildungsstätten sind auch folgende Regeln und Grenzen supervisorischen Arbeitens zu beachten:

(a) Wer Supervision ausübt, darf den Lernenden *nicht* in der *Prüfer-* oder *Gutachterrolle* begegnen. Die Katholische Fachhochschule in Köln verpflichtet deshalb freiberufliche Supervisoren von außerhalb. Die am Lehrstuhl für Sozialpädagogik der TU Chemnitz hauptberuflichen wissenschaftlichen Mitarbeiter, die auch Supervision anbieten, treten nicht als Prüfer ihrer Supervisanden auf.

Regeln für Ausbildungsstätten

(b) Supervision muß verbindlich sein bezüglich Terminabsprachen, Beteiligung sowie der Einhaltung der Schweigepflicht. Wenn die Teilnahme an der Supervision nach der Studienordnung eine Pflichtveranstaltung ist, dann sind regelmäßige Anwesenheit und persönliche Beteiligung erforderlich. Verbindlichkeit stellt man dadurch her, daß Abwesenheit, Zuspätkommen oder Früherweggehen zu hinterfragen sind: Störungen haben Vorrang.

(c) Äußerungen von Supervisanden dürfen *nicht bewertet* oder gar benotet werden. Studierende erhalten lediglich eine Teilnahmebestätigung. Muß man unbedingt an einer angeordneten Supervision teilnehmen? Fengler hat sich mit dieser Frage ausführlich beschäftigt und kommt zu folgendem Ergebnis: „Angeordnete Supervision stellt also keine prinzipielle Kontraindikation dar, bringt aber oft ernsthafte Anfangsschwierigkeiten mit sich" (Belardi 1996, S. 7). Im Einzelfalle ist abzuwägen zwischen den Bedenken der Supervisanden und den Anforderungen einer qualifizierten Ausbildung und Praxis.

(d) Supervision sollte in den Ausbildungsstätten und Teams *niemals* zum *Zwang* werden. Ansonsten würden die Ziele, der Zweck und das Anliegen der Supervision pervertiert. Wer nicht an einer Supervision partizipieren möchte, dem sollte nach einem persönlichen Gespräch (eventuell mit einem Dritten) eine Alternative angeboten werden.

Manchmal hängt die Weigerung, an einer „Zwangssupervision" teilzunehmen, auch mit sehr verständlichen privaten Konstellationen zusammen, die geklärt werden können. Wer möchte denn schon gerne mit der ehemaligen Freundin, der Schwester oder dem Rivalen zusammen in einer Supervisionsgruppe sitzen? Deshalb sind zu Beginn jeder Gruppen- oder Teamsupervision die üblichen „Bekanntheitsklärungen" vorzunehmen. Wie können Supervisoren mit Lernenden umgehen, die aufgrund ihres persönlichen Verhaltens derzeit offensichtlich nicht in der Lage sind, ihr Studium, die beruflichen Anforderungen oder gar ihr Leben zu meistern? Diese „Gretchenfrage" kann nicht allgemein, sondern sollte situativ geprüft und flexibel gehandhabt werden.

Probleme

Psychotherapeutisch erfahrene Lehrende oder Ausbilder im Sozialwesen wissen, daß der Bevölkerungsdurchschnitt seelisch gestörter Menschen sich auch an den Ausbildungsstätten einfindet. Manche dieser Lernenden werden dann in Supervision „auffällig". Oft hilft die Herausnahme aus der Supervisionsgruppe, das persönliche Gespräch und die Vermittlung einer Psychotherapie. Eine gelungene Psychotherapie ist in keinem Fall als Makel, sondern als persönliche und berufliche Qualifikationssteigerung von Sozialarbeitern/-pädagogen zu bewerten.

8.2. SUPERVISION FÜR PRAKTIKER (WEITERBILDUNGSSUPERVISION)

Die Weiterbildungs-Supervision für Praktiker mit regulären Berufs- oder Studienabschlüssen in den helfenden Berufen stellt derzeit den Hauptmarkt im deutschsprachigen Supervisionsgeschehen dar. Dabei werden der *Teamsupervision* vergleichbare Settings am häufigsten genutzt (siehe Ausführungen in Abschnitt 5.3., S. 199). Die gesteigerte Nachfrage nach Supervision ist auch ein Indiz für das verstärkte Interesse von Professionellen und Trägern an dieser Weiterbildungsmöglichkeit. Hierbei haben wir es oft mit einer hochprofessionalisierten Supervision zu tun, die vor allem in den Feldern von Beratung und psychosozialen Einrichtungen ihren festen Platz gefunden hat.

Richtlinien der Träger — Viele große Träger der Jugendhilfe und der freien Wohlfahrtspflege haben deshalb auch entsprechende Richtlinien zur Supervision für die nachgeordneten örtlichen Träger erlassen. Darin wird über die Ziele, Settings, Dauer, Finanzierbarkeit (oft verknüpft mit einer entsprechenden Eigenbeteiligung der Supervisanden) und sonstigen Bedingungen der Supervision informiert (siehe Anhang 3, S. 199). Nicht selten findet man darin auch den Hinweis, daß nur Mitglieder der DGSv vom Träger als Supervisoren anerkannt werden. Hier haben die Bemühungen des Verbandes zur Qualitätskontrolle ihre Erfolge vorzuweisen. Welchen Nutzen hat eine gelungene Weiterbildungssupervision?

Nutzen — (a) Supervision ist oft eine besser strukturierte Teamsitzung;
(b) Supervision stellt meistens den einzigen Ort professioneller Auseinandersetzung dar;
(c) Supervision fördert das Zusammengehörigkeitsgefühl;

(d) Supervision verbessert die Klienten- und Teamarbeit;
(e) Supervision erfüllt auch die vom Gesetzgeber geforderten fachlichen Standards.

Folgende Probleme können sich im Rahmen der Weiterbildungs-Supervision ergeben:

(a) Selbst- und Fremdentwertungen bei der „Zwangssupervision" oder das Zustandekommen der Supervision unter „Teamdruck"; Probleme
(b) Kompetenzzweifel der Supervisanden, weil es der Supervisor „besser" weiß;
(c) nicht fachgerechte Supervision führt zur Psychologisierung oder dem Gegenteil, einem Darüberreden;
(d) Supervision ohne Gruppenwissen kann Teams spalten, anstatt sie zusammenzuführen.

Zusammenfassend zur Weiterbildungssupervision kann festgestellt werden, daß diese besonders geeignet ist für Arbeitsgruppen (Teams), die schon lange miteinander arbeiten und sich in der Regel gut kennen und deshalb über Vorerfahrungen, Erfolgserlebnisse und Konflikte verfügen (Gruppendynamik). Im Idealfall entwickelt sich ein professioneller fachlicher Diskurs und es gelingt, die schwierigen Interaktionen mit Klienten (Fallarbeit) zu integrieren.

8.3. Supervision als nachholende Qualifizierung (Qualifizierungssupervision)

Neben der Weiterbildungs-Supervision und der Ausbildungs-Supervision gibt es noch eine andere Anwendungsart: die Supervision als nachholende Qualifizierung. Sie entsteht dadurch, daß in den sozialen und gesundheitlichen Berufsfeldern auch Personal tätig ist, das nicht über die regulären und einschlägigen Ausbildungen verfügt.

So werden von einem großen Weiterbildungsträger in Westdeutschland seit Jahren arbeitslose Sozialpädagogen, Psychologen, Sozialwissenschaftler und Lehrer in einem knapp zweijährigen Kursus zu Familienberatern und Suchttherapeuten umgeschult. Das anspruchsvolle Programm sieht neben der verpflichtenden Teilnahme an einer Selbsterfahrungsgruppe auch die Supervision der integrierten Praktika vor. Die teilweise über dreißigjährigen Kursteilnehmer finden sich in den Praxisstellen neben viel jüngeren „regulären Praktikanten" wieder. Der Unmut über diese Situation tritt dann auch in der Supervisionsgruppe zutage. Viele fühlen sich entwertet und entwerten damit das Praktikum, die Supervision und die Weiterbildungsmaßnahme. Gleichzeitig wird allerdings auch deutlich, daß sich manche „nicht richtig einlassen können." Während ihrer Teilnahme an dieser zweijährigen Weiterbildungsmaßnahme bewerben sie sich im Durchschnitt etwa 10 bis 20 mal um eine andere Position. „Die Kröte Supervision schlucken wir auch noch, wenn wir nur die Stelle bekommen, sagen die Sozialarbeiter, die im mehrjährigen Modellversuch ‚Sehbehinderte in Partnerschaft und Arbeitsleben' (SPA) beraten sollen und dies für ein Forschungsprojekt dokumentieren müssen" (Fengler 1996, S. 7).

Derartige Weiterbildungsmaßnahmen kommen seit der „Wende" auch in den neuen Bundesländern relativ häufig vor. Hier wurden innerhalb weniger Jahre Tausende von berufsfremden Erziehern und Lehrer in die freiwerdenden Arbeitsplätze der Sozialen Arbeit eingestellt. Es ist gut nachzuvollziehen, daß die Supervision dieser Tätigkeiten mit Angst und Entwertung konfrontiert ist.

Das Jugendamt einer ostdeutschen Großstadt mußte mit dem Beitritt der DDR zur BRD buchstäblich „über Nacht" eine Sozialpädagogische Familienhilfe (SPFH) nach dem KJHG aufbauen. Es standen weder entsprechendes Personal noch Erfahrungen mit dieser Form sozialer Dienstleistungen zur Verfügung. Ein Dutzend Erzieher und Lehrer wurde eingestellt und mit Hilfe des Landesjugendamtes in sogenannten „Anpassungsqualifikationen" auf das neue Aufgabenfeld vorbereitet. Die spezielle Einweisung, Fallbesprechung und Zieldiskussion wird mit Hilfe von wöchentlichen Supervisionssitzungen ergänzt.

Supervision als nachholende berufliche Qualifizierung wird auch dann angeboten, wenn Arbeitskräfte mit anerkannten Abschlüssen und einschlägigen Erfahrungen durch Veränderungen des Aufgabengebietes seitens des Trägers sich nun mit neuen Zielgruppen und anderen Schwerpunkten konfrontiert sehen. Das ist eine natürliche Folge der breiten generalistischen Orientierung in den helfenden Berufen, der beruflichen Mobilität und der sich schnell ändernden Anforderungen. Die Zunahme von akut an Aids erkrankten Menschen in Terminalstationen hat in einigen Großstädten zur Errichtung von Hospizen, d.h. kleinen umfassenden Versorgungseinrichtungen geführt. Der Umgang mit dem drohenden Lebensende kann für die dort tätigen Helfer eigentlich nur mit Hilfe von Supervision bewältigt werden (Mattke/Biniasz 1996).

Beispielsweise brachte es die Pflegeversicherung in ihrer Anwendung auf die Altenheime seit Sommer 1996 mit sich, daß viele dieser Einrichtungen ihre Angebote verändern mußten. So hat ein Altenheim in Niedersachsen die Anzahl der Plätze im Wohn- und Pflegebereich reduziert und einen Teil des freiwerdenden Personals in den neugegründeten mobilen Altenpflegedienst versetzt. Nach vielen Jahren beruflicher Tätigkeit im Heim sahen sich viele Mitarbeiter nun plötzlich mit einem abrupten Rollenwechsel konfrontiert. Sie hatten es nun täglich alleine mit verschiedenen älteren Menschen in deren häuslicher Umgebung zu tun. Teilweise waren sie die einzigen Ansprechpartner, teilweise wurden sie mit überhöhten Ansprüchen überhäuft und sogar in innerfamiliäre Beziehungskonflikte hineingezogen. Es fehlte ihnen aber auch der Austausch mit den Kollegen. Berufliche Unzufriedenheit, erhöhte Krankenstände und Kündigungen waren die Folge. Wöchentliche Supervisionssitzungen konnten diesen Rollenwechsel verstehbar machen, die Mitarbeiter von ihrer Isolation lösen, ihnen helfen, Familienstrukturen zu erkennen und hinsichtlich der Arbeitseinsätze auf einen „gemeinsamen Nenner" zu kommen.

Supervision als nachholende Qualifizierung wird angesichts des großen Wandels in den Berufsfeldern sowie durch neue gesetzliche Vorgaben immer wieder notwendig sein. Im Unterschied zur Weiterbildungssupervision hat sie folgende Merkmale:

(a) Geringeres Anspruchsniveau;   Merkmale
(b) Anlerncharakter (ähnlich wie in der Ausbildungssupervision);
(c) Selbstvergewisserung;
(d) Neu-Gestaltung von Aufgaben, Rollen, Möglichkeiten und Grenzen.

Inhaltlich geht diese Supervision eher in die Breite des neuen Aufgabengebietes als in die Tiefe beziehungsmäßiger Prozesse oder organisatorischer Veränderungen. Aus diesen Gründen ist bei dieser Anwendungsmöglichkeit von Supervision eine größere Feldkompetenz der Supervisoren vonnöten (siehe Ausführungen in Abschnitt 2.3., S. 40 ff.). Häufig kommt es vor, daß das Personal öfter fluktuiert, als die Supervisoren. Supervision erhält dann auch die Aufgabe konzeptionelle Kontinuität zu sichern. Im optimalen Falle sollten die Supervisoren den Arbeitsbereich schon kennen, weil sie dann die Supervisanden regelrecht „anlernen" können. Da die meisten Supervisanden in diesem Bereich beruflich nicht gefestigt sind, brauchen die Supervisoren auch eine gute Kompetenz für Gruppenprozesse; sie müssen sensibel sein für „Anfänger-Ängste". Ferner sollten sie ein Klima für den offenen Austausch, auch über eigene Unsicherheiten und „Fehler", herstellen können. Nicht so sehr die Reflexion der „Fallbesprechungen" oder professioneller Teamarbeit wie bei der Weiterbildungs-Supervision, sondern erst die Schaffung eines Teams *(teambuilding)* ist angesagt.

8.4. WIE MAN SUPERVISOR WERDEN KANN (LEHRSUPERVISION)

Ausbildung von Supervisoren
Ein besonderes Anwendungsfeld stellt die Lehrsupervision dar. Diese Lehrsupervision – „wie wir sie heute verstehen – hat sich erst Mitte der 70er Jahre entwickelt, vorher war von ‚Kontrollsupervision' oder ‚fachlicher Begleitung' die Rede" (Boettcher/Leuschner 1990, S. 7). Es ist schon angesprochen worden, daß ein Großteil derjenigen, die Supervisor werden wollen, den Beruf oder zumindest den Arbeitsplatz wechseln möchten, oder gar „Berufsflüchtlinge" sind. Verbunden mit dem „Traum vom unabhängigen Sachverständigen" (Wolff 1971) ist das eine höchst problematische Mischung, vor allem dann, wenn die Lehrsupervisanden noch sehr jung sind. Wie soll man mit einem derartigen Hintergrund andere und teilweise ältere Sozialarbeiter weiterbilden? Aus diesem Grunde beginnt jede gute Supervisionsausbildung mit einem *Auswahlseminar*, in welchem die persönliche Stabilität, die berufliche Reife und die „geheimen Wünsche", die zur Ausbildung geführt haben, thematisiert werden sollen. Wer zuviele persönliche Probleme hat, müßte an die Psychotherapie verwiesen werden. Vor Beginn der eigentlichen Supervisionsausbildung haben die Ausbildungskandidaten außerdem noch 30 Sitzungen Eigensupervision nachzuweisen (Vorsupervision). Sie sollen nämlich auch einmal ihre eigene berufliche Situation reflektiert haben und die Rolle ihrer späteren Supervisanden kennen, um deren Ängste, Zweifel und Illusionen, aber auch Potentiale verstehen zu können. Die eigentliche Supervisionsausbildung findet dann in einer regelmäßig tagenden Ausbildungsgruppe statt (Gruppensupervision). In der Anfangszeit dieser Ausbildung stehen auch Selbsterfahrung und therapieähnliche Elemente auf der Tagesordnung. Diese sollen dazu verhelfen:

Themen
(a) Die eigenen Berufserfahrungen aufzuarbeiten;
(b) Projektionen, Übertragungen und blinde Flecke bei sich und anderen wahrzunehmen;
(c) die Sensibilität für Zweier- und Gruppenbeziehungen zu erhöhen;
(d) das eigene Verhältnis zu Macht und Organisationen zu klären.

Diese Selbsterfahrung sollte jedoch kein „Therapieersatz" sein, son- Lehrsuper-
dern eher Möglichkeiten und Grenzen psychotherapeutisch orientier- vision
ten Arbeitens in dieser Beratungsform verdeutlichen – zugegebenermaßen ein schwieriges, aber auch notwendiges Vorhaben. Im späteren Verlauf der Supervisions-Ausbildung wird die Supervision mit Gruppenmitgliedern unter Anleitung des Ausbilders (Lehrsupervisors) „geübt", vor den anderen Gruppenmitgliedern dargestellt und dann gemeinsam reflektiert (Life-Supervision). „Die Lehr-Lernsituation in der Supervision ist eine in unserer Kultur einmalige Situation, insofern der Schüler seinen Lehrer nie bei der Arbeit sieht, kaum je ein Werkstück von ihm zu Gesicht bekommt" (Cremerius 1994, S. 421). Zusätzlich müssen thematische Seminare belegt werden, etwa über Methoden und Organisation.

Sobald die Ausbildungskandidaten selber schon supervisorisch tätig Kontrollsuper-
sind, also andere beraten, werden sie diese Erfahrungen bei einem vision
anderen Ausbilder (Kontrollsupervisor) vortragen. In unserer Lebenserfahrung, etwa Ausbildung oder Beruf, haben viele von uns Menschen erlebt, die bei uns eine „Vorbildfunktion" hinterlassen haben. In ähnlicher Weise sollte die Vorbild-Rolle des Lehrsupervisors gestaltet werden. Im Gegensatz zu den üblichen Lernprozessen handelt es sich dabei jedoch um eine besondere Form des Lernens, bei welchem „personengebundenes Wissen und Können eine Rolle spielt" (Fürstenau 1979, S. 24). Dieses für den Laien möglicherweise unverständliche Lernverfahren ist der psychotherapeutischen Ausbildung entlehnt. Auch hier hat man die eigentliche Ausbildung (Lehrsupervision bzw. Lehranalyse) und die Kontrolle eigener erster Schritte (Kontrollsupervision bzw. Kontrollanalyse) personell getrennt, um Rollenklarheit zwischen dem „Lernenden" und dem „Kollegen" herzustellen. Diese Lehrsupervision ist für manche der künftigen Supervisoren eine zweischneidige Angelegenheit. Viele denken, daß sie sich einerseits so „stark" darstellen müssen, um als Supervisoren auf dem „Markt" zu bestehen. Andererseits sollen sie in der Supervisions-Ausbildung auch ihre „Schwächen" zeigen und überwinden können (Böttcher/Leuschner, 1990). Wichtig ist es, daß auch die „heimlichen Gründe", Supervisor werden zu wollen, aufgearbeitet werden, also als ein zu beeinflussender und veränderbarer Teil der eigenen persönlichen und beruflichen Geschichte aufzufassen sind. Die Entscheidung zur Supervision ist nun einmal ein Teil der Lerngeschichte eines Menschen; sie hat es deswegen zu tun mit Krisen, Neuorientierungen und Suchbewegungen.

Anwendungsmöglichkeiten

Probleme durch Konkurrenzsituation
Auf einen problematischen Teil der Ausbildung zum Supervisor muß noch hingewiesen werden: Angesichts der Konkurrenz vieler Ausbildungsstätten untereinander und der Tatsache, daß viele Ausbilder teilweise oder gar ausschließlich von der Supervisoren-Ausbildung leben, besteht die Gefahr, das dieser Markt sich negativ auf die Qualität von Ausbildungen auswirkt (Wirbals 1996). Überspitzt gesagt ist zu befürchten, daß immer mehr Menschen Supervisor werden, aber davon nicht ausschließlich leben können. Sie qualifizieren sich weiter zum Ausbilder für Supervisoren bzw. gründen ein Institut. Daraus kann sich dann ein ähnlicher Prozeß wie bei den „Kettenbriefen" entwickeln. Aber auch für die Lehr- bzw. Kontrollsupervisoren, also die Ausbilder, ergeben sich eine Reihe von Problemen, die hier kurz angesprochen werden sollten:

„(1) Das Vermeiden schwieriger Themen wie z. B. die Eignung des Kandidaten für den Supervisorenberuf, was in der Regel zur Verwaltungsfrage des jeweiligen Instituts gemacht wird (= die gute Mutter spielen);
(2) der sorgende Lehrsupervisor, hinter dem das Bild des urteilenden (sprich: verurteilenden) Lehrsupervisors verschwindet (= der beschützende Vater);
(3) Geltungswünsche der Lehrsupervisoren, die durch die Lehrsupervisanden zu befriedigen sind (Rivalitäten unter den ‚Großen' des Fachs).
(4) Eine besondere Beziehung besteht zwischen Lehrsupervisor und Kandidat, wenn diese altersmäßig nicht weit voneinander entfernt und mögliche professionelle Rivalitäten nicht durchgearbeitet sind (Geschwisterrivalität)."
(Wittenberger 1990, S. 24)

Es dürfte auch deutlich geworden sein, daß es sich bei diesen Konstellationen auch um „Widerspiegelungen" allgemeiner Beziehungsfragen zwischen Klient und Sozialarbeiter/-pädagoge bzw. Sozialarbeiter/-pädagoge und Supervisor, also um Beratungsthemen „erster" und „zweiter" Ordnung handelt. Insofern haben wir es auch mit einer lernträchtigen Situation für die Soziale Arbeit zu tun. Worauf sollten Interessenten an einer Supervisionsausbildung achten? Optimal können folgende Bedingungen bei den Ausbildungsinstituten sein:

Zu beachten bei der Wahl des Ausbildungsinstituts
(a) Mitgliedschaft in und Verbindung zu regionalen Arbeitsgruppen der DGSv;
(b) je größer und methodisch breiter die Ausbildungsstätte, desto besser;
(c) Verbindung zu den Abnehmern, also den Verbänden der Jugendhilfe oder freien Wohlfahrtspflege;

(d) Anzahl der haupt- und nebenberuflichen Mitarbeiter. Arbeiten auch Ausbilder anderer Institute oder Einrichtungen bei Spezialthemen mit?
(e) Bildet die Supervisions-Ausbildung die Haupterwerbsquelle der Ausbilder, oder verrichten sie noch andere Tätigkeiten?
(f) Handelt es sich um ein Institut, das ursprünglich aus einer psychologischen Praxis oder zur Verbreitung einer psychotherapeutischen Methode entstanden ist oder steht es durch Herkunft der Ausbilder stärker in der Tradition sozialarbeiterischer Weiterbildung?
(g) Wieviele Supervisionsgruppen werden zur Zeit ausgebildet, und existieren noch andere Weiterbildungsangebote?
(h) Sind die Ausbilder gleichzeitig in mehreren Gruppen tätig? Erfahrungsgemäß ist es so, daß man sich in emotionaler Hinsicht eher mit nur einer Gruppe verbunden fühlt. Besser ist es, wenn Ausbilder nur eine Gruppe betreuen, weiterhin einen festen Hintergrundberuf haben und nicht auf zu vielen „Hochzeiten tanzen".
(i) Schließlich sollten sich Ausbildungsinteressenten persönlich bei Kollegen informieren, die schon eine derartige Weiterbildung absolviert haben, um deren Erfahrungen zu berücksichtigen.
(j) Es ist zu warnen vor Ausbildungsrichtungen, die sich fern von der Sozialen Arbeit bewegen, lediglich eine methodische Richtung propagieren und deren Ausbilder sich „guruhaft" verhalten.

8.5. Supervision in neuen Feldern

Dem Thema Supervision in neuen Feldern können im Rahmen dieses Einführungsbuches nur einige Hinweise gewidmet werden. Denn die Ausweitungs- und Variationsmöglichkeiten von Supervision sind schier unerschöpflich. Vorerst ist eine Frage zu klären: Wie kam es zur Nachfrage nach Supervision in neuen Arbeitsfeldern außerhalb des Sozialwesens? Hierzu lassen sich verschiedene Gründe anführen. Auch im Profit-Bereich, etwa bei der Industrie oder dem selbständigen Mittelstand, sind schon seit vielen Jahren ähnliche Weiterbildungs- und Beratungsformen wie die Supervision bekannt.

(a) Vor allem in der Industrie weiß man schon seit längerem, daß eine reine auf Rationalität und Gewinnsteigerung orientierte Weiterbildung nicht viel Effizienzzuwachs bringen kann. Moderne und an humanisti- *Entwicklungen* schen Prinzipien orientierte Methoden von Leitung und Gruppenführung werden immer häufiger nachgefragt.

(b) Auch deswegen hat man in den letzten Jahren vor allem aus der humanistischen Psychologie und der Kommunikationstheorie immer mehr Wissen und Praktiken für die Weiterbildung in diesem Bereich übernommen, diese Kenntnisse sind auch Bestandteil einer interdisziplinären Sozialen Arbeit.

(c) Viele Arbeitsvollzüge im Profit-Bereich sind längst nicht mehr mit dem Schlagwort „Herstellen" – im Gegensatz zu „Handeln" – zu charakterisieren. Die moderne Industrie wird immer dienstleistungsbezogener; entsprechend steigt die Notwendigkeit zu optimaler Kommunikation.

(d) Schließlich haben sich viele Supervisoren im Zuge ihrer „Professionalisisierung" natürlich diese neuen Märkte erschlossen. Vor allem in der Industrie winken teilweise wesentlich höhere Honorare als im Sozialwesen.

(e) Diese beschriebenen Tendenzen gelten auch für die Fortbildung im schulischen Bereich, in der Verwaltung oder im selbständigen Mittelstand.

Schule Die letztgenannten Felder sollen hinsichtlich ihres Interesses an der Supervision als erstes kurz beschrieben werden: Arbeitsmöglichkeiten von Supervision in der Schule sind schon seit den 70er Jahren bekannt. Im Grunde genommen geht die psychoanalytische Betrachtung pädagogischer Arbeit in der Schule auf eine Anregung Sigmund Freuds zurück. Der Begründer der Psychoanalyse schrieb im Jahre 1925 in das Vorwort zum Buch „Verwahrloste Jugend" seines Schülers August Aichhorn (1878–1949) den bemerkenswerten Satz von den „drei unmöglichen Berufen – als da sind Erziehen, Kurieren, Regieren" (Freud 1960, S. 565). Mit „unmöglich" meinte Freud keine Abwertung dieser Berufe, sondern die Tatsache, daß man als Pädagoge, Arzt oder Politiker (man könnte heute auch Sozialarbeiter/-pädagoge und Supervisor hinzufügen), den übermächtigen Anforderungen der Praxis eigentlich nie gerecht werden könne. Was Freud als „unmöglich" bezeichnete, führte ein anderer Schüler von ihm, der Pädagoge Siegfried Bernfeld (1892–1953), im gleichen Jahre genauer aus. Die bekannte pädagogische Streitschrift „Sisyphos oder die Grenzen der Erziehung" betont nämlich die besonders komplizierte Übertragungsproblematik des Lehreralltags.

„So steht der Erzieher vor zwei Kindern, dem zu erziehenden Kind und dem verdrängten in ihm. Er kann gar nicht anders, als jenes zu behandeln, wie er dieses erlebte. Denn was jenem recht, wäre diesem billig. Und er wiederholt den Untergang des eigenen Ödipuskomplexes am fremden Kind an sich selbst. Er wiederholt ihn auch dann, wenn er scheinbar das Gegenteil all dessen tut, was ihm seine Eltern antaten." (Bernfeld 1970, S. 141)[28]

Unterbrochen durch Nazidiktatur, Krieg und Nachkriegszeit sollte es noch knapp vier Jahrzehnte dauern, bis solche Überlegungen wieder Eingang in die Fachdiskussion fanden. Peter Fürstenau knüpft in seinem Aufsatz „Zur Psychoanalyse der Schule als Institution" erneut an die Auseinandersetzung mit der Übertragungsproblematik von Pädagogen an. Im Zuge der Bildungsreformen werden die Gedanken dieses Beitrages erst viele Jahre später wieder aufgegriffen und liefern den Anstoß für weitere Publikationen (Brück 1978, 1984; Münch 1984). Viele Lehrer möchten aus ihrer Rolle als „Einzelkämpfer" (Pühl 1994e, S. 272) herauskommen und haben schon relativ früh in den 70er Jahren die Weiterbildungsmöglichkeiten Gruppendynamik, Balint-Gruppen oder andere Verfahren für die Klärung schulischer Probleme genutzt (Palzkill 1995, S. 107 ff.).

Supervision ist allerdings auch schon in verschiedenen Bereichen von Verwaltung bzw. öffentlichen Dienstleistungen als eine Fortbildungsmöglichkeit bekannt (Stahmer/Brauner 1994). Die Variationen und Anwendungsmöglichkeiten scheinen dabei unerschöpflich zu sein: Da wird eine Supervisorin als Fortbildnerin für Mitarbeiter einer städtischen Badeanstalt eingestellt. Denn diese haben Probleme, sich vom traditionellen Badebetrieb auf ein wettbewerbsorientiertes und verbraucherfreundliches „Spaß-Bad" umzustellen. Aber auch über Beratungstätigkeit als interner Supervisor bei der Polizei liegt inzwischen eine Publikation vor (Ricken 1994). Diese Berufsgruppe ist ja in besonderem Maße psychischen Belastungen und sozialem Druck ausgesetzt. Polizeibeamte sehen sich oft mit Situationen konfrontiert, für welche es keine klaren Vorgaben gibt, aber starken Handlungsdruck. Damit steigt die Notwendigkeit, als Person und *gleichzeitig* rollenkonform zu handeln. Supervision bietet dabei eine gute Möglichkeit der Reflexion. Auch Mitglieder von Sonder-Einsatz-Kommandos (SEK) der Polizei erhalten supervisionsähnliche Beratung während und nach kritischen Einsätzen, z. B. nach Geiselnahmen mit Schußwaffengebrauch.

Verwaltung, öffentlicher Dienst

Nicht nur im Bereich der konfessionellen Jugendhilfe und Wohlfahrts- Kirche arbeit, sondern im engeren kirchlichen Berufsfeld selber hat sich die Supervision ihren Platz erobert. So ist die Tätigkeit von Gemeindepfarrern nicht nur vielseitig, sondern birgt die Gefahr von Überforderung und Rollenüberlastung. Neben den Gottesdiensten, Hausbesuchen, Taufen, Beerdigungen ist noch Konfirmandenunterricht, die Aufsicht über einen Kindergarten, ein Jugend- oder Gemeindezentrum und die Führung eines Gemeindebüros zu leisten. Viele Pfarrer sind darin nicht ausgebildet. Ursprünglich an theologischen Fragen interesssiert, finden sie sich nun in Rollen als Sozialarbeiter, Therapeut, Lehrer oder Manager wieder. Auch der Umgang mit dem Gemeindevorstand und der kirchlichen Hierarchie will gelernt sein. Zunehmend wird die Supervision deshalb auch als „pastoralpsychologischer Dienst" verstanden. Supervision soll der „inneren Ermüdung" bzw. den Folgen des Burn-out entgegenwirken. Verschiedene Landeskirchen haben deswegen Richtlinien zur Supervision und Weiterbildung von Pfarrern und anderen kirchlichen Mitarbeitern erlassen. Supervisorisch ausgebildete Pfarrer sollen dabei anderen Geistlichen beratend zur Seite stehen. Im Diakonischen Bereich wird auch eine eigenständige Supervisions-Weiterbildung für theologische Berufe diskutiert.

Selbständiger Mittelstand Supervision für den selbständigen Mittelstand (Münsterjohann/Stachowitz 1994): Unternehmer im mittelständischen Bereich erkennen zunehmend, daß sie es mit speziellen nicht-fachlichen Problemen auf der psychologischen und organisatorischen Ebene zu tun haben. Im Vergleich zu den großen Industriebetrieben mangelt es diesen vereinzelt arbeitenden Selbständigen an Fortbildungsmöglichkeiten, die auf ihre Bedürfnisse zugeschnitten sind. Gerade die Angehörigen akademisch ausgebildeter Berufe meinen, daß fachliches Können alleine ausschlaggebend für den beruflichen Erfolg sei. Wenn sie die kommunikative und organisatorische Seite ihrer Tätigkeit übersehen, werden sie eventuell auch Opfer ihrer hochgradigen Spezialisierung.

Nach vielen Jahren in der Klinik läßt sich ein Facharzt in freier Praxis nieder. Er ist jetzt zwar sein eigener „Herr", sieht sich allerdings mit vielen neuen und ungewohnten Aufgaben konfrontiert: Organisation einer großen Praxis, Führung mehrerer Arzthelferinnen sowie den großen Diskrepanzen zwischen eigenem Anspruch, medizinisch helfend tätig zu sein, und der Tatsache, daß Patienten mit Problemen kommen, die eigentlich keiner medizinischen Hilfe bedürfen. Diese reichen vom Wunsch „krankzufeiern" bis zu unterschiedlichen Kontaktmotiven. Vor allem ältere Patientinnen verfügen außer dem

Postboten, der Verkäuferin im Supermarkt nur noch über den Arzt als Beziehungsperson.
Ein ähnlich gelagertes Anliegen hat ein seit zwölf Jahren in freier Praxis tätiger Zahnarzt: Im Erstgespräch brachte er ein Buch über „Burn-out" mit, um hervorzuheben, daß er hochgradig an dieser „Krankheit leide". Seit über einem Jahr trage er die Anschrift des Supervisors mit sich herum; jetzt endlich habe er den „Schritt" gewagt. Er könne die meisten Patienten nicht mehr ertragen. Schwierig sei es für ihn vor allem, schnell in „körperliche Nähe" kommen zu müssen, Schmerzen zuzufügen, um „helfen" zu können. (Im weiteren Verlauf dieser Einzelsupervision traten dann auch psychotherapeutische Anliegen zutage, die von einer niedergelassenen Psychotherapeutin behandelt wurden.)
In der Fachliteratur ist ein Bericht über die Supervision in einem Reisebüro bekannt. Die Inhaberin eines neuen Reisebüros engagierte eine Supervisorin, um das Betriebsklima zu verbessern. Während der Supervisionszeit mußten zwei Kündigungen verkraftet werden (Kaupp 1993).
Von einem selbständigen Architekten liegt folgender Bericht über seine Erfahrungen mit Supervision vor: Bisher habe ich technische, kaufmännische oder gewerbliche Berufe eher rein funktional betrachtet. Als Architekt war es mein Ziel, daß der Bauherr durch mein Zuhören, Verstehen, Beraten, Planen und Ausführen einer Baumaßnahme einen größtmöglichen Nutzen für sich erreichen sollte. Über meine persönliche Wirkung bei meinen beruflichen Aktivitäten habe ich mir in der Vergangenheit eigentlich wenig Gedanken gemacht. Zufällig bemerkte ich als nebenamtlicher Dozent in einer beruflichen Weiterbildung, daß mir einige der erwachsenen Teilnehmer durch ihre Verhaltensweisen unangenehm waren. Ich war nicht in der Lage, ihnen das zu sagen. Ein Teilnehmer schien das mitbekommen zu haben. Jedenfalls fragte er mich, weshalb ich im Gespräch mit ihm so „grinsen" würde, ob er mich langweile. Das gab mir zu denken. Zufällig erfuhr ich zur gleichen Zeit aus dem Bekanntenkreis, daß sich Supervision genau mit diesen Fragen und ihrer möglichen Lösung beschäftigt. Nach mehreren Wochen hatte ich mich bei einem Supervisor angemeldet. Auf meine Frage, wie Supervision abläuft, erhielt ich die sinngemäße Antwort, daß ich das selber bestimmen würde. Erst im späteren Verlauf der Supervision wurde mir klar, was damit gemeint war. In vielen Supervisionssitzungen hat er mir so etwas wie einen „Spiegel" vorgehalten. In ihm bekam ich die Wirkung meines Verhaltens auf andere gezeigt. Wie wirkt meine Stimme, Sprache, meine Ausdrucksweise und meine Körperhaltung auf die Umgebung? Wird auch etwas anderes verstanden als das, was ich vemeintlich mitgeteilt habe? Hinzu kommt noch der Anlaß für meinen „Gang zum Supervisor": Wie kann ich das, was ich fachlich vertrete, auch richtig „rüberbringen"? Alle zwei Wochen hatte ich nun Gelegenheit, fernab von der Alltagsroutine, die kommunikativen und beziehungsmäßigen Anteile meiner Arbeit zu reflektieren. Was war dabei wichtig und neu? Ich habe gelernt, besser darauf zu achten, wie ich berufliche Beziehungen aufnehme und gestalte.

Anwendungsmöglichkeiten

Ich habe erfahren, wo meine „blinden Flecken" liegen, was ich immer wieder bei mir oder anderen übersehe oder umgekehrt leichtfertig in andere „hineinsehe". Weiterhin hat mir die Supervision eine Bestätigung von bisher eher unsicheren Vermutungen gebracht. Bei manchen Themen hatte ich den Eindruck, so oder so ähnlich hast du es vorher schon gewußt, bist dir allerdings nicht sicher gewesen. Diese zunehmende Klarheit war dann sehr hilfreich für die Zukunft. Wichtig war es noch, meine professionelle Rolle als einen Teil von mir zu sehen, aber auch meine persönliche Grenze zu erkennen und zu schützen.

Modell-projekte Ferner kennen wir die Supervision von Modellprojekten: Modellprojekte sind Vorhaben, die der Erprobung neuer Versorgungssysteme, Arbeitsweisen oder Produkte dienen. Sie haben zwar „Einmaligkeitscharakter", sind aber gleichzeitig eine Art Probelauf für eine mögliche dauerhafte Institutionalisierung (Hansel 1995, S. 221). Modellprojekte sind aus mehrfachen Gründen kompliziert. Inhaltlich und organisatorisch wird oft Neuland betreten; die Mitarbeiter kommen häufig aus verschiedenen Fachrichtungen und kannten einander vorher nicht. Deswegen neigen sie dazu, ihre jeweilige Einzeldisziplin in den Vordergrund zu stellen, obwohl gerade hier eine interdisziplinäre Sichtweise vonnöten ist (Berghold/Filsinger 1993, S. 71; Gregor-Rauschtenberger/Hansel 1993). Alle diese Gründe führen dazu, daß die Projektmitarbeiter unter außergewöhnlich hohem Erfolgsdruck stehen. Oftmals hängt vom Gelingen des Modellprojekts auch noch ihre Weiterbeschäftigung ab. Viele Auftraggeber von Modellprojekten in Industrie, Verwaltung oder der freien Wohlfahrt verbinden mit der Finanzierungszusage auch die Erarbeitung einer wissenschaftlichen Dokumentation (Evaluation) bzw. eine Projektberatung (Projektsupervision). Es soll an dieser Stelle auch darauf verwiesen werden, daß in der ehemaligen DDR eine ähnliche Form der Projektsupervision zur Unterstützung naturwissenschaftlicher Forschung bestanden hatte. „Diese Beratung und Begleitung von Gruppen in der Forschung begann Anfang der 80er Jahre und dauerte bis zur Wende an" (Selter u. a. 1995, S. 364).

Medizin Nachdem die Supervision schon seit Jahren erfolgreich ihre Dienstleistungen im psychiatrischen Sektor anbietet, scheint sie jetzt auch stärker im allgemeinen medizinischen Bereich der Kliniken nachgefragt zu werden. Von Werner (1995) liegt ein Bericht vor über die Stationssupervision an der Medizinischen Klinik und Poliklinik der Universität Heidelberg vor. Hier hat man mit der Supervision schon im Jahre

1976 begonnen, und seit 1994 kam noch eine wissenschaftliche Begleitforschung hinzu.

Unter den neuen Feldern von Supervision scheint der Arbeitsbereich Supervision in der Industrie gegenwärtig für viele Supervisoren besonders attraktiv zu sein. Das hat sicherlich nicht nur mit den guten Verdienstmöglichkeiten zu tun, sondern auch mit dem ansteigenden Bedarf an Supervision in diesem Bereich. Vor allem der zunehmende internationale Konkurrenzdruck hat zu neuen betrieblichen Strategien geführt. Das Schlagwort von der *lean production* bzw. vom *lean management* besagt, daß mit dem Abbau von unnötiger Hierarchie und Vereinfachung der Verwaltung auch eine Ersparnis von Arbeitskraft, Material und Zeit einhergehen könne. Ferner seien die kreativen Potentiale der Mitarbeiter besser zu nutzen. Vor allem die Vorgesetzten auf den mittleren Unternehmensebenen müssen von der bisherigen Rolle als „Anweiser" zu kooperierenden Gruppenleitern umgeschult werden. So folgte dem dann „der Ruf nach neuen Rezepten zur Qualifizierung vor Ort" (Dorando/Grün 1993, S. 56f.). Aus diesem Grunde finden Supervisoren neuerdings auch Beschäftigung in der betriebsinternen Fortbildung von Meistern, Abteilungsleitern sowie anderem Leitungspersonal auf der mittleren Ebene. Vor allem die Hinwendung zur Industrie hat die fachliche Diskussion erweitert und wird natürlich auch kontrovers diskutiert. Dieser Gang mancher Supervisoren in die Wirtschaft wird auch kritisch beurteilt. Neben der Faszination, im leistungsorientierten Industriesektor zu arbeiten und an der Macht teilzuhaben, scheinen vor allem die Verdienstmöglichkeiten ein Motiv zu sein:

„Schließlich last not least ist das Honorar, das für die beraterische Leistung im Profitbereich bezahlt wird, um ein Vielfaches höher, als der Berater im Non-Profitbereich verdient. Der Wunsch, viel Geld zu verdienen scheint sich zu erfüllen; die Kargheit und Bedürftigkeit der sozialen Felder hinter sich zu lassen und am Überfluß, der Großzügigkeit und vielleicht auch manchmal der Verschwendung wirtschaftlicher Unternehmen teilzuhaben, ist zweifelsohne ein verführerisches Angebot." (Weigand 1993, S. 9)

Auch beim „Zweiten Deutschen Supervisionstag" in München im Jahre 1994 beschäftigte man sich kontrovers mit dem Thema „Supervision – ein Instrument der Personalentwicklung".

Das Thema Supervision in der Industrie kann hier nicht vertieft werden. Abschließend möchte ich auf einige diskussionswürdige Fragen hinweisen:

(a) Haben Supervisoren überhaupt Feldkompetenz für die Arbeit in der Industrie?
(b) Können sie sich mit den Zielen im Wirtschaftsbereich identifizieren?
(c) Wie verhalten sie sich im möglichen Konflikt zwischen Geld und Ethik? (Diebäcker 1994; Weigand 1993).

9. Forschungsergebnisse über Supervision

Schon im Jahre 1975 hat ein Kritiker der Supervision gefordert, daß supervisorische Aktivitäten in „Zukunft in stärkerem Maße der empirischen Überprüfung zugänglich gemacht werden" sollten (Huppertz 1975, S.149). Das ist leichter gesagt als getan. Denn Supervision ist eine beziehungsmäßige Dienstleistung, die sich einfach einer engen empirischen Überprüfung entzieht. Es geht ihr so ähnlich wie der Sozialen Arbeit oder anderen pädagogischen bzw. pflegerischen Berufen. Wie soll man den „Erfolg" derartiger Dienstleistungen messen können? In den USA ist die Supervisionsforschung allerdings stärker vertreten als in Deutschland (Belardi 1994a, S. 113 f.).
Welche Forschungen zur Supervision interessieren in diesem Zusammenhang? Ältere und relativ einfache Untersuchungen zur Supervision bestätigen anhand von Teilnehmerbefragungen den Nutzen dieser Lernform für Ausbildung und Berufspraxis für den deutschsprachigen Raum. Die Akzeptanz lag zwischen zwei Drittel bis vier Fünftel aller Befragten (Boskamp/Grönefeld/Hollenkamp 1975; Klüsche 1990, S. 185). Auf die prozeßorientierte und kommunikationswissenschaftliche Erforschung von Supervisionsgruppen bei Rappe-Giesecke (1994c) wurde schon weiter oben verwiesen (siehe Ausführungen in Abschnitt 5.4., S. 127 ff.). Auch die Balint-Arbeit ist durch die Existenz einer speziellen Fachzeitschrift (siehe Anhang, S. 212) gut erforscht. Hirsch schreibt von einer vergleichenden Untersuchung der Wirksamkeit von Balint-Gruppen und Themenzentrierter Interaktion (TZI) in der Weiterbildung von Altenpflegerinnen (1992, S. 17 f.). Schreyögg hat die Effekte der methodischen Orientierung auf die Supervision durch mehrere Befragungen untersucht. In einem mehrstufigen Verfahren hat sie etwa 80 Personen (Supervisanden, Fort- und Ausbildungsteilnehmer unterschiedlicher theoretischer Orientierungen und Vorbildungen sowie Experten) befragt. Wichtigstes Ergebnis war, daß sich ein „Zugewinn an theoretischen Mustern" und auch ein „Zugewinn an handlungsorientierten Aspekten" ergeben hatte. Weiterhin wurde deutlich, daß die Gruppensupervisanden wesentlich mehr dazugewonnen zu haben scheinen als die Einzelsupervisanden (Schreyögg 1994a, S. 40 ff.).

Akzeptanz

Positive Bewertung	Seit 1991 wird in den Alten- und Pflegeheimen der Stadt Stuttgart regelmäßig Supervision angeboten, an der insgesamt 130 Personen teilgenommen haben. Im Frühjahr 1993 wurden 77 dieser Supervisionsteilnehmer anonym zur Wirksamkeit dieser Weiterbildung befragt. Die Ergebnisse dieser Untersuchung verdeutlichen eine durchgängig positive Bewertung in den Bereichen verbesserter Pflegequalität und erhöhter Arbeitszufriedenheit. Auch die Supervisoren erhielten sehr gute Noten (Carrier 1994, S. 712 ff.).
Evaluations-Inventar	Schneider und Müller haben ein „Supervisions-Evaluations-Inventar" entwickelt, mit welchem sie 69 Supervisanden (davon 48 weibliche) bezüglich ihrer Person, Erwartungen, Arbeitssituation, Veränderungen hinsichtlich der Klientel, Institution und Kollegen sowie der Einschätzung des Supervisionsprozesses befragen. Welches sind die wichtigsten Ergebnisse? Wie kam die Supervision zustande (Zahlen leicht gerundet): 10% auf Anordnung durch die Leitung, 51% aus eigenem Interesse, 16% auf Wunsch der Kollegen. Insgesamt äußerten 55% konkrete Befürchtungen hinsichtlich der Supervision. Die wichtigsten dieser Bedenken sind im folgenden aufgeführt:
Bedenken	(a) Auseinanderbrechen des Teams; (b) Verschlechterung der Arbeitsatmosphäre durch Bloßstellung einzelner; (c) daß die Supervision vom Team nicht angenommen wird; (d) Überschreiten persönlicher Grenzen; (e) zuviel von sich preiszugeben; (f) wenig Bereitschaft der Leitung zur Mitarbeit; (g) destruktive Kritik; (h) mangelnde Verschwiegenheit; (i) verhärtete Fronten innerhalb des Teams.
Positive Veränderungen	Welche Veränderungen kamen zustande durch die Supervision? Insgesamt überwogen die positiven Veränderungen deutlich die negativen Erfahrungen. Besonders eindrucksvoll waren die positiven Veränderungen für 27% für die Supervisanden persönlich; 21% auf der kollegialen Ebene; 16% im Verhältnis zur Klientel (Schneider/Müller 1995, S. 91 ff.). Im folgenden einige wichtige Einzelergebnisse hinsichtlich der Institution: 52% äußerten sich dahingehend, daß durch die Supervision Abläufe und Entscheidungswege in der Organisation „eher leichter" oder „leichter" geworden sind.

79 % fühlen sich durch die Supervision „eher sicherer" oder „sicherer", was die Anforderungen aus dem Arbeitsfeld anbelangt. 80 % können mit ihren Gefühlen und persönlichen Bedürfnissen im beruflichen Handeln durch die Supervision „eher besser" oder „besser" umgehen. Bezogen auf die Kollegen hat sich aufgrund der Supervision die Zusammenarbeit und das gegenseitige Verständnis zu jeweils etwa 70 % „eher verbessert" oder „verbessert". Hinsichtlich des Umganges mit Klienten fühlen sich durch die Supervision 65 % „eher sicher" oder „sicherer". Auch die „Helfer-Probleme" scheinen durch die Supervisionserfahrungen geringer zu werden. Durch die Beratung hat das Bedürfnis, der Klientel alles recht machen zu müssen, für 57 % „eher abgenommen" oder „abgenommen". Weiterhin können sich gegenüber den Wünschen und Bedürfnissen der Klientel 60 % „eher besser" oder „besser" abgrenzen. Auch hinsichtlich der eigenen Person fallen positive Veränderungen auf. Durch die Supervision macht die Arbeit für 63 % „eher mehr" oder „mehr" Spaß. Bei Konflikten fühlen sich 68 % „eher weniger" oder „weniger" persönlich angegriffen. Und 70 % fällt es „eher leicht" oder „leicht" Kritik anderer anzunehmen (Schneider/Müller 1995, S. 94 ff.).

Zumindest genau so interessant wie die Akzeptanz von Supervision bei den Supervisanden ist natürlich die Beantwortung der Frage, ob die Supervision mehr Kosten sparen *und* die Qualität der Arbeit erhöhen kann. Die Antwort ist eindeutig: „Supervision ist ein Beitrag zur vorbeugenden Kostendämpfung" (Reifarth 1995, S. 109). Zur Illustration dieser Feststellung sei im folgenden die Zusammenfassung verschiedener regelmäßiger anonymer Befragungen zu den Kosteneffekten von Supervision in einem österreichischen Krankenhaus wiedergegeben:

Kosteneffekt

„Von den zuständigen krankenhausinternen Stellen wurde eine Abnahme der schriftlichen Beschwerden von Patienten und der Versetzungsanträge des Personals sowie ein Rückgang der Krankenstände festgestellt. Wurden im ersten Jahr der Supervision 1.327 Gesamtkrankenstunden gezählt, sank diese Zahl im darauffolgenden Jahr auf 440 Stunden. Der durchschnittliche Zeitaufwand für die Supervision entsprach bei 12 Teilnehmern 0,7 % der Gesamtarbeitszeit. Aufgrund dieses positiven Verlaufs des Modellversuchs wurde das für fünf Jahre ausgelegte Projekt ‚Supervision an den Landeskrankenanstalten (LKA)' genehmigt." (Wiedauer 1991, S. 121)

Es hat also ein dem „Hawthorne-Effekt" vergleichbarer „Supervisions-Effekt" stattgefunden. Von Sprung-Ostermann liegt ein Bericht

Auswertung von Gesprächsprotokollen

über die Erfahrungen mit 14 Supervisionsverläufen im Bereich der Altenhilfe auf der Grundlage von 251 Sitzungsprotokollen bei 16 Sozialstationen vor (1994, S. 46). Die quantitative und qualitative Auswertung der Gesprächsprotokolle ergab, daß fallbezogene Supervision und Teamsupervision nahezu gleichermaßen praktiziert und bevorzugt worden ist. Im Vordergrund der Fallsupervision standen Themen der Beziehung zwischen Pflegerinnen und alten Menschen wie z. B. Abgrenzungsfragen, die Bedeutung von Krankheit oder Schuld und Trauer beim Sterben. Danach kamen Gesprächsinhalte, welche den Ablauf und die Verarbeitung des Alternsprozesses bei der Klientel, deren soziale Situation, ihr soziales Netzwerk sowie die psychische Situation betrafen (ebd., S. 37 ff). Demgegenüber beschäftigten sich die teambezogenen Themen mit Fragen der Auseinandersetzung zwischen altem und neuem Pflegepersonal, Verantwortung, Kompetenzen und Rivalitäten im Team, Austausch von Informationen, Gegensätzen sowie der Suche nach Gemeinsamkeiten in der Zusammenarbeit (ebd., S. 41).

Zusammenfassung Die bisher relativ wenigen und knappen empirischen Studien über Akzeptanz und Praxis der Supervision zeigen deutlich, daß qualitative und quantitative Forschungsmethoden gleichermaßen von Nutzen sein können. Aus dem Bereich der qualitativen Forschung werden immer häufiger sprachanalytische und biographische Ansätze verwendet (Rappe-Giesecke 1994c; Schütze 1993; 1994a, 1994b).

Ausblick Die Bedeutung, Bekanntheit und Akzeptanz von Supervision würde zunehmen, wenn es ihren Befürwortern gelänge, über kurzfristige Akzeptanzerlebnisse und die vielen knappen sicherlich für manche Autoren werbewirksamen Berichte hinaus, solide quantitative und qualitative Forschungsergebnisse vorzulegen. Dazu müßte die Supervisionsszene jedoch stärker aus dem Sektor kommerzieller Institute heraustreten und sich mit der wissenschaftlichen Forschung verbinden.

Schlußbemerkung

Mein Hauptanliegen war es, die Supervision für die Soziale Arbeit zu definieren; d. h. den Studierenden, Praktikern und auch den potentiellen Abnehmern hierfür viele Informationen zur Verfügung zu stellen. Supervision ist ein interdisziplinäres Beratungs- und Weiterbildungsverfahren für eine Vielzahl flexibler Möglichkeiten. Die Anwendungsformen der Supervision sind immer vielfältiger geworden; man kann sie in vielen beruflichen Feldern mit unterschiedlichen Zielen und Schwerpunkten einsetzen. Es war ein langer Weg von der amerikanischen Sozialarbeiter-Supervision, die dann von den deutschsprachigen Emigranten bereichert wurde, bis zur Rückwanderung dieser Einflüsse zu uns. Im deutschen Sprachraum begann die Sozialarbeiter-Supervision nach 1950; später kamen neue Anstöße aus der Psychotherapie und Gruppendynamik hinzu. Das zeigt sich auch an der rasanten Ausweitung der Settings. Viele Jahre lang dominierte die Einzelsupervision, dann kamen im Zuge der Popularisierung des Gruppenwissens die Gruppensupervision später noch die Teamsupervision hinzu. Innerhalb der letzten zehn Jahre tauchen dann eine Anzahl neuer Begriffe und Settings auf: Leitungsberatung, Coaching, Organisationssupervision, Organisationsberatung sowie Organisationsentwicklung. Organisationswissenschaftliches und ökonomisches Denken sind bei manchen Supervisoren zur ursprünglichen Feld- und Beratungskompetenz hinzugekommen.

Aus dem vorangegangenen Text ist deutlich geworden, daß die Supervision zu jenen Berufen gehört, deren „wirkliches Wesen man nur von innen her erkennen kann" (Wittenberger 1990, S. 19). Das mag auch ein Grund dafür sein, daß viele für die Soziale Arbeit bedeutende Erkenntnisse der Supervision den Fachleuten immer noch unbekannt sind. Meiner Meinung nach bilden berufsbezogene Bestandteile der modernen Supervision einen zentralen Bereich einer noch zu entwikkelnden Theorie der Sozialen Arbeit. Ein anderer Autor hat das wie folgt beschrieben:

„Um ihre eigenen Handlungsbeiträge und Verstrickungen zu durchschauen, benötigt die Sozialarbeit – neben der Supervision – auch die Fundierung durch eine im Kern interdisziplinäre Grundlagen- und Anwendungssozialwissenschaft." (Schütze 1993, S. 193)

Schlußbemerkung

Weiterhin gilt: „Die soziale Arbeit kann nur dann ihre eigenständigen sozialwissenschaftlichen Erkenntnisquellen ausschöpfen, wenn sie die Sozialisation ihrer Fachkräfte in die ethnographische Sichtweise mehrschichtig im Sozialwesen-Studium und in sozialwesenspezifischen Aufbaustudiengängen wie dem der Supervision verankert." (Schütze 1994b, S. 191)

Diese immer noch begrenzte Bekanntheit und Nutzung der Supervision steht allerdings im Mißverhältnis zur potentiellen berufspraktischen Rolle und Aufgabe, welche sie für die Aus- und Weiterbildung der Profession innehaben sollte. Weshalb eigentlich wird diese bedeutende Entdeckung der Sozialen Arbeit (auch für andere Berufe) sowohl theoretisch wie praktisch im eigenen Fachgebiet, also der Sozialen Arbeit, noch zu selten praktiziert. Auch zwei weitere Merkmale erschweren die Verbreitung von Supervision:

(a) Supervision entwickelte sich aus der ehemaligen fachlichen Selbstkontrolle im Berufsvollzug immer mehr zu einer *Spezialdisziplin*, die sich durch allgemeine Supervisions-Konzepte und Freiberuflichkeit von der Sozialen Arbeit entfernt hat.
(b) Bei der Supervision handelt es sich um *personengebundenes Wissen und Können* (Fürstenau 1977, S. 24), das man vorwiegend in längeren Lernprozessen sowie im „Meister-Lehrling-Verhältnis" erlernen kann – und nicht aus Büchern oder in theoretischen Seminaren.

Die Soziale Arbeit beschäftigt sich mit mannigfaltigen sozialen Dienstleistungen von Menschen für andere Menschen. Niemand wird als kompetenter Sozialarbeiter/-pädagoge geboren. Wenn es manchmal schon mühevoll ist, sich die Soziale Arbeit in allen ihren Aspekten anzueignen, so ist es auch möglich, vielleicht aber auch anstrengender, das Weiterbildungs- und Beratungssystem der Sozialarbeit, also die Supervision, zu erlernen und auszuüben. Dabei sollte man sich allerdings im Klaren sein, daß sowohl die Soziale Arbeit, als auch die Supervision, ein „schwieriges Geschäft" sind. Gegenüber den Anforderungen der Praxis werden beide Hilfesysteme oft „unzulänglich" bleiben, weil ihre Möglichkeiten begrenzt und die seelischen, sozialen und wirtschaftlichen Nöte übergroß sind. Umgekehrt gilt jedoch auch: Bei konsequenter Nutzung von Supervision kann mehr erreicht werden als bisher. Allerdings ist die Supervision kein „Wundermittel"; sie kann die Mängel in der grundständigen Ausbildung, die Defizite und die Probleme der Behandlersysteme oder unseren unter Druck geratenen Sozialstaat nicht „kurieren". Für die Supervision gilt dasselbe,

Schlußbemerkung

was viele schon bezüglich der Sozialen Arbeit gesagt haben. Sie kommt strukturell bedingt leider oft „zu spät". Hier wie dort benötigt man viel Wissen und Können, Geduld, Kraft und die Fähigkeit, „dicke Bretter zu bohren". Ein letztes Wort gilt noch den Supervisoren, wie auch denjenigen, die es noch werden wollen. Es ist fraglich, ob jeder „alles" für alle Felder der Sozialen Arbeit in allen möglichen Settings anbieten kann. Neben der in der Fachliteratur dominierenden freiberuflichen Supervision hat zumindest gleichrangig die nebenberufliche und organisationsnahe Beratung zu stehen.

Wenn man Supervision ausübt, sollte man sich vor den Verführungen der Macht und des Geldes in acht nehmen. In diesem Sinne versteht sich die DGSv auch nicht als „Gesellschaft allein zur Durchsetzung von Marktinteressen". Sie will „keine Anspruchs- und Raffgesellschaft" sein, sondern sie möchte „Fachlichkeit und Wertbewußtsein innerverbandlich, gegenüber den Klienten und der Öffentlichkeit entwickeln" (Weigand o. J., S. 3). Skeptisch stehe ich den Bestrebungen von Personen und Institutionen aus dem psychotherapeutischen Bereich gegenüber, noch stärker am wachsenden Markt der Supervision Sozialer Arbeit partizipieren zu wollen. „Wie Herden, die zu neuen Weiden ziehen, nachdem die alten Weiden abgegrast sind", hat der österreichische Kollege René Reichel diesen Vorgang treffend beschrieben. Von meiner Herkunft als Sozialpädagoge und Hochschullehrer für dieses Fach liegt mir das „traditionelle Verständnis" von Supervision als Beratungsmethode sozialer und pädagogischer Berufe näher als andere Vorstellungen von dieser Tätigkeit. Supervisoren dienen der Sache am ehesten, wenn sie sich in Bescheidenheit üben und den grundständigen Berufen verbunden bleiben. Sie sollten sich auch davor hüten, zur besserwissenden „Priesterkaste" der Sozialen Arbeit zu werden.

Anhang

1. ANSCHRIFTEN

Berufsgruppe für Supervisorinnen und Supervisoren Südtirols.
Inge Tutzer, Brennerstrasse 2,
I – 39100 Bozen.
(Tel.: 0039 – (0) 471 – 98 01 67).
Dieser Verein verschickt ein Verzeichnis der in Südtirol tätigen Supervisoren.

Berufsverband für Supervision und Organisationsberatung (BSO).
Ueli-Bartley Brönnimann, Gutenbergstrasse 33, CH – 3011 Bern.
(Tel. und FAX: 031 – (0) 382 – 44 82).
Der BSO versendet ein Mitgliederverzeichnis und eine Zusammenstellung aller anerkannten Ausbildungsinstitute. Außerdem gibt der Verband das „BSO-Bulletin" heraus.

Bund Deutscher Psychologen (BDP).
Geschäftsstelle: Heilsbachstraße 22,
D – 53123 Bonn.
(Tel.: 0049 – (0) 228–98731-0).
Träger einer BDP-eigenen Supervisionsausbildung für Diplom-Psychologen.

Dachverband für Familientherapie und Systemisches Arbeiten (DFS).
Geschäftsstelle: Frankfurter Str. 33,
D – 51065 Köln.

Deutsche Balint-Gesellschaft e.V.
Geschäftsstelle: Frau Dr. med. Heide Otten, Appelweg 21, 29342 Wienhausen.
(Tel. 0049 – (0) 5149 – 8855 oder 8936).
Informationen über Balint-Gruppen-Arbeit.

Deutsche Gesellschaft für Supervision (DGSv).
Geschäftsstelle: Flandrische Strasse 2,
D – 50674 Köln,
(Tel.: 0049 – (0) 221 – 25 74 482;
Fax: 0221 – 25 76 119).
Gegen eine Schutzgebühr von DM 5,- ist ein Verzeichnis der Mitglieder, Ausbildungsinstitute und Regionalgruppen erhältlich.

Gesellschaft für wissenschaftliche Gesprächsführung (GwG).
Geschäftsstelle: Richard-Wagner-Straße 12,
D – 59674 Köln.
(Tel.: 0049 – (0) 221 – 92 59 08 – 0).
Träger einer GwG-eigenen Supervisionsausbildung für Diplom-Psychologen, Diplom-Pädagogen, Sozialarbeiter und Sozialpädagogen.

Österreichischer Verein für Supervision.
Geschäftsstelle: Mag. Angela Gotthardt-Lorenz, Hießbergergasse 13,
A – 3002, Purkersdorf bei Wien.
(Tel.: 0043 – (0) 2231 – 5197,
FAX: 02231 – 5241).
Es existiert ein Verzeichnis der Ausbildungsinstitute und Mitglieder.

Anhang

2. STANDARDS FÜR DIE WEITERBILDUNG ZUM/ZUR SUPERVISOR/IN DER „DEUTSCHEN GESELLSCHAFT FÜR SUPERVISION" (DGSv)
(Stand: Dezember 1995)

1. Eingangsvoraussetzungen

1.1 Abschluß Fachhochschule Sozialpädagogik/Sozialarbeit, Sozialwesen oder ein humanwissenschaftlicher Hochschulabschluß.
a) Mindestens 5jährige Berufserfahrung (nach dem Berufspraktikum).
b) 30 Sitzungen Supervision in den letzten drei Jahren in zwei verschiedenen Supervisionsformen, davon ein Prozeß in Einzelsupervision bei SupervisorInnen mit anerkannter DGSv-Ausbildung bzw. bei Mitgliedern der DGSv.
c) Nachweis über methodische Kenntnisse durch die Teilnahme an langfristigen Zusatzausbildungen oder Fortbildungsveranstaltungen, die das Spannungsfeld Person, Rolle und Institution zum Gegenstand haben (Mindestumfang 400 Ustd.).
1.2 Ausnahmeregelungen
a) Mindestens 8jährige Berufserfahrung nach Abschluß der Berufsausbildung.
b) 30 Sitzungen Supervision in den letzten 6 Jahren in Gruppen- oder Teamsupervision und 15 Sitzungen Einzelsupervision in den letzten 3 Jahren bei SupervisorInnen mit anerkannter DGSv-Ausbildung bzw. bei Mitgliedern der DGSv.
c) Nachweis über methodische Kenntnisse durch die Teilnahme an langfristigen Zusatzausbildungen oder Fortbildungsveranstaltungen, die das Spannungsfeld Person, Rolle und Institution zum Gegenstand haben (Mindestumfang 800 Ustd. bei zwei verschiedenen Fortbildungsträgern) davon 250 Ustd. in einer längerfristigen Fortbildung.
d) Ein schriftliches Gutachten des Ausbildungsinstituts.
e) Ein schriftliches Gutachten eines/r Lehrsupervisorsln der/die von dem Aufnahmeausschuß benannt wird.
f) Der Aufnahmeausschuß entscheidet über die Zulassung.
g) Der/die KandidatIn hat Widerspruchsrecht. Über den Widerspruch entscheidet der Vorstand der DGSv.

2. Abschlußvoraussetzungen

2.1 Kontinuierliche Teilnahme am Kurs mit einer Mindestdauer von 60 Tagen, bzw. mindestens 500 Unterrichtsstunden, verteilt auf mindestens zwei Jahre.
2.2 Durchführung von mindestens drei eigenen Lernsupervisionsprozessen à 15 Stunden in Einzel-, Gruppen- und/oder Teamsupervision.
2.3 Teilnahme an mindestens 35 Sitzungen Lehrsupervision. Die Lehrsupervision soll in einem regelmäßigen Sitzungsturnus durchgeführt werden (pro TeilnehmerIn müssen 90 Min. mal 35 Sitzungen gleich 52,5 Zeitstunden zur Verfügung stehen).
2.4 Schriftliche Auswertung der Lehrsupervision.
2.5 Eigenständige schriftliche Abschlußarbeit.
2.6 Stellungnahme der Kursleitung über die erfolgreiche Teilnahme am Kurs und der/s Lehrsupervisors/in über die erfolgreiche Lern- und Lehrsupervision.
2.7 Erfolgreiche Teilnahme am Abschlußkolloquium.

3. Konzeptionelle Voraussetzungen

Die Klärung der professionellen Standards für die Ausbildungsinstitute sind in Zusammenarbeit zwischen Vorstand, Ausbildungs-

ausschuß und Aufnahmeausschuß in den nächsten zwei Jahren zu entwickeln und festzulegen.
Vorübergehend orientiert sich der Aufnahmeausschuß an folgenden konzeptionellen Voraussetzungen:
3.1 Die Gesamtbegleitung/Leitung des Kurses muß durch SupervisorInnen mit anerkannter Ausbildung der DGSv bzw. Mitglieder der DGSv erfolgen. Die Kursleitung muß die kontinuierliche Teilnahme am Kurs nachweisen.
3.2 Eine Ausbildungskonzeption, die Aussagen macht über:
a) Eine Theorie über die Person (z. B. Psychoanalyse, System- und Kommunikationstheorie) sowie das Lernen von Erwachsenen;
b) das Verständnis über das Spannungsfeld von Klienten, Organisation und Mitarbeitern in den Praxisfeldern von Supervision;
c) die didaktischen Grundsätze und das methodische Vorgehen (z. B. Kontrakt, Setting, Dauer von Supervision etc.);
d) das Verständnis der praktischen Arbeit der Praxisfelder von Supervision im gesellschaftlichen Kontext.

3.3 Mindestdauer des Kurses von 60 Tagen in zwei Jahren, davon ca. 50 % in einer Kursorganisation, die das Lernen in einer kontinuierlichen Lerngruppe sicherstellt (Ausbildungsgruppe als Lernort und Möglichkeit der vielfältigen Persönlichkeitsreflexion). Mindestens 2/3 der Unterrichtstage sind in Wochenblöcken von mindestens 5 Tagen durchzuführen.
3.4 Durchführung der Lehrsupervision (vgl. 2.3).
3.5 Personelle Trennung von Kurs-/Seminarleitung und LehrsupervisorInnen.
3.6 Empfohlen wird die Gründung von Gremien, die eine Vertretung der Interessen von TeilnehmerInnen, LehrsupervisorInnen, KursleiterInnen und Ausbildungsträgern sicherstellt.
3.7 Im gemeinsamen Interesse der Institute und der DGSv verpflichten sich die Institute, nicht mehr als zwei TeilnehmerInnen pro Ausbildungskurs (bzw. max. 10 %) als Ausnahme zuzulassen.

3. RICHTLINIEN UND EMPFEHLUNGEN FÜR DIE SUPERVISION SEITENS EINIGER TRÄGER DER JUGENDHILFE UND DER FREIEN WOHLFAHRTSPFLEGE

Im folgenden habe ich Teile von Empfehlungen zur Supervision abgedruckt, um zu dokumentieren, welche wichtigen professionellen und qualitätssichernden Ziele, Erwartungen, Bedingungen und Unterstützungsmöglichkeiten repräsentative Träger des Sozialwesens mit der Supervision verknüpfen. Aus räumlichen Gründen wurden nur besonders interessante und neue Gesichtspunkte wiedergegeben. Gleichzeitig sei diesen Verbänden für die Abdruckgenehmigung gedankt.

Anhang

3.1. Empfehlungen zur Supervision
Ein Qualifizierungsinstrument sozialer Arbeit in der Arbeiterwohlfahrt
(Auszüge)

1. Vorbemerkung

Die vorliegenden Empfehlungen gehen auf Vereinbarungen über Supervision mit den kommunalen Spitzenverbänden im Deutschen Verein zurück. Sie sollen Anstellungsträgern Anregungen und Hilfen geben, Supervision als festen Bestandteil der sozialen Arbeit zu sichern und zielgerichtet einzusetzen.
Die soziale Arbeit ist gesetzlich verankert, u. a. im Bundessozialhilfegesetz und im KJHG und verpflichtet die Träger, fachliche Standards sicherzustellen. Die fachlichen Standards entziehen sich weitgehend den klassischen Mitteln einer Wirksamkeitskontrolle. Da Hilfeprozesse nicht in die Beliebigkeit entlassen werden sollen, sind spezifische Instrumente der Steuerung und Qualitätssicherung notwendig. Supervision ist dafür ein geeignetes und bewährtes Instrument, in dem sie die Wechselwirkungen zwischen Ratsuchenden, institutionellen Bedingungen und dem professionellen Handeln reflektiert und bearbeitet. Im Sozialgesetzbuch VIII wird Praxisberatung verpflichtend ausgewiesen. Dieser Gesetzesauftrag „Praxisberatung" beinhaltet auch Supervision.

2. Zielgruppen der Supervision

Zielgruppen der Supervision sind vor allem Fachkräfte, die in Handlungsfeldern der sozialen Arbeit tätig sind und Lern-, Beratungs- und Hilfsprozesse gestalten. Auch für Verwaltungskräfte und sozialpflegerische Berufe, die kontinuierlich Hilfsprozesse oder Beziehungsarbeit leisten, kann Supervision notwendig sein.

3. Begriffsbestimmung

Supervision ist ein geeignetes und bewährtes Instrument der Steuerung, der Qualitätssicherung und der Weiterentwicklung der fachlichen Arbeit. Supervision verhindert, daß die fachliche Arbeit unwirksam wird, weil Fachkräfte die Unterschiede zwischen Person, Rolle und Funktion nicht eindeutig wahrnehmen oder weil unklare Organisations- und Entscheidungsstrukturen die professionelle Arbeit erheblich einschränken. (...)

6. Zur Finanzierung von Supervision

Die Aufwendungen für die Supervision sind als Personalkosten anzusetzen. Sie sind förderungswürdige Personalkosten. (...)

7.2 Interne Supervision

Diese ist möglich, wenn die Supervisor(en)/-innen zur Organisation gehören und keine Dienst- und Fachaufsicht haben. Diese Form der Supervision ist geeignet, die Wirksamkeit beruflichen Handelns in der Organisation zu stärken und durch Reflexion die fachlichen Linien in der Organisation zu verankern. Insbesondere bei größeren Gliederungen der Arbeiterwohlfahrt können interne Supervisor(en)/-innen ein vielfältiges Angebot interner und externer Supervision und Fortbildung bieten. Träger, die über mehrere ausgebildete Supervisor(en)/-innen verfügen, können vereinbaren, daß diese Supervisor(en)/-innen für andere Gliederungen, Arbeitsfelder oder Abteilungen tätig werden. Mehrere Träger können sich in einem Verbundsystem ihre ausgebildeten Supervisor(en)/-innen gegenseitig zur Verfügung stellen.

3.2. Bedeutung und Bedingungsrahmen von Supervision im Caritasverband (Auszüge)

Begründung von Supervision

Ihre Begründung findet Supervision in dem Umstand, daß herausragende Kennzeichen aller sozialberuflichen Tätigkeit die unmittelbare Interaktion zwischen Personen ist. Ob erzieherisches, beratendes, therapeutisches Handeln, pflegerische Zuwendung, Lebensbegleitung, aber auch Erschließen von Ressourcen und Veränderung institutioneller Bedingungen, immer geschieht Erziehung, Hilfe, Pflege, Unterstützung und Veränderung für und mit Personen. Die Erlebnis-Verhaltens-Beziehungs-Dimension hat darin einen bedeutsamen Stellenwert, die die Qualität und Wirksamkeit der Arbeit entscheidend bestimmt. Die Person des Helfenden ist dabei ein zentrales „Instrument" der Hilfe. Das setzt die Bereitschaft der Mitarbeiter voraus, sich auszusetzen und sich einzulassen. Ihre Fähigkeit zur Reflexion des beruflichen Handelns auf kognitiver wie affektiv-emotionaler Ebene, die immer neu angestrebte Integration von Wissen, Können und Haltung sind wichtige Voraussetzungen dafür, daß Helfen gelingt. Auch die sach- und situationsgemäße Wahrnehmung von Leitungsaufgaben in diesem fachlich wie menschlich sensiblen Feld ist an vergleichbare Anforderungen gebunden. Erwartungen und Anforderungen solcher Art erfüllen sich nicht selbstwüchsig und werden auch nicht durch vorausgehende Ausbildung allein sichergestellt. Reflektierte Erfahrung sowie psychologische und sozialwissenschaftliche Forschung machen deutlich, wie sehr im menschlichen Beziehungs- und Handlungsfeld Selbsttäuschung, Fehlinterpretation, Verdrängung und Übertragung dominant werden können und Handeln blockieren oder in ungewollte Richtungen abdrängen. Grundsätzlich ist heute unbestritten, daß die hier angesprochene Berufsausübung um derjenigen willen, denen dadurch geholfen werden soll, und im Blick auf das fachlich jeweils mögliche und Gebotene, aber auch unter dem Gesichtspunkt der Verantwortlichkeit der Mitarbeiter und den Mitarbeitern *gegenüber* einer Förderung und Unterstützung durch Fortbildung und durch angemessene Formen der Praxisbegleitung und Reflexionshilfen bedarf. Vor allem zum letzteren kann und will Supervision einen wichtigen Beitrag leisten.

Indikationen und Formen von Supervision

Generell kann man feststellen, daß Supervision hilfreich ist für Mitarbeiter/-innen, die ihre berufliche Kompetenz festigen und erweitern wollen, und zwar insbesondere im Zusammenhang folgender Situationen:
– als Berufsanfänger;
– beim Umstieg in ein anderes Berufsfeld;
– bei der Umstrukturierung des Arbeitsfeldes;
– bei der Übernahme von zusätzlichen Aufgaben oder Leitungsverantwortung;
– bei besonders komplexer und belastender Arbeit;
– zur Vermeidung des Absinkens in bloße Routine oder Einseitigkeit;
– als integrierter Teil eines Fortbildungskurses.

Supervision ist also jeweils ein zeitlich begrenzter Lernprozeß.

Institutionelle Voraussetzungen

Entscheidende Voraussetzung für das Gelingen der Supervision ist ihre Freiwilligkeit; ohne Einwilligung in den Supervisionsprozeß ist Supervision nicht möglich. Das bedeutet nicht, daß Supervision ohne jede Anregung oder Einfluß von außen zustandekommen

Anhang

muß. „Freiwilligkeit" besagt jedoch, daß Supervision nicht verordnet werden kann. Sie ist also nicht etwa Disziplinierungsmaßnahme für besonders schwierige Mitarbeiter, wie sie sich übrigens auch nicht als Gratifikation für besondere Verdienste eignet.

Empfehlungen zur Ermöglichung von Supervision in den Arbeitsfeldern der Caritas

1. Supervision wird als notwendige und sinnvolle Form beruflicher Qualifikation bejaht.
2. Dienstgeber und Mitarbeiter tragen zu den aus der Sache sich ergebenden jeweiligen Anteilen dafür Verantwortung, daß die Bedingungen für einen zweckgerichteten Einsatz des Instruments der Supervision geschaffen und eingehalten werden.
3. In jedem Einzelfall ist, sofern der Dienstgeber beteiligt wird, eine Abstimmung zwischen den Erfordernissen der Institution und dem angemeldeten Bedarf von Mitarbeitern herbeizuführen. Hier bedarf es sorgfältiger Abwägungen, an denen tunlichst auch die Mitarbeiterteams (unbeschadet der Mitwirkungsrechte der Mitarbeitervertretung) zu beteiligen sind. Grundsätze der Sparsamkeit können nicht außer Kraft gesetzt werden.
4. Die Dienstgeber sollten auf klare Vereinbarungspraxis dringen und ihre Entscheidungsfindung möglichst transparent machen.
5. Im jeweils in dieser Orientierungshilfe gekennzeichneten Rahmen sollten alle Beteiligten (Supervisand, Supervisor, Dienstgeber) dazu beitragen, daß sachliche Informationen erfolgen und Rechenschaft gegeben werden kann. Dazu ist auch der Wille erforderlich, sich entsprechend kundig zu machen.
(aus: „Caritas", Januar 1992, S. 40 ff.)

3.3. Rahmenrichtlinien für Supervision in den v. Bodelschwinghschen Anstalten Bethel (Auszüge)

Vor Beginn jeder Supervision bedarf es eines klar definierten Auftrages, der Ausgangslage, Zielsetzung und Rahmen der Supervision beschreibt. Die drei beteiligten Gruppen

– SupervisandIn
– Dienstvorgesetzte/r
– SupervisorIn

legen im gemeinsamen Gespräch den Supervisionskontrakt fest. Er enthält eine Vereinbarung über die inhaltlichen Schwerpunkte, die Dauer, die Arbeitsgepflogenheiten (z. B. die Abfassung von Protokollen, Zwischenauswertung o. ä.) und das methodische Vorgehen (z. B. reflektierendes Beratungsgespräch, Fallsupervision o. ä.). Dieser Kontrakt wird am Ende der Supervision von den drei beteiligten Gruppen ausgewertet.

Ein Supervisionsprozeß hat in der Regel 15 Sitzungen. Die Anzahl der Sitzungen kann jedoch nach Situation bei kurzfristigen Interventionen bzw. problembezogenen Supervisionen gekürzt werden. Eine Verlängerung ist möglich, muß jedoch begründet beantragt werden. Eine Team- bzw. Gruppensupervision hat in der Regel 120 Minuten, eine Einzelsupervision in der Regel 60 Minuten.
Supervisor und Supervisanden sind gegenüber Dritten an das Verschwiegenheitsgebot gebunden. Ergeben sich im Supervisionsprozeß Problemstellungen, Planungen, Absprachen und Entscheidungen, die auch für andere Mitarbeiter oder den Vorgesetzten von Wichtigkeit sind, wird in der Supervisionssitzung Inhalt und Weg der Informationsweitergabe

besprochen. Als sinnvolle Handlungsmaxime hat sich erwiesen: „Verschwiegenheit im Persönlichen und abgesprochene Offenheit im Sachlichen". Die Supervisoren sind zur Verschwiegenheit verpflichtet, mit Ausnahme der eigenen fachlichen Kontrolle.
Supervision ist möglich, wenn Interessenten, Einzelne, Gruppen, Institutionen dieses wünschen oder wenn Dienstvorgesetzte (Teilleitungen) sie anordnen. Der Antrag auf Supervision ist mit einer kurzen schriftlichen Begründung oder Problemskizze über den Dienstvorgesetzten und das Zentrale Institut für Betriebliche Fort- und Weiterbildung an die jeweilige Teilleitung zu stellen.
Der Dienstvorgesetzte gibt auf dem Antrag seine empfehlende oder ablehnende Stellungnahme ab. Das Zentrale Institut für Betriebliche Fort- und Weiterbildung prüft jeweils konkret, ob Supervision das geeignete Mittel für die vorgetragene Problemstellung ist. Dazu gibt es eine fachliche Stellungnahme ab. Es kann den/die Interessenten und die jeweilige Leitung dazu anhören. Die Teilleitungen entscheiden über die Supervisionsanträge im Rahmen ihres Budgets, ihrer Zielsetzung und Prioritätensetzung. Im Konfliktfall, z. B. bei Ablehnung eines Supervisionsantrages, kann die Mitarbeitervertretung eingeschaltet werden.

Nach Genehmigung des Antrages durch die Teilleitungen erfolgt die Vermittlung eines Supervisors durch das Zentrale Institut für Betriebliche Fort- und Weiterbildung. Vermittelt werden nur Supervisoren, die auf der Supervisorenliste der vBA Bethel geführt werden und die nach den Richtlinien für Supervision in den vBA arbeiten.
Die in Bethel tätigen Supervisoren werden in ihrem Einsatz vom Zentralen Institut für Betriebliche Fort- und Weiterbildung koordiniert. Das Institut garantiert ein transparentes Verfahren für den Einsatz der Supervisoren. Es führt die Liste der Supervisoren, in denen die Einsätze und freien Plätze für Supervision vermerkt sind, und sie macht die Liste nutzbar für das oben genannte Verlängerungsverfahren (Vermerk von Weiterbildungen und Anzahl der durchgeführten Prozesse).
Es wird davon ausgegangen, daß nach wie vor Eigenbeiträge zur Supervision geleistet werden. Die Höhe der Eigenbeiträge ist in der Gebührenordnung für die Supervision in den vBA Bethel festgelegt. Bei Team- bzw. Gruppensupervision entfällt die zeitliche Eigenbeteiligung. Die Honorare der in den vBA tätigen Supervisoren werden ebenfalls in der Gebührenordnung festgelegt.
(Stand: Februar 1993)

Anhang

4. SUPERVISIONSVERTRAG (MUSTER)

SUPERVISIONSVERTRAG

Zwischen .... (Supervisorin/Supervisor)
und .... (Auftraggeber)
werden für das Jahr .... folgende Supervisions-Termine
vereinbart: ....
....

Ein Ausfallhonorar steht der Supervisorin/dem Supervisor zu, wenn die Terminabsage bzw. Terminverschiebung seitens der Supervisanden innerhalb von weniger als .... Tagen vor dem Beratungstermin erfolgt.

Als thematische Schwerpunkte der Supervision sind vorgesehen: ....
....
....
....

Die Ergebnisse der Supervisionssitzungen können mit der Leitungsebene unter Beteiligung der Supervisanden wie folgt reflektiert werden: ....
....
....
....

Mit Ablauf der vereinbarten Supervisionssitzungen endet der Vertrag, es sei denn, er wird schriftlich erneuert.

Ausschluß der Kündigung nach §§ 626 und 627 BGB: Das Vertragsverhältnis darf nur vorzeitig unter Benennung folgender relevanter Gründe gekündigt werden: ....
....

Alle Beteiligten sind an die Schweigepflicht (z. B. § 203 StGB) und die bestehenden Datenschutzbestimmungen gebunden.

In der Supervision behandelte Themen grundsätzlicher Natur, welche die Institution und ihre Aufgabenerfüllung betreffen, können auch im Einverständnis und bei Beteiligung aller (Supervisor/in, Supervisanden/innen Leitungsebene) gemeinsam besprochen werden. Auch dabei sind Personaldaten grundsätzlich zu anonymisieren.

Jede Supervisionssitzung dauert als Einzelsupervision .... Minuten und als Gruppen/Teamsupervision ...... Minuten.

Das Honorar beträgt DM: ....
Die Honorarzahlung erfolgt von: ....
auf folgendes Konto: ....
Für die Fahrtkosten gilt folgende Regelung: ....
....

Supervisor/in   Auftraggeber

Anmerkungen

[1] Für die Bereitstellung von Informationen möchte ich mich an dieser Stelle bedanken bei: Prof. Dr. H. J. Kersting (Aachen), Gründungspräsident der „Deutschen Gesellschaft für Supervision" (DGSv), Prof. Peter Reinicke (Berlin), Martin Scherpner („Deutscher Verein für öffentliche und private Fürsorge", Frankfurt/M.). Von ihnen erhielt ich zusätzliche Informationen über die Ursprünge der Supervision in Deutschland. Sie ergänzen die Darstellung meines früheren Buches über Supervision (Belardi 1992a, S. 49–92). Prof. Dr. Wolfgang Weigand, Präsident der „Deutschen Gesellschaft für Supervision" (DGSv) half ebenfalls bei der Materialbeschaffung und der Bereitstellung eines Schaubildes. Gleiches gilt für Frau Mechthild Midderhoff, Leiterin der Geschäftsstelle der „Deutschen Gesellschaft für Supervision" (DGSv) in Köln. Zur Darstellung der Supervision im deutschen Sprachraum gehört auch die Supervision in Österreich, der Schweiz und Südtirol. Dr. Waltraud Windisch Flandorfer (I – Vahrn) und Martha Ellecosta (I – Bozen) halfen mit Informationen aus Südtirol. Ueli-Bartley Brönnimann (CH – Bern), Hansjürg Donatsch (CH – Meilen), Dr. René Reichel (A – St. Pölten) verdanke ich die Zusendung von Materialien über die Entwicklung der Supervision in der Schweiz und Österreich. Frau Dr. Astrid Schreyögg („Bund Deutscher Psychologen"), Herr Dr. Thomas Fleischer für den Vorstand der „Gesellschaft für wissenschaftliche Gesprächsführung" (GwG) in Köln und Frau Dr. M. Stubbe von der „Deutschen Balint-Gesellschaft" halfen mit Informationen über ihre Verbände. Dem „Bundesverband der Arbeiterwohlfahrt", dem „Deutschen Caritas-Verband", der „Diakonischen Akademie", der „Katholischen Bundesarbeitsgemeinschaft der Träger von Erziehungsberatungsstellen" und dem „Zentralen Institut für Betriebliche Fort- und Weiterbildung" der „v. Bodelschwinghschen Anstalten" in Bethel bei Bielefeld danke ich für Unterlagen sowie die Abdruckgenehmigungen. Herrn Stefan Börngen (Halle), Frau Renate Strömbach (Burckhardthaus Gelnhausen/Dietz) und Herrn Prof. Virnich (F. H. Esslingen) danke ich für Informationen über die Supervision in der ehemaligen DDR.

[2] Den Mitarbeitern am Lehrstuhl für Sozialpädagogik an der TU Chemnitz verdanke ich viele Hilfestellungen. Herrn Doz. Dr. habil. Gerald Frömmer, Herrn Dipl.-Soz., Dipl.-Soz.-Päd. Detlef Horn-Wagner, Frau Dr. G. Katharina Pietsch, Dipl.-Psych., Dipl.-Päd. und Frau Dipl.-Soz.-Päd., Dipl.- Psych. Carola Weise haben den Text kritisch gelesen und wesentlich zur inhaltlichen und sprachlichen Verbesserung beigetragen. Gleiches gilt für meine Supervisions-Kollegen Brigitte Gregor (Schwelm) und Christoph Schmidt-Lellek (Frankfurt/M.). Frau Wagenitz schrieb Teile des Manuskripts. Jacob Belardi und So-

Anmerkungen

phie Belardi sowie Frau cand. phil. Jacqueline Gemeinhardt halfen bei der leidigen Fehlersuche.

3 Einer Materiallieferung (12.2.1996) von Prof. Peter Reinicke (Berlin) verdanke ich diese Informationen aus der Anfangszeit der deutschen Sozialarbeiter-Ausbildung.

4 Der in den USA seit 1940 einsetzende soziologische, sozialpsychologische und gruppendynamische Einfluß auf Casework und Supervision wurde im deutschen Sprachraum erst viel später zur Kenntnis genommen, weil hier die Fixierung auf die psychoanalytische Variante sehr groß war. Auch gegenwärtig behaupten manche Autoren, Casework und Supervision seien eine Entdeckung der Psychoanalyse (Gerspach 1990; Scobel 1988, 1992). Beide beziehen sich fälschlicherweise auf Argelander (1978), der Freuds Fallbeschreibung vom „Kleinen Hans" aus dem Jahre 1909 als Supervisionsfall darstellt. In Wirklichkeit handelte es sich eher um eine Erziehungsberatung, bei welcher es allerdings mit einigen Regeln von Beratung und Psychotherapie nicht so genau genommen wurde (S. Freud, Ges. Werke, Bd. 7, 1955, S. 243 ff.). Die Zurückweisung des psychoanalytischen Monopolanspruchs stammt aus berufenem Munde. Ernst Federn ist Sohn des Freud-Schülers und Psychoanalytikers Paul Federn und war nach seiner erzwungenen Emigration viele Jahre lang Sozialarbeiter in den USA: „Die Vorstellung, Casework sei psychoanalytische Sozialarbeit, ist völlig falsch. Es war die Idee von Mary Richmond, die in ihrem Buch 1917, ‚Soziale Diagnose', das heute noch interessant zu lesen ist, entwickelt wurde. Darin kommt der Name Freud einmal vor, auch der Name Jung. Es war ihre Idee, daß man keine finanziellen Hilfsmittel geben sollte, ohne zuerst eine soziale Diagnose gestellt zu haben" (Federn, 1990, S. 17). Auch das Erstgeburtsrecht der Supervision gebührt der Sozialarbeit, denn die Anfänge der Supervision wurden in den USA schon weit vor der Jahrhundertwende praktiziert, als Freud noch keine einzige frühe psychoanalytische Schrift verfaßt hatte und lange bevor die Psychoanalyse Eingang in die amerikanische und deutsche Sozialarbeit fand. Diese historische Klarstellung ist auch deshalb so wichtig, weil Definitionsfragen auch Machtfragen sind, die auf dem aktuellen Supervisions-Markt eine Rolle spielen.

5 Walter Friedländer, Gisela Konopka, Saul Bernstein, Louis Lowy, Viktor Gollancz, Ruth Cohn. Weiterhin hat sich der deutschstämmige Jude Alfred Kadushin große Verdienste um die Entwicklung der Supervision erworben. In anderen europäischen Ländern, vor allem im angelsächsischen Bereich, sowie den Niederlanden und Österreich waren die amerikanischen Methoden viel früher als hierzulande praktiziert worden. Bekannte Namen: Maria Kamphuis, Cora Baltussen, Cornelis Wieringa, Theo Meijerinck, Frans Andriessen aus den Niederlanden, Doris Zeller aus der Schweiz, Rosa Dworschak aus Österreich, Hilde Braunthal aus Belgien (Weigand 1990, S. 44 f.).

Anmerkungen

⁶ Auch hier wieder einige Namen, die aus der Fachliteratur bekannt sind: Wolfgang Bäuerle, Hans Pfaffenberger, Dora von Caemmerer, Ruth Bang, Heinrich Schiller, Annedore Schulze, Irmgard Schönhuber, Gerhard Melzer, Renate Strömbach (Weigand 1990, S. 45).

⁷ Allerdings soll nicht unerwähnt bleiben, daß vor allem die soziale Gruppenarbeit eine ihrer Quellen in der deutschen Reformpädagogik hatte (C. W. Müller 1982, 1988).

⁸ Die „Gilde Soziale Arbeit" ist ein im Jahre 1925 gegründeter Zusammenschluß von Fachkräften aus der Jugendbewegung und Sozialarbeit, die damals erstmals auch männliche Mitglieder aufgenommen hatte. Im Jahre 1932 löste sich die „Gilde" auf, um der Gleichschaltung durch die aufkommenden Nationalsozialisten zu entgehen. Viele Mitglieder der „Gilde" wurden von den Nationalsozialisten verfolgt und umgebracht. Im Jahre 1947 erfolgte die Neugründung. Aus dem § 2 der aktuellen Satzung kann man entnehmen: „Zweck des Vereins ist die Förderung der Jugendhilfe und sozialen Arbeit sowie die Sammlung und Verbreitung von Erkenntnissen über fortschrittliche, zeitgemäße Wege und Formen der sozialen Arbeit. Zu diesem Zweck werden Vorträge organisiert, Tagungen durchgeführt und Publikationen herausgegeben". Vor allem der „Rundbrief Gilde Soziale Arbeit" ist ein anerkanntes Fachorgan. In den letzten Jahren förderte die „Gilde" viele Reformen im Sozialwesen (Heimerziehung, Jugendstrafvollzug u. a.). Eingetragen ist die „Gilde" beim Amtsgericht Hamburg. Sitz der Vereinigung ist der jeweilige Wohnort des Geschäftsführers; derzeit: Klaus Seib, Gottorpstr. 47, 22605 Hamburg.

⁹ Prof. Lowy hat damals die Supervision an der „Akademie für Jugendfragen" (Münster) und später an der „Katholischen Fachhochschule Rheinland" gelehrt. Er lehnte das psychoanalytische Konzept für die Supervision ausdrücklich ab; er war eher von Lewin und Parsons beeinflußt. Lowy verstand sich stärker als Groupworker, denn als Caseworker. Er gehörte zu den Mitbegründern der Boston Social Groupwork-Richtung. Nachdem sich Lowy von der „Akademie für Jugendfragen" getrennt hatte, beeinflußte er die Groupwork-Ausbildung an der „Katholischen Fachhochschule" und seit 1984 am „Aachener Institut für Beratung und Supervision". Dort entwickelte sich dann ein Ansatz, welcher später durch die Systemtheorie und die systemische Familientherapie ergänzt wurde. Für Lowy war Supervision „agogisches Handeln" (Lowy 1977, S. 9 ff.). In Münster wurde nun stärker die Gruppendynamik für die Supervision rezipiert. Eine wichtige Mittlerperson war der im Jahre 1992 verstorbene Niederländer Cornelis Wieringa, der zuletzt in Bremen lebte. Erst später kamen zum Supervisions-Ansatz in Münster dann noch psychoanalytische Deutungsmuster hinzu. (Für diese Informationen bedanke ich mich bei Prof. H. J. Kersting, Aachen).

Anmerkungen

10 Über diesen ersten Akademiekurs zur Supervision seitens des „Deutschen Vereins für öffentliche und private Fürsorge" (Frankfurt/M.) kann folgende Ergänzung gemacht werden: „Unser erster Akademiekurs für Supervision und Praxisberatung (November 1964 bis Juni 1966) wurde von Frau Dora von Caemmerer gemeinsam mit Frau Doris Zeller (aus Zürich) geleitet, Assistent war Gerhard Melzer von unserer Akademie, der seine Ausbildung als Supervisor in den USA gemacht hatte. Es gab, wie Sitzungsprotokolle aufzeigen, auch Verbindungen zur niederländischen Supervisionsszene. In dem Kurs flossen also amerikanische, niederländische und deutsche Ansätze von Supervision zusammen. Dies zeigt sich auch in der Zusammensetzung der Gruppe der Mentoren (heute würden wir sagen: Lehrsupervisoren), in der u. a. Dora von Caemmerer, Gertrud Kapp, Gerhard Melzer, Heinrich Schiller, Annedore Schultze und Dorin Zeller tätig waren. Als Dozenten wirkten u. a. Tobias Brocher, Alois Leber und Kurt Richter mit, was auf eine psychoanalytische Grundausrichtung des Kurses hinweist. Daß durch den Kurs Leitungsfachkräfte aus der sozialen Arbeit angesprochen wurden, ergab sich aus der Konzeption der Akademie für Jugendarbeit und Sozialarbeit, die – gewissermaßen als Kaderschule für die soziale Arbeit – zur Schulung von Leitungsfachkräften durch den ‚Deutschen Verein' gegründet worden war. Zielrichtung war die Qualifikation dieser Leitungsfachkräfte (man könnte vom Typ ‚Oberfürsorgerinnen' sprechen) zur Praxisanleitung ihrer MitarbeiterInnen, die den Professionalisierungsbestrebungen und der Implementation professioneller Methoden der Sozialarbeit überwiegend aus dem amerikanischen Bereich (Casework, Groupwork, Social Action) in dieser Zeit entsprach. Mithin war es eine Qualifikation von Leitungskräften zur Beratung ihrer MitarbeiterInnen, die durchaus modernen Anforderungen von Personalentwicklung gerecht wird". (Schreiben von Martin Scherpner, Leiter der Abteilung „Fort- und Weiterbildung" des „Deutschen Vereins für öffentliche und private Fürsorge" an den Verfasser vom 9.2.1996. Der Verfasser bedankt sich).

11 Schreiben von Prof. Kersting (Aachen) an den Verfasser vom 22. 1. 1996.

12 Diese Informationen verdanke ich einem Schreiben (30.1.1996) von Ueli-Bartley Brönnimann (CH – Bern) von der Geschäftsleitung des BSO.

13 Aus einem Schreiben sowie einer Materiallieferung (6.2.1996) von Dr. René Reichel (A – St. Pölten) vom ÖVS.

14 Ruth Cohn: Von der Psychoanalyse zur Themenzentrierten Interaktion. Stuttgart, 1976, bes. S. 122.

15 Hinweise über Felddynamik und Organisationskulturen z. B. bei Hans-Joachim Puch: Organisation im Sozialbereich, Freiburg 1994, S. 64 ff. sowie supervisionsspezifisch: Gerhard Fatzer (Hg): Organisationsentwicklung für die Zukunft, Köln 1993; Hans-Christoph Vogel u. a.: Werkbuch für Organisationsberater, Aachen 1994 und Astrid Schreyögg: Die Supervision stationärer

Anmerkungen

Therapie-Systeme als moderne Form der Organisationsberatung. In: Friedrich-W. Wilker: Supervision und Coaching. Bonn 1995.

[16] Nando Belardi: Der Beitrag supervisorischer Kompetenz zur Sozialarbeitswissenschaft. Metatheoretische Überlegungen. In: Wolf R. Wendt (Hg.): Sozial und wissenschaftlich arbeiten. Status und Positionen der Sozialarbeitswissenschaft. Freiburg 1994. So ähnlich auch Carl-Josef Leffers: Supervision. Die neue Zauberformel zur Professionalisierung von Sozialarbeit? In: Norbert Groddeck/Michael Schumann (Hg): Modernisierung Sozialer Arbeit durch Methodenentwicklung und -reflexion. Freiburg 1994.

[17] Psychohygiene (engl.: mental health) meint allgemein Maßnahmen zur Erhaltung seelischer, geistiger und körperlicher Gesundheit der Bevölkerung. In jüngster Zeit wird dieser Begriff auch auf präventive und berufsfördernde Maßnahmen für Angehörige helfender Berufe angewendet. Zur Psychohygiene für die Soziale Arbeit gehören demnach Verbesserungen der Arbeitsbedingungen, wechselseitige Unterstützung, stabile Beziehungen im privaten Bereich, Entlastung durch sinnvolle Freizeitaktivitäten, Weiterbildung und Supervision.

[18] Dieser Begriff ist Hermann Argelanders Buch: Das Erstinterview in der Psychotherapie. Darmstadt 1970 entlehnt. Ich habe seine Anwendung hier für die Supervision modifiziert und an anderer Stelle auch für die sozialpädagogische Beratung umformuliert: Nando Belardi: Beratung. Eine sozialpädagogische Einführung. Weinheim und Basel 1996, S. 70 f.

[19] Die Begriffe Kompaktsupervision und Rotationssupervision verdanke ich meiner Kollegin Brigitte Gregor (Schwelm).

[20] Für den Hinweis auf die Indoor-Supervision bedanke ich mich bei Detlef Horn-Wagner (Berlin).

[21] Institutionen sind zentrale Handlungs- und Beziehungsmuster unserer Gesellschaft die regelhafte Verfestigungen erlebt haben (z. B. die Ehe oder Feste). Institutionen laufen eigentlich „automatisch" ab. Sie sind längerfristig festgelegt, sie typisieren und normieren soziale Handlungen. Organisationen sind ein Spezialfall von Institutionen. Bei ihnen handelt es sich um soziale Gebilde mit definierten Aufgaben, Mitgliedern, einer Binnenstruktur, einer Aufgabenspezialisierung und einer Arbeitsteilung. Diese Merkmale sollen planvolles, ziel- und oft auch gewinnorientiertes Handeln ermöglichen. In der Regel werden in Organisationen zwei Formen von Leistungen vollbracht:
Wirtschafts- und Dienstleistungsorganisationen, welche meßbare Erfolge und Gewinne erzielen (Profit-Organisationen) sowie Sozialorganisationen, deren Ziele darin liegen, Menschen zu beeinflussen, ihnen zu helfen, sie zu erziehen, zu versorgen oder zu pflegen. (Non-Profit-Organisationen). Zum letzten Typus gehören neben Schulen, Krankenhäusern die Einrichtungen der Jugend-

hilfe und des Wohlfahrtswesens (Mayntz 1963). In diesen Einrichtungen wird stärker beziehungsmäßig gearbeitet. Eine zweite Schwierigkeit ergibt sich dadurch, daß die Erfolge und Leistungen schwer meßbar sind.

[22] Einen Überblick zu den vielen psychotherapeutischen Richtungen liefert: Wolfgang Schmidbauer: Der neue Psychotherapieführer (München 1994). Heute existieren in Deutschland eine Vielzahl von Supervisionsansätzen, die hier ohne Anspruch auf Vollständigkeit kurz genannt werden sollen: Sozialpsychologische („Deutscher Verein"), Gestalttherapeutische oder Integrative („Institut für Humanistische Psychologie", „Fritz Perls Institut"), gruppendynamische („Akademie Münster", „Akademie für Jugendfragen"), systemische („Diakonische Akademie", „Institut für Beratung und Supervision" Aachen; „Berliner Institut für Familientherapie", „BTS" Mannheim) und psychoanalytische („Burkhardthaus" Gelnhausen, „FIS" Münster, „Kolpingbildungsstätte" Coesfeld, Universität/G. H. Kassel). Diese Orientierungen sind jedoch nicht als ausschließliche, sondern vielfach eher als vorwiegende zu verstehen. Auch befinden sich viele Institute in ständiger Konzeptveränderung. Diese Grundinformationen verdanke ich Prof. Dr. H. J. Kersting.

[23] Im englischen Sprachraum haben wir es nicht mit einer derartigen komplexen Theoriebildung zu tun wie in Deutschland. Hier ist die Supervisionstheorie und Methodik immer noch stärker angebunden an die Sozialarbeiterpraxis oder an bestimmte psychotherapeutische Schulen (Belardi 1994a). Freiberuflichkeit und die Ausweitung in neue Felder sind in den USA und Großbritannien ebenfalls kaum ein Thema.

[24] Natürlich gibt es in der Supervision auch „Schulen- und Richtungskämpfe". Diese scheinen jedoch nicht so stark entwickelt zu sein, daß sie die Supervisionsszene dominieren (Berker 1995, S. 74). Viele Ausbildungsinstitute konkurrieren um Ausbildungskandidaten, weil diese Weiterbildung eine wichtige Erwerbsgrundlage für manche Lehrsupervisoren darstellt. Wichtig scheinen auch die Interessenunterschiede zwischen freiberuflichen und nebenberuflichen, feldgebundenen und feldübergreifenden Supervisoren zu sein. Die Marktorientierung freiberuflicher Supervisoren, die Konkurrenz von über 20 kommerziell geführten anerkannten Ausbildungsinstituten innerhalb des Fachverbandes, mehrere Fachzeitschriften, Buchveröffentlichungen, Fachtagungen u.v. a. tun ihr übriges.

[25] Diese Information mit Stand vom 14.2.1996 verdanke ich Herrn Dr. Thomas Fleischer (Münster) im Auftrage des Vorstandes der „Gesellschaft für wissenschaftliche Gesprächsführung (GwG)". Vgl. auch „Studienplan der Weiterbildung zum Supervisor/zur Supervisorin (GwG) in der Fassung vom 7. Juli 1995.

[26] Eine der langjährig erfahrenen Supervisorinnen in Deutschland, Frau Renate Strömbach (Dietz), war seit Anfang der 80er Jahre bis zur „Wende" als

Anmerkungen

Weiterbildnerin für Praxisberatung im Auftrage des Burckhardthauses (Gelnhausen) in der ehemaligen DDR tätig.

[27] Diese Information verdanke ich dem Schreiben von Prof. Kersting (Aachen) sowie einem Schreiben von Prof. Virnich (F. H. Esslingen). Weitere Hinweise in DGSv-Aktuell 2/1990.

[28] Der Begriff Ödipuskomplex stammt aus der Psychoanalyse und meint in seiner klassischen Fassung verkürzt gesprochen die Konfliktsituation eines Kindes zu seinem gleichgeschlechtlichen Elternteil. Beim Jungen ist seine Neigung zur Mutter gemeint, wobei der Vater als Rivale erlebt wird. Neben dieser Rivalität zum Vater bestehen jedoch auch positive Identifizierungen. Im klassischen Konzept der Psychoanalyse ist diese Dreiecks-Konfliktsituation zwischen dem Kind und seinen Eltern prägend für die Identitätsentwicklung (J. Laplanche/J.-B. Pontalis: Das Vokabular der Psychoanalyse. Bd. 2. Frankfurt/M. 1973, S. 351).

Weiterführende und zitierte Literatur

1. WEITERFÜHRENDE LITERATUR: MONOGRAPHIEN

Bastert, V.: Selbständig machen als SupervisorIn. Ein Leitfaden. (iskopress) Salzhausen 1995, 95 S.
Wenn ein mit einer Diplom-Supervisorin verheirateter Steuerberater einen Leitfaden zu diesem Thema verfaßt, hat er eine „Marktlücke" gut genutzt. Für alle, die sich als Supervisoren selbständig machen wollen ein unbedingtes „Muß": Gut lesbare und von fundierter Praxiskenntnis untermauerte Darstellung vieler Fragen wie z. B. der steuerlichen Behandlung der Supervisions-Ausbildung sowie des Einkommens aus selbständiger Tätigkeit. Ferner Hinweise zur Kranken-, Unfall- und Rentenversicherung.

Belardi, N.: Supervision. Von der Praxisberatung zur Organisationsentwicklung. (Junfermann) Paderborn 1992, 350 S. (Dritte Auflage: 1995).
Standardwerk zur Geschichte und Entwicklung der Supervision der Sozialen Arbeit in Deutschland. Darstellung von Arbeitsformen, Methoden und Grundfragen der Supervision. Dieses Buch enthält mit über 1.000 Titeln die bisher ausführlichste Bibliographie zur Supervision Sozialer Arbeit im deutschen Sprachraum.

Belardi, N.: Beratung. Eine sozialpädagogische Einführung. (Edition Sozial Beltz) Weinheim und Basel 1996, 216 S.
Seit vielen Jahren die erste spezielle Einführung in die Beratung für die helfenden Berufe. Nach einer allgemeinen und schulenübergreifenden Darstellung des notwendigen Beratungswissens werden verschiedene Felder der Beratungsarbeit vorgestellt: Erziehungsberatung, Ausländerberatung, gemeinwesenorientierte Familienberatung, Schuldnerberatung, Drogenberatung, Beratung nach § 218 und Beratung bei sexuellem Mißbrauch.

Fatzer, G. / Eck, C. D. (Hg.): Supervision und Beratung. Ein Handbuch. (Edition Humanistische Psychologie) Köln 1990, 440 S.
Eine Zusammenstellung von Beiträgen zu Supervisionsansätzen aus der Gestaltarbeit, der Balintarbeit, der Gruppendynamik und der Psychoanalyse sowie deren Anwendungsmöglichkeiten für unterschiedliche Settings wie Einzelsupervision, Gruppen- und Teamsupervision und Organisationsberatung.

Fatzer, G. (Hg): Organisationsentwicklung für die Zukunft. Ein Handbuch. (Edition Humanistische Psychologie) Köln 1993, 420 S.
Weniger für das Sozialwesen, sondern eher für Innovationen im Bereich von

Literatur

Verwaltung und Industrie zusammengestellte Texte aus dem deutschen und amerikanischen Sprachraum. Geeignet für weiterführende Fragestellungen zum Thema Organisationskultur und interkulturelle Organisationsentwicklung.

Fengler, J.: Süchtige und Tüchtige. Begegnung und Arbeit mit Abhängigen. (Pfeiffer) Müchen 1994, 390 S.

Dieses Buch geht inhaltlich über den Bereich der Suchtarbeit hinaus und zeigt den Lesern die vielfältigen Schwierigkeiten, Verstrickungen und Hilfemöglichkeiten für die Arbeit im sozialen Bereich. Es gehört im Zusammenhang mit dem früher erschienen Werk des Autors „Helfen macht müde" (München 1991) zur Grundlagenliteratur für die Soziale Arbeit.

Gotthardt-Lorenz, A.: Organisationsberatung. Hilfe und Last für Sozialarbeit. (Lambertus) Freiburg 1989, 160 S.

Ein gut lesbarer Text über Teamsupervision, Organisationsberatung und Organisationsentwicklung im sozialen Bereich. Viele praxisbezogene Beispiele. Dieses Buch ist hilfreich beim Einlesen in die Zusammenhänge von Supervision und Organisation; es ergänzt diese Einführung in die Supervision.

Puch, H.-J.: Organisation im Sozialbereich. Eine Einführung für Sozialberufe. (Lambertus) Freiburg 1994, 230 S.

Kein Buch über Supervision; allerdings kann die Publikation von Puch ebenso wie die vorgenannte Veröffentlichung von Gotthardt-Lorenz als Ergänzung zur hier vorliegenden Einführung in die Supervision gelesen werden. Denn hier stehen Fragen der Organisation im Vordergrund. Gleichzeitig eine gute Einführung in die Organisationslehre für das Sozialwesen.

Neuberger, O.: Mikropolitik. Der alltägliche Aufbau und Einsatz von Macht in Organisationen. (Enke) Stuttgart 1995, 380 S.

Kein Buch über Supervision; aber eine gute Lektüre für alle, die sich mit dem „Innenleben" von Organisationen beschäftigen möchten. Eine Organisationsforscher beschreibt alle möglichen Prozesse, die in Organisationen vorkommen können. Viele Praxisbeispiele.

Pühl, H. (Hg.): Handbuch der Supervision. Beratung und Reflexion in Ausbildung, Beruf und Organisation. (Marhold) Berlin 1990, 500 S.

Das grundlegende Handbuch über Supervision: Arbeitsformen, Arbeitsfelder, verschiedene Theorieansätze.

Pühl, H. (Hg): Handbuch der Supervision 2. (Marhold) Berlin 1994, 475 S.

Keine zweite Auflage sondern eine Neuausgabe mit größtenteils anderen Fachbeiträgen als in der Erstausgabe. Ebenfalls ein Standardwerk.

Rappe-Giesecke, K.: Theorie und Praxis der Gruppen- und Teamsupervision. (Springer) Berlin, Heidelberg 1990, 200 S. (Zweite Auflage: 1994).

Eine Arbeit, die auf Gruppentheorien, der Balint-Gruppenarbeit sowie der Systemtheorie beruht. Nicht einfach zu lesen; trotzdem ein Standardwerk.

Schmidbauer, W.: Die hilflosen Helfer. (Rowohlt) Reinbek. Erstausgabe 1977. 250 S. (Auch als Taschenbuch).
Mit vielen Beispielen aus Therapie, Balint-Gruppen und Supervision hat Schmidbauer schon 1977 die Diskussion um die Probleme, Verstrickungen, Möglichkeiten und Grenzen professioneller helfender Berufstätigkeit angeregt. Schwerpunktmäßig dominiert die psychoanalytische Sichtweise.

Schreyögg, A.: Supervision. Ein Integratives Modell. Lehrbuch zu Theorie und Praxis. (Junfermann) Paderborn 1991, 530 S.
Ein Standardwerk: Methodenintegrativ werden verschiedene Verfahren zur Einzel-, Gruppen- und Teamsupervision in den übergeordneten konzeptionellen Rahmen eines „Metamodells" vorgestellt.

Schreyögg, A.: Supervision. Didaktik und Evaluation. (Junfermann) Paderborn 1994, 210 S.
In diesem Buch wird auf die besonderen didaktischen Bedingungen der integrativen Supervision und ihrer empirischen Evaluation Bezug genommen.

Schreyögg, A.: Coaching: Eine Einführung für Praxis und Ausbildung. (Campus) Frankfurt a. M./New York 1995. 350 S. (Zweite Auflage: 1996).
Dieses Buch enthält ein gut lesbares Konzept für die Supervision und Weiterbildung von Führungskräften in Wirtschaft, Verwaltung und Sozialwesen.

Vogel, H.-C./Bürger, B./Nebel, G./Kersting, H. J.: Werkbuch für Organisationsberater. Texte und Übungen. (Dr. Kersting. Institut für Beratung und Supervision) Aachen 1994, 300 S.
Organisationsberatung für das Sozialwesen und den Bildungsbereich ist nicht dasselbe wie für die Industrie. Die Autoren legen mit diesem Buch eine Fülle von Hinweisen, Übungen und Arbeitsmaterialien vor. Gleichzeitig zeigen sie, welchen Nutzen konstruktivistische und systemische Ansätze für die Supervision haben können.

2. WEITERFÜHRENDE LITERATUR: PERIODIKA

Supervision. Zeitschrift für berufsbezogene Beratung. (Fachhochschulverlag, Fachhochschule Frankfurt/M., Limescorso 5, 60439 Frankfurt). Herausgegeben von Prof. P. Berker, Prof. M. Hege, Dr. C.-J. Leffers, Prof. W. Münch, Prof. K. Rappe-Giesecke, Prof. W. Weigand. Erscheint seit 1982.

Forum Supervision. (edition discort). Schwärzlocher Straße 104/b, 72070 Tübingen). Herausgegeben von G. Leuschner und G. Wittenberger. Erscheint seit 1993.

Organisationsberatung, Supervision, Clinical Management. (Leske + Budrich Verlag. Gerhardt-Hauptmann-Str. 27, 51334 Leverkusen). Herausgegeben

Literatur

von Dr. A. Schreyögg, Prof. N. Belardi, Prof. H. Petzold, Dr. W. Rechtien, C. Schmidt-Lellek. Erscheint seit 1994.

BSO-Bulletin. (Geschäftsstelle BSO, Gutenbergstraße 33, CH–3011 Bern). Herausgegeben vom Vorstand des schweizerischen Berufsverbandes für Supervision und Organisationsberatung, U.-B. Brönnimann). Erscheint seit 1986.

The Clinical Supervisor. The Journal of Supervision in Psychotherapy and Mental Health. (The Haworth Press. 10, Alice Street, Binghamton, New York 13904–1580, U.S. A.). Die führende amerikanische Fachzeitschrift. Herausgegeben von Prof. Carlton E. Muson. Erscheint seit 1983.

Die Balint-Gruppe in Klinik und Praxis. (Springer-Verlag, Heidelberg und New York). Herausgegeben von Prof. A. Heigl-Evers, Prof. T. Brocher, Prof. P. Fürstenau u. a. Erscheint seit 1988.

Organisationsentwicklung. (Gesellschaft für Organisationsentwicklung, Steinäckerstraße 45, 76275 Ettlingen-Spessart). Herausgegeben von Karsten Trebesch.

Socialmanagement. (Nomos-Verlag, Postfach 610, 76484 Baden-Baden). Herausgegeben von Prof. U. Arnold, R. Berger, Prof. G. Gehrmann u. a.

3. Zitierte Literatur

Antons, K.: Praxis der Gruppendynamik. Göttingen 1974.
Auer-Hunzinger, V./Sievers, B.: Organisatorische Rollenanalyse und -beratung. Ein Beitrag zur Aktionsforschung. In: Gruppendynamik 1/1991.
Arbeiterwohlfahrt (Hg): Stellungnahme der Arbeiterwohlfahrt zur Sozialpädagogischen Familienhilfe. o.O., o.J.
Argelander, H.: Das Erstinterview in der Psychotherapie. Darmstadt 1970.
Argelander, H.: Freud als Supervisor. In: Drews, S. u. a. (Hg): Provokation und Toleranz. Festschrift für Alexander Mitscherlich zum 70. Geburtstag. Frankfurt/M. 1978.

Balint, M.: Der Arzt, sein Patient und die Krankheit. Stuttgart 1965.
Bastert, V.: Selbständig machen als SupervisorIn. Ein Leitfaden. Salzhausen 1995.
Battegay, R.: Grenzsituationen. Frankfurt/M. 1992.
Bauriedl, T.: Psychoanalytische Perspektiven in der Supervision. In: Supervision 23/1993.
Becker, H. (Hg): Psychoanalytische Teamsupervision. Göttingen 1995.
Becker, H.: Psychoanalyse und Teamsupervision. Einführende Bemerkungen. In: Becker, H. (Hg): Psychoanalytische Teamsupervision. Göttingen 1995.
Beerensson, A.: Fortbildungsmöglichkeiten für Wohlfahrtspflegerinnen. In: Soziale Berufsarbeit Mai/Juni 1922.
Behler, T.: Alles ganz anders und doch wieder ähnlich. Überlegungen zur Aquisition und Beratung im Profit- und Non-Profit-Bereich. In: Forum Supervision 2/1993.
Behrend, S.: Einige Überlegungen zu Aquisition, Kontrakt und Prozeß oder: Umwege erhöhen die Ortskenntnisse. In: Forum Supervision 2/1993.
Belardi, N.: Erfahrungsbezogene Jugendbildungsarbeit. Lollar/Giessen 1975.
Belardi, N.: Die Gewalt der Klienten. In: Sozialmagazin 3/1991.
Belardi, N.: Supervision. Von der Praxisberatung zur Organisationsentwicklung, Paderborn 1992a.
Belardi, N.: Entwicklung und Schwerpunkte der Supervision in Deutschland. In: Soziale Arbeit 9/1992b.
Belardi, N.: Zur Geschichte der Supervision der sozialen Arbeit. In: Sozialmagazin 9/1992c.
Belardi, N.: Der Beitrag von „Unsere Jugend" zur deutschen Supervisionsgeschichte. In: Unsere Jugend 11/1992d.
Belardi, N.: Supervision in der Jugendarbeit. In: Gestalt und Integration 1/1992e.

Belardi, N.: Gruppensupervision für die Betreuungsarbeit alter und sterbender Menschen. In: Paris, W./Wallnöfer, G. (Hg): Supervision in medizinischen und sozialen Einrichtungen. Meran 1992f.

Belardi, N.: Zur Geschichte der Supervision. In: Paris, W./Wallnöfer, G. (Hg): Supervision in medizinischen und sozialen Einrichtungen. Meran 1992g.

Belardi, N.: Supervision in den USA – heute. In: Organisationsberatung, Supervision, Clinical Management 2/1994a.

Belardi, N.: Der Beitrag supervisorischer Kompetenz zur Sozialarbeitswissenschaft. Metatheoretische Überlegungen. In: W. R. Wendt (Hg): Sozial und wissenschaftlich arbeiten. Status und Positionen der Sozialarbeitswissenschaft. Freiburg 1994b.

Belardi, N.: Beratung. Eine sozialpädagogische Einführung. Weinheim und Basel 1996a.

Belardi, N.: Sterbebegleiterinnen benötigen Unterstützung. Ein Vergleich zweier Supervisionsgruppen. In: Organisationsberatung, Supervision, Clinical Management 4/1996b.

Berghold, J. B./Filsinger, D. (Hg): Vernetzung psychosozialer Dienste. Weinheim und München 1993.

Berker, P.: Felddynamik. In: Supervision 21/1992.

Berker, P.: Externe Supervision – interne Supervision. In: Pühl, H. (Hg): Handbuch der Supervision 2. Berlin 1994.

Berker, P.: Kollegiale Supervisionsgruppen – kompetent, vertrauensvoll, entlastend. In: Supervision 27/1995.

Bernfeld, S.: Sisyphos oder die Grenzen der Erziehung. Frankfurt a. M. 1970.

Bernler, G./Johnsson, L.: Supervision in der psychosozialen Arbeit. Weinheim und Basel 1993.

Biermann-Ratjen, E.-M./Eckert, J./Schwartz, H.- J.: Gesprächspsychotherapie. Stuttgart 1995.

Biscioni, R.: Die Sozialarbeiterausbildung in Amerika 1880–1977 und das Problem ihres Transfers. Zürich 1978.

Böttcher, W./Leuschner, G. (Hg): Lehrsupervision. Beiträge zur Konzeptentwicklung. Aachen 1990.

Börngen. S.: Die Entwicklung der Supervision in der ehemaligen DDR. In: Organisationsberatung, Supervision, Clinical Management 4/1995.

Boskamp, P./Grönefeld, B./Hollenkamp, P.: Einschätzung der Bedeutung und Effektivität von Supervision. (Katholische Fachhochschule Köln). Köln 1975.

Brackett, J.: Supervision and Education in Charity. New York 1903.

Brauner, T. u. a.: Politische Standortsuche. Weil der Verband sich ändern will. In: DGSv-Aktuell 3/1995.

Brem-Gräser, L.: Handbuch der Beratung. 3 Bände. München 1993.

Brocher, T.: Gruppendynamik und Erwachsenenbildung. Braunschweig 1967.

Zitierte Literatur

Brönnimann, U.-B.: Professionalisierung der Supervision in der Schweiz. In: Forum Supervision 4/1994.
Brück, H.: Die Angst des Lehrers vor seinem Schüler. Reinbek 1978.
Brück, H.: Seminar der Gefühle. Reinbek 1986.
Buer, F.: Methoden in der Supervision – psychodynamisch angereichert. In: Organisationsberatung, Supervision, Clinical Management 1/1996a.
Buer, F.: Psychodramatische Supervision. In: Supervision 29/1996b.
Bundesarbeitsgemeinschaft der Freien Wohlfahrtsverbände (Hg): Gesamtstatistik der Einrichtungen der Freien Wohlfahrtspflege. Bonn 1994.
Bundesverband der Arbeiterwohlfahrt (Hg): Empfehlungen zur Supervision. Ein Qualifizierungsinstrument sozialer Arbeit in der Arbeiterwohlfahrt. Bonn o.J.
BSO-Bulletin: Berufsverband für Supervision und Organisationsberatung (Hg): BSO-Bulletin. Bern 1976 ff.
Bundesminister für Jugend, Familie, Frauen und Gesundheit (Hg): Achter Jugendbericht. Bonn 1990.
Burisch, M.: Das Burnout-Syndrom. Berlin 1989.
Butzko, H. G.: Supervision in Wirtschaftsunternehmen. In: Pühl, H. (Hg): Handbuch der Supervision 2. Berlin 1994.

Caemmerer, D. v. (Hg): Praxisberatung (Supervision). Ein Quellenband. Freiburg 1970.
Carrier, M.: Supervision erhöht Arbeitsqualität. In: Altenheim 10/1994.
Coché, E.: Supervision in USA: In: Supervision 10/1986.
Cohn, R.: Von der Psychoanalyse zur Themenzentrierten Interaktion. Stuttgart 1976.
Cremerius, J.: Kritische Überlegungen zur Supervision in der institutionalisierten psychoanalytischen Ausbildung. In: Pühl, H. (Hg): Handbuch Supervision 2. Berlin 1994.

Deichmann, C.: Vorwort zu Dorothy Pettes: Supervision in der Sozialarbeit. Freiburg 1971.
Degenhardt, C.: Möglichkeiten und Grenzen der Supervision im Allgemeinkrankenhaus. In: Pühl, H. (Hg): Handbuch der Supervision 2. Berlin 1994.
Deutscher Caritasverband (Hg): Bedeutung und Bedingungsrahmen von Supervision. In: Caritas 1/1992.
Diebäcker, H.: Chance und Risiko der Personalentwicklung mit Supervision in Profit-Unternehmen. In: Supervision Sonderheft 1995.
Donatsch, H.: Supervision in der Schweiz. In: Organisationsberatung, Supervision, Clinical Management 2/1994.
Dorando, M./Grün, J.: Coaching mit Meistern. Erfahrungsbericht eines supervisorischen Abenteuers. In: Supervision 24/1993.

Literatur

Duensing, F.: Ziele und Aufgaben der Sozialen Frauenschule. In: Programm Soziale Frauenschule der Stadt München. München 1920.

Ebbecke-Nohlen, A.: Auftrag und Spiel im Interaktionsprozeß von Supervision. In: Pühl, H. (Hg): Handbuch Supervision 2. Berlin 1994.

Eck, C. D.: Elemente einer Rahmentheorie der Beratung und Supervision. In: Fatzer, G./Eck, C. D. (Hg): Supervision und Beratung. Köln 1990.

Edding, C.: Profession, Markt und Geld. Der Supervisor als Kleinunternehmer. In: Supervision 25/1994.

Ehrhardt-Kramer, A./Hanesch, W.: Innovation in der Sozialen Arbeit durch Innovation der Ausbildung? In: Maelicke, B. (Hg): Soziale Arbeit als soziale Innovation? Weinheim und München 1987.

Ellecosta, M.: Supervision in Italien. In: Organisationsberatung, Supervision, Clinical Management 2/1994.

Erger, P./Erger, R.: Supervisionsmarketing in der Wirtschaft. In: DGSv-Aktuell 1/1994.

Fatzer, G./Eck, C. D. (Hg): Supervision und Beratung. Köln 1990.

Fatzer, G. (Hg): Organisationsentwicklung für die Zukunft. Köln 1993.

Federn, E.: Geschichtliche Bemerkungen zum Thema Psychoanalyse und Sozialarbeit. In: Büttner, C. u. a. (Hg): Psychoanalyse und Soziale Arbeit. Mainz 1990.

Fellermann, J.: „Über Gefühle soll ich sprechen?" Fachliche und berufspolitische Bemerkungen zu einem Supervisionsprozeß in Ostdeutschland. In: Organisationsberatung, Supervision, Clinical Management 4/1995.

Fellermann, J.: Zum neusten Stand der Dinge... In: Supervision 29/1996.

Fengler, J.: Soziologische und sozialpsychologische Gruppenmodelle. In: Petzold, H./Frühmann, R. (Hg): Modelle der Gruppe. Band 1. Paderborn 1986.

Fengler, J.: Helfen macht müde. München 1991.

Fengler, J.. Süchtige und Tüchtige. Begegnung und Arbeit mit Abhängigen. München 1994a.

Fengler, J. u. a.: Peer-Group-Supervision. In: Pühl, H. (Hg): Handbuch Supervision 2. Berlin 1994b.

Fengler, J.: Geplante und ungeplante Gruppendynamik in Supervisionsprozessen. In: Organisationsberatung, Supervision, Clinical Management 1/1996.

Fieseler, G./Lippenmeier, N.: Supervision und Recht. In: Supervision 8/1985 und 9/1986.

Fox, Raimund: Contracting in Supervision. In: The Clinical Supervisor 1/1983.

Fox, Renata: Der/die institutionsinterne Supervisor/in. Der/die institutionsexterne Supervisor/in. In: Gesamthochschule Kassel (Hg): Beiträge zur Supervision. Band 6. Kassel 1987.

Zitierte Literatur

Fürstenau, P.: Zur Psychoanalyse der Schule als Institution. In: Das Argument 2/1964. Wiederabdruck in: Fürstenau, P.: (Hg): Der psychoanalytische Beitrag zur Erziehungswissenschaft. Darmstadt 1974.
Fürstenau, P.: Zur Theorie psychoanalytischer Praxis. Stuttgart 1979.
Fürstenau, P.: Interview über Supervision. In: Sozialpsychiatrische Informationen 2/1990.
Fürstenau, P.: Entwicklungsförderung durch Therapie. München 1992.
Fürstenau, P.: Fortbildungskonsultation und -supervision für Supervisorinnen und Supervisoren. In: Supervision 27/1995.
Fürstenau, P.: Auf dem Weg zur Organisationssupervision: Differenzierung ist gefragt. Ein Gespräch mit W. Weigand. In: Supervision 29/1996.
Freud, S.: Analyse der Phobie eines fünfjährigen Knaben. (1909). In: Freud, S.: Gesammelte Werke. Band 7. Frankfurt, London 1955.
Freud, S.: Geleitwort zu August Aichhorns „Verwahrloste Jugend". In: Freud, S.: Gesammelte Werke. Band 14. Frankfurt, London 1960.

Galuske, M./Rauschenbach, T.: Jugendhilfe Ost. Weinheim und München 1994.
Gehrmann, G./Müller, K. D.: Management in Sozialen Organisationen. Berlin, Bonn, Regensburg 1993.
Gerspach, M. (Hg): Supervision für Soziale Dienste. Mainz 1991.
Giere, W.: Gruppendynamik.Verlaufsschilderung eines Seminars. In: Horn, K. (Hg): Gruppendynamik und der subjektive Faktor. Frankfurt a. M. 1972.
Gotthardt-Lorenz, A.: Organisationsberatung. Freiburg 1989.
Gotthardt-Lorenz, A.: „Organisationssupervision": Rollen und Interventionsfelder. In: Pühl, H. (Hg): Handbuch Supervision 2. Berlin 1994.
Gotthardt-Lorenz, A.: Warum „Organisationssupervision"? In: Supervision 29/1996.
Gnädinger, H.: Der Supervisor als Therapeut. In: Supervision 3/1983.
Grawe, B.: Supervisorische Lernprozesse. Beschreibung einer Lehrsupervision. In: Forum Supervision 3/1994.
Greenson, R.: Theorie und Praxis der Psychoanalyse. Stuttgart 1981.
Gregor-Rauschtenberger, B./Hansel, J.: Innovative Projektführung. Berlin, Heidelberg 1993.
Groddeck, N.: Expansion, Qualifizierungsfalle und unterentwickelte Fachkultur. Stichworte zur gegenwärtigen Situation der Sozialarbeit/Sozialpädagogik als Arbeitsfeld und Fachdisziplin. In: Groddeck, N./Schumann, M. (Hg): Modernisierung sozialer Arbeit durch Methodenentwicklung und -reflexion. Freiburg 1994.
Gröning, K.: Marketing in der Supervision: Nein danke? – Ja bitte? In: Forum Supervision 2/1993.

Literatur

Hamburger, F.: Überlegungen zur Lage der universitären Sozialpädagogik. In: Vorstand der Deutschen Gesellschaft für Erziehungswissenschaft (Hg): Erziehungswissenschaft 12/1995 Weinheim.
Hantschk, I.: Rollenberatung. In: Pühl, H. (Hg): Handbuch Supervision 2. Berlin 1994.
Hansel, J.: Die integrative Führung von Projektmanagern. In: Organisationsberatung, Supervision, Clinical Management 3/1995.
Hapke, E.: Über Supervision. In: Rundbrief Gilde Soziale Arbeit 4/1952.
Hapke, E.: Die Rolle der Supervision im amerikanischen Casework. In: Unsere Jugend 1/1954.
Haus Terach. Zentrales Institut für Betriebliche Fort- und Weiterbildung Bethel (Hg): Rahmenrichtlinien für Supervision in den v. Bodelschwinghschen Anstalten Bethel. Bethel (Bielefeld) 1993.
Hardt, K./Schröder, E.: Auf dem Weg zur Supervision. Entwicklung der Supervision im Burckhardthaus der ehemaligen DDR. In: DGSv-Aktuell 2/1990.
Harrach, A.: Das Konzept der Gruppe in der Balint-Gruppenarbeit. In: Petzold, H./Frühmann, R. (Hg): Modelle der Gruppe. Band 2. Paderborn 1986.
Hege, M.: Ethik und Supervision. In: Supervision 25/1994.
Hege, M.: Konzeptionsfragen der Supervision. In: Supervision 29/1996.
Heiner, M./Meinhold, M./v. Spiegel, H./Staub-Bernasconi, S.: Methodisches Handeln in der Sozialen Arbeit. Freiburg 1994.
Heltzel, R.: Die haltende Beziehung im stationär-psychiatrischen Setting. In: Sozialpsychiatrische Informationen 1/1995.
Herrmann, G.: Gespräch über Supervision. In: Rundbrief Gilde Soziale Arbeit 4/1952.
Hirsch R. D.: Balint-Gruppenarbeit in der Altenhilfe (Kuratorium Deutsche Altenhilfe). Köln 1992.
Hundsalz, A.: Die Erziehungsberatung. Weinheim und München 1995.
Huppertz, N.: Supervision. Neuwied und Darmstadt 1975.

Johach, H: Soziale Therapie und Alltagspraxis. Weinheim und München 1993.
Johnsson, L.: Supervision in Schweden. In: Organisationsberatung, Supervision, Clinical Management 2/1994.
Jordi, W.: Aus der Geschichte des Berufsverbandes für Supervision und Praxisberatung. In: Psychosozial 1/1990 (auch Separatdruck).

Kadushin, A.: Supervision in Social Work. New York 1985.
Kadushin, A.: Supervision in der Sozialarbeit. In: Supervision 18/1990a.
Kadushin, A.: The Social Work Interview. New York 1990b.
Kadushin, A.: Social Work Supervision. An Updated Survey. In: The Clinical Supervisor 2/1992.

Zitierte Literatur

Kallabis, O.: Gestaltung von Dreieckskontrakten. In: Supervision 22/1992.
Kamphuis, M.: Die persönliche Hilfe in der Sozialarbeit unserer Zeit. Stuttgart 1965.
Katholische Bundesarbeitsgemeinschaft der Träger von Erziehungsberatungsstellen, Ehe-, Familien- und Lebensberatungsstellen und der Telefonseelsorge: Supervision in Erziehungsberatungsstellen. Freiburg o. J.
Kaslow, F. W. et. al.: Supervision, Consultation, and Staff Training in the Helping Professions. San Francisco 1977.
Kaupp, B.: Supervision im Reisebüro. In: Forum Supervision 2/1993.
Kessel, van, L.: Das niederländische Supervisionskonzept. In: Organisationsberatung, Supervision, Clinical Management 2/1995.
Kersting, H. J.: Deutsche Gesellschaft für Supervision e.V. In: Sozialpädagogik 3/1991.
Kersting, H. J./Krapohl, L.: Team-Supervision. In: Pühl, H. (Hg): Handbuch Supervision 2. Berlin 1994.
Kersting, H. J. u. a.: Systemische Interventionen in der Supervision von Arbeitssystemen (Teamsupervision). In: Supervision 28/1995.
Klein, K.: Supervision von Gewerkschaftsvertretern in Österreich. In: Organisationsberatung, Supervision, Clinical Management 1/1995.
Klingelmair, A.: Systemisch-evolutionäre Supervision in Institutionen. In: Brandau, H. (Hg): Supervision aus systemischer Sicht. Salzburg 1991.
Klüsche, W.: Professionelle Helfer. Aachen 1990.
Kommunale Gemeinschaftsstelle für Verwaltungsvereinfachung (Hg): Dezentrale Ressourcenverantwortung. Überlegungen zu einem neuen Steuerungsmodell (Bericht Nr. 12). Köln 1991.
Kohli, M.: Arbeit, Lebenslauf und soziale Differenzierung. In: Kalble, H./ Kocka, J./Zwar, H. (Hg): Sozialgeschichte der DDR. Stuttgart 1994.
Kraus, H. (Hg): Casework in USA. Frankfurt a. M. 1950.
Kimmig-Pfeiffer, A./Schabel, U.: Supervision – mehr als Pflege für die Pflegenden. In: Forum Supervision 4/1994.
Kühl, W.: Und sie wollen uns jetzt die bürgerlichen Wissenschaften beibringen? In: DGSv-Aktuell 1/1993.
Kutter, P.: Ethik und Supervision. In: Sonderheft Supervision 1990a.
Kutter, P.: Das direkte und indirekte Spiegelphänomen. In: Pühl, H. (Hg): Handbuch der Supervision. Berlin 1990b.
Kutter, P.: Spiegelungen und Übertragungen in der Supervision. In: Pühl, H. (Hg): Handbuch Supervision 2. Berlin 1994.
Kutzik, A. J.: The Social Work Field. In: Kaslow, F. W. et.al.: Supervision, Consultation, and Staff Training in the Helping Professions. San Francisco 1977.

Literatur

Laan, K. v. d.: Supervision in Wirtschaftsunternehmen – eine Entwicklungsgeschichte aus der Perspektive meines Berufsweges. In: Supervision 24/1993.
Lazar, R. A.: W. R. Bions Modell „Container-Contained" als eine (psychoanalytische) Leitidee in der Supervision. In: Pühl, H. (Hg): Handbuch Supervision 2. Berlin 1994.
Leffers, C.-J.: Kritische Anmerkungen zu organisationsinterner Supervision. In: Supervision 12/1987.
Leffers, C.-J.: Einflußgrößen der Kontraktgestaltung aus der Sicht des Beraters. In: Supervision 22/1992.
Leffers, C.-J.: Supervision. Die neue Zauberformel zur Professionalisierung der Sozialarbeit? In: Groddeck, N./Schumann, M. (Hg): Modernisierung Sozialer Arbeit durch Methodenentwicklung und -reflexion. Freiburg 1994.
Leffers, C.-J.: Prinzipien und Methoden zielorientierter Intervention in institutionsbezogenen Beratungsprozessen. In: Supervision 28/1995.
Leffers, C.-J.: Teamsupervision – ein fragwürdiger Begriff für Formen externer Beratung in Institutionen? In: Supervision 29/1996.
Lehmenkühler-Leuschner, A.: Professionelles Handeln und Supervision. In: Forum Supervision 2/1993.
Leuschner, G.: Macht und Machtkontrolle in sozialen Institutionen als Fokus in der Supervision. In: Forum Supervision 2/1993.
Levy, C. S.: The Ethics of Supervision. In: Munson, C. E. (Ed): Social Work Supervision. New York 1979.
Lippenmeier, N.: Die Bedeutung des sokratischen Prinzips für und im Supervisionsprozeß. In: Pühl, H. (Hg): Handbuch der Supervision. Berlin 1990a.
Lippenmeier, N.: Axiome aus dem sokratischen Dialog als Grundlage einer Fortbildung für Lehrsupervisoren. In: Boettcher, W./Leuschner, G. (Hg): Lehrsupervision. Aachen 1990b.
Löwer-Hirsch, M.: Delegation von Teamkonflikten an die Supervisorin als Frau mittels projektiver Identifikation. In: Supervision 23/1993.
Lorenz, W.: Supervision in Großbritannien und Irland. In: Organisationsberatung, Supervision, Clinical Management 2/1994.
Lorenzer, A.: Sprachzerstörung und Rekonstruktion. Frankfurt/M. 1970.
Lowy, L.: Supervision: Ein agogischer Lehr- und Lernprozeß. In: v. Caemmerer, D. (Bearb.): Supervision – ein berufsbezogener Lernprozeß. Wiesbaden 1977.
Luxen, U. u. a.: Supervision und Industrie. In: Forum Supervision 6/1995.

Maraun, E.: Casework und Supervision in der amerikanischen Jugendfüsorge. In: Praxis der Kinderpsychologie und Kinderpsychiatrie 8–9/1952.
Marquard, A. u. a.: Psychische Belastung in helfenden Berufen. Opladen 1993.
Mattke, G./Biniasz, T.: Supervision ehrenamtlicher BetreuerInnen in AIDS-Hilfen. In: Organisationsberatung, Supervision, Clinical Management 4/1996.

Mayntz, R.: Soziologie der Organisation. Reinbek 1969.
Melzer, G.: Praxisanleitung und Praxisberatung in der Sozialarbeit. Frankfurt a. M. 1972.
Melzer, G.: Praxisberaterkurse der Akademie für Jugendarbeit und Sozialarbeit des Deutschen Vereins für öffentliche und private Fürsorge über Theorie und Praxis der Supervision. In: Archiv für Wissenschaft und Praxis der sozialen Arbeit 1975.
Misek-Schneider, K.: Supervision psychologischer Tätigkeit in geschlossenen Einrichtungen am Beispiel des Gefängnisses. In: Praxis der Verhaltensmedizin und Rehabilitation 30/1995.
Mörsberger, T.: Verschwiegenheitspflicht und Datenschutz. Freiburg 1985.
Münch, W.: Leiden und Lust an der Schule. Frankfurt a. M. 1984.
Münsterjohann, A./Stachowitz, J.: Supervision für Selbständige. In: Supervision 26/1994.
Munson, C. E. (Ed): Social Work Supervision. New York 1979.
Munson, C. E.: An Introduction to Clinical Social Work Supervision. New York 1983.
Müller, B.: Sozialpädagogisches Können. Freiburg 1993.
Müller, C. W.: (Hg): Begleitforschung in der Sozialpädagogik. Weinheim und Basel 1978.
Müller, C. W.: Wie Helfen zum Beruf wurde. Weinheim und Basel 1982 (Bd. 1), 1988 (Bd. 2). Mehrere Neuauflagen.
Müller, T.: Überlegungen zum Selbstverständnis von Supervisoren/innen im BSH. In: Sozial 4/1985.

Nellessen, L.: Aquisition in der Supervision oder: Von der Nachfrage- zur Angebotssupervision. In: Supervision 7/1985.
Nellessen, L.: Intervention und Interventionsstrategien in der Supervision. In: Supervision 28/1995.
Nellessen, L.: Berufsbezogene Supervision. In: Sozialwissenschaftliche Literaturrundschau (29) 1994.
Neuberger, O.: Mikropolitik. Stuttgart 1995.
Neuffer, M.: Die Kunst des Helfens. Weinheim und Basel 1990.

Palzkill, B.: Supervision und Schule. In: Organisationsberatung, Supervision, Clinical Management 2/1995.
Parsons, J. E./Durst, D.: Learning Contracs: Misunderstood and Underutilized. In: The Clinical Supervisor 1/1992.
Paris, W./Wallnöfer, G. (Hg): Supervision in medizinischen und sozialen Einrichtungen. Meran 1992.
Pettes, D.: Supervision in der Sozialarbeit. Freiburg 1971.
Pietsch, G. K.: Supervision im Ausbildungskontext der neuen Bundesländer. In: Organisationsberatung, Supervision, Clinical Management 4/1995.

Pollak, T.: Zur Methodik und Technik psychoanalytischer Teamsupervision. In: Becker H. (Hg): Psychoanalytische Teamsupervision. Göttingen 1995.
Puch, H.-J.: Organisation im Sozialbereich. Eine Einführung für Sozialberufe. Freiburg 1994.
Pühl, H.: Der Kollektivmythos als Chef. In: Supervision 15/1989.
Pühl, H. (Hg): Handbuch der Supervision. Berlin 1990.
Pühl, H.: Supervision als praktische Ethnopsychoanalyse. In: Supervision 22/1992.
Pühl, H. (Hg): Handbuch der Supervision 2. Berlin 1994a.
Pühl, H.: Einleitung zu: Beratersuche, Diagnostik, Kontrakt. In: Pühl, H. (Hg): Handbuch der Supervision 2. Berlin 1994b.
Pühl, H.: Einzel-Supervision. In: Pühl, H. (Hg): Handbuch der Supervision 2. Berlin 1994c.
Pühl, H.: Einleitung zu: Supervision und Beratung in unterschiedlichen Arbeitsfeldern. In: Pühl, H. (Hg): Handbuch der Supervision 2. Berlin 1994d.
Pühl, H.: Supervision für Lehrer und Schule. In: Pühl, H. (Hg): Handbuch der Supervision 2. Berlin 1994e.
Pühl, H.: Der Supervisor als Lehrer und Leiter. In: Pühl, H. (Hg): Handbuch der Supervision 2. Berlin 1994f.
Pühl, H.: Einleitung zu: Ausbildungs-Supervision. In: Pühl, H. (Hg): Handbuch der Supervision 2. Berlin 1994g.
Pühl, H.: Supervision in der (Fach-)Hochschul-Ausbildung. In: Pühl, H. (Hg): Handbuch der Supervision 2. Berlin 1994h.
Prein, G.: Organisationsentwicklung und Institutionsberatung in Frankreich. In: Organisationsentwicklung, Supervision, Clinical Management 2/1994.

Rahm, D./Otte, H. u. a.: Einführung in die Integrative Therapie. Paderborn 1993.
Rappe-Giesecke, K: Theorie und Praxis der Gruppen- und Teamsupervision. Berlin 1990.
Rappe-Giesecke, K.: Vom Beratungsanliegen zur Beratungsvereinbarung. Diagnose und Setting. In: Pühl, H. (Hg): Handbuch der Supervision 2. Berlin 1994a.
Rappe-Giesecke, K.: Gruppensupervision und Balintgruppenarbeit. In: Pühl, H. (Hg): Handbuch der Supervision 2. Berlin 1994b.
Rappe-Giesecke, K.: Theorie und Praxis der Gruppen- und Teamsupervision. Berlin 1994c.
Rappe-Giesecke, K.: Stichwort: Balintgruppenarbeit. In: Supervision 27/1995.
Rau, H.: Wenn der Chef geht. Zur Kulturveränderung in Organisationen bei einem Leitungswechsel. In: Organisationsentwicklung, Supervision, Clinical Management 1/1994.

Rauschenbach, T.: Soziale Berufe im Aufwind? In: Sozialmagazin 12/1991.
Rauschenbach, T. u. a. (Hg): Der sozialpädagogische Blick. Weinheim und München 1993.
Recht, P.: Supervision als Verfahren integrativer Organisationsentwicklung in medizinischen Einrichtungen. In: Organisationsentwicklung, Supervision, Clinical Management 1/1994.
Rechtien, W.: Angewandte Gruppendynamik. München 1992.
Reifarth, W.: Zur Bedeutung von Supervision in der sozialen Arbeit. In: Nachrichtendienst des Deutschen Vereins für öffentliche und private Fürsorge 3/1995.
Reinicke, P.: Das Seminar für Jugendwohlfahrt an der Hochschule für Politik. In: Soziale Arbeit 10/1987.
Reinicke, P.: Die Berufsverbände der Sozialarbeit und ihre Geschichte. Von den Anfängen bis zum Ende des zweiten Weltkrieges. Frankfurt/M. 1990.
Ricken, H.-J.: Supervision in der Polizei. In: Forum Supervision Nr. 3/1994.
Richmond, M.: Social Diagnosis. New York (1917) 1944.
Ringshausen-Krüger, M.: Die Supervision in der deutschen Sozialarbeit (Diss. phil. Universität Frankfurt/M.). Frankfurt a. M. 1977.

Salomon, A.: Soziale Diagnose. Berlin 1926.
Salomon, A.: Die Ausbildung zum sozialen Beruf. Berlin 1927.
Salomon, A./Wronsky, S.: Soziale Therapie. Berlin 1926.
Scherpner, H.: Methoden individualistischer Fürsorge in den Vereinigsten Staaten. In: Freie Wohlfahrtspflege 11/1926 (Teil I), 1/1927 (Teil II), 3/1927 (Teil III).
Scherzinger, A.: Louis Lowy. Ein Leben für eine Gesellschaft mit menschlichem Gesicht. In: Wieler, J./Zeller, S. (Hg): Emigrierte Sozialarbeit. Freiburg 1995.
Schmidbauer, W.: Die Hilflosen Helfer. (Erstausgabe: 1977). Reinbek 1992.
Schneider, K. D./Müller, A.: Evaluation von Supervision. In: Supervision 27/1995.
Schneider, K. D.: Frauenwelten – Männerwelten. In: Forum Supervision 5/1995.
Schütze, F.: Die Fallanalyse. Zur wissenschaftlichen Fundierung einer klassischen Methode der Sozialen Arbeit. In: Rauschenbach, T./Ortmann, F./Karsten, M.-E. (Hg): Der sozialpädagogische Blick.Weinheim und München 1993.
Schütze, F.: Strukturen des professionellen Handelns, biographische Betroffenheit und Supervision. In: Supervision 26/1994a.
Schütze, F.: Ethnographische und sozialwissenschaftliche Methoden der Feldforschung. Eine mögliche methodische Orientierung in der Ausbildung und Praxis sozialer Arbeit? In: Groddeck, N./Schumann, M. (Hg): Modernisie-

rung Sozialer Arbeit durch Methodenentwicklung und -reflexion? Freiburg 1994b.
Schüning, G.: Ergebnisse der Mitgliederbefragung DGSv Herbst 1993. (Manuskript) o.J. (1993).
Schreyögg, A.: Integrative Gestaltsupervision. In: Gruppendynamik 3/1986.
Schreyögg, A.: Supervision und Ethik. In: Integrative Therapie 2–3/1988.
Schreyögg, A.: Die ethische Dimension in der Supervision. In: Pühl, H. (Hg): Handbuch der Supervision. Berlin 1990.
Schreyögg, A.: Supervision. Ein integratives Modell. Paderborn 1991.
Schreyögg, A.: Supervision. Didaktik und Evaluation. Paderborn 1994a.
Schreyögg, A.: Coaching und seine potentiellen Funktionen. In: Pühl, H. (Hg): Handbuch Supervision 2. Berlin 1994b.
Schreyögg, A.: Wieviele „Brillen" verwenden Berater? In: Organisationsentwicklung, Supervision, Clinical Management 1/1994c.
Schreyögg, A.: Organisationskulturen von Human Service Organizations. In: Organisationsentwicklung, Supervision, Clinical Management 2/1995.
Schreyögg, A.: Coaching. Eine Einführung für Praxis und Ausbildung. Frankfurt/M. 1995.
Schreyögg, A.: Die Supervision stationärer Therapie-Systeme als moderne Form der Organisationsberatung. In: Wilker, F.-W. (Hg): Supervision und Coaching. Bonn 1995.
Schreyögg, A./Belardi, N.: Die wirtschaftliche und soziale Situation der neuen Bundesländer in ihrer Bedeutung für Unternehmensberatung, Coaching und Supervision. In: Organisationsberatung, Supervision, Clinical Management 4/1995.
Scobel, W.: Was ist Supervision? Göttingen 1988.
Scobel, W.: Psychotherapeutisch angelegte Supervision. In: Wege zum Menschen (44) 1992.
Selter, J./Wall, H./Krüger, T./Josepeit, G.: Supervision im psychologischen Training. In: Organisationsberatung, Supervision, Clinical Management 4/1995.
Shulman, L.: The Skills of Helping Individuals, Families and Groups. Itasca (Ill.) 1992.
Siegers, F. N. J. (Hg): Praxisberatung in der Diskussion. Freiburg 1974.
Siemes, J.: Supervision und Recht. In: Organisationsberatung, Supervision, Clinical Management 2/1995.
Sommerfeld, V.: Unterwegs. Erfahrungen einer Supervisorin in den neuen Bundesländern. In: Forum Supervision 6/1995.
Sprung-Ostermann, B.: Erfassung und Untersuchung von Supervision in Institutionen der ambulanten Versorgung (Sozialstationen) von psychisch/körperlich Alterskranken. In: Sprung-Ostermann, B./Radebold, H. (Hg): Untersuchungen zur Supervision im Altenbereich. (Kuratorium Deutsche Altershilfe). Köln 1994.

Stahmer, I./Brauner, T.: Öffentliche Verwaltung: Über große Pläne und kleine Schritte eine soziale Institution zu verändern. In: Pühl, H. (Hg): Handbuch Supervision 2. Berlin 1994.

Thiel, H.-U.: Professionelle und kollegiale Supervision. In: Pühl, H. (Hg): Handbuch der Supervision 2. Berlin 1994.

Thomä, H./Kächele, H.: Lehrbuch der psychoanalytischen Therapie. Zwei Bände. Berlin, Heidelberg, New York 1989.

Truax, C. B./Carkhuff, R. R.: Toward Effective Counseling and Psychotherapy. Chicago 1967.

Virnich, J.: Supervision in der ehemaligen DDR. In: DGSv-Aktuell 2/1990.

Vogel, H. C./Bürger, B./Nebel, G./Kersting, H. J.: Werkbuch für Organisationsberater. Aachen 1994.

Vollmoeller, W.: Rechtliche Aspekte externer psychiatrischer Supervisionen. In: Spektrum 6/1989.

Waldszus, S./Galander, U.: Supervisionsausbildung in den neuen Bundesländern. In: Organisationsberatung, Supervision, Clinical Management 4/1995.

Watzlawick, P. u. a.: Menschliche Kommunikation. Stuttgart, Bern 1969.

Weigand, W.: Zur beruflichen Identität des Supervisors. In: Supervision 11/1987.

Weigand, W.: Sozialarbeit – das Ursprungsland der Supervision. In: Integrative Therapie 3–4/1989.

Weigand, W.: Zur Rezeptionsgeschichte der Supervision in Deutschland. In: Supervision 18/1990.

Weigand, W.: Die Faszination des Geldes und des fremden Feldes. Supervision in Wirtschaftsunternehmen. In: Supervision 24/1993.

Weigand, W.: Teamsupervision. Ein Grenzgang zwischen Supervision und Organisationsberatung. In: Pühl, H. (Hg): Handbuch Supervision 2 1994a.

Weigand, W.: Leitungsberatung. In: Pühl, H. (Hg): Handbuch Supervision 2 1994b.

Weigand, W.: Zum Rückzug ins Private kommt der Rückzug aufs Geld. In: Supervision 23/1994c.

Weigand, W:. Teamsupervision – ein verschwommener Begriff (Thesen). In: Supervision 29/1996.

Weigand, W.: Zum Rückzug ins Private kommt der Rückzug aufs Geld. In: Supervision 25/1994.

Weigand, W.: Fragen zur Reflexion des Professionalisierungsniveaus der Supervision. Unveröffentlichtes Arbeitspapier o.J.

Wellendorf, F.: Sozioanalyse und Beratung pädagogischer Institutionen. In: Geißer, K.-H. (Hg): Gruppendynamik für Lehrer. Reinbek 1979.

Wellendorf, F.: Supervision als Institutionsanalyse und zur Nachfrageanalyse. In: Pühl, H. (Hg): Handbuch Supervision 2. Berlin 1994.

Wendt, W. R.: Studium und Praxis der Sozialarbeit. Stuttgart 1985.

Wendt, W. R. (Hg): Unterstützung fallweise. Case-Management in der Praxis. Freiburg 1991.

Wendt, W. R. (Hg): Sozial und wissenschaftlich arbeiten. Status und Positionen der Sozialarbeitswissenschaft. Freiburg 1994.

Wiedauer, H.: Supervision für Institutionen und ihre Mitarbeiter: Am Beispiel der Veränderung des Arbeitsklimas im Krankenhaus. In: Brandau, H. (Hg): Supervision aus systemischer Sicht, Salzburg 1991.

Wieler, J.: Kraus, Hertha. In: Bauer, W. (Hg): Lexikon des Sozial- und Gesundheitswesens. Band 2. München 1992.

Wilhelm, J./Weigand, W.: Supervisoren sind nicht die besseren Bürger. Von der Gleichzeitigkeit der Probleme in Verband und Gesellschaft. In: Forum Supervision 4/1994.

Wilker, F.-W. (Hg): Supervision und Coaching. Bonn 1995.

Wirbals, H.: Gruppensupervision mit Hebammen in einem Modellprojekt. In: Forum Supervision 1/1993.

Wirbals, H.: DGSv – Quo vadis? In: DGSv-Aktuell 1/1996.

Wittenberger, G.: Supervisionsausbildung und Lehrsupervision. In: Boettcher, W./Leuschner, G. (Hg): Lehrsupervision. Beiträge zur Konzeptentwicklung. Aachen 1990.

Wogenstein, R.: Eine Supervisorin aus der ehemaligen DDR berichtet über die Entwicklung der Supervision in der DDR. In: DGSv-Aktuell 2/1990.

Wolf, M.: Institutionsanalyse in der Supervision. In: Pühl, H. (Hg): Handbuch der Supervision 2. Berlin 1994.

Wolf, M.: Stellvertretende Deutung und stellvertretende Leitung. Funktionen und Kompetenzen des psychoanalytischen Teamsupervisors. In: Becker H. (Hg): Psychoanalytische Teamsupervision. Göttingen 1995.

Wolff, R.: Sozialarbeit als Beruf. Der Traum vom unabhängigen Sachverständigen. In: Erziehung und Klassenkampf 4/1971.

Autor

Nando Belardi (1946), Prof. Dr. phil. habil., Lehrstuhl für Sozialpädagogik der TU Chemnitz. Nach dem Studium (Wirtschaftswissenschaften, Sozialgeschichte, Sozialwissenschaften, Pädagogik, Psychoanalyse) mehrere Jahre in der Jugendarbeit, Erwachsenenbildung und Lehrerausbildung tätig. Weiterbildung als Psychotherapeut (HPG) und Supervisor (DGSv). Gastprofessuren für „Social Work" in Hongkong (1981–82) und „Supervision" in Amsterdam (1992–94). Letzte Buchveröffentlichungen: „Supervision" (Paderborn 1992), „China Sozial" (Marburg 1993), „Beratung" (Weinheim und Basel 1996).

Titel aus unserem Programm zum methodischen Arbeiten in der
Sozialen Arbeit

Burkhard Müller
Sozialpädagogisches Können
Ein Lehrbuch zur multiperspektivischen Fallarbeit
2., überarbeitete Auflage 1994, 158 Seiten, kart.lam., DM 24,–/öS 175,–/sFr 24,–
ISBN 3-7841-0765-6

Maja Heiner, Marianne Meinhold, Hiltrud von Spiegel, Silvia Staub-Bernasconi
Methodisches Handeln in der Sozialen Arbeit
2. Auflage 1995, 312 Seiten, kart.lam., DM 46,–/öS 336,–/sFr 46,–
ISBN 3-7841-0713-3

Norbert Groddeck, Michael Schumann (Hrsg.)
Modernisierung Sozialer Arbeit durch Methodenentwicklung und -reflexion
1994, 300 Seiten, kart.lam., DM 48,–/öS 350,–/sFr 48,–
ISBN 3-7841-0715-X

Peter Pantuček
Lebensweltorientierte Individualhilfe
Eine Einführung für soziale Berufe
1996, ca. 160 Seiten, ca. DM 25,–/öS 183,–/sFr 25,–
ISBN 3-7841-0714-1

Wolf Rainer Wendt (Hrsg.)
Unterstützung fallweise
Case Management in der Sozialarbeit
2., erweiterte Auflage 1995, 212 Seiten, kart.lam., DM 32,–/öS 234,–/sFr 32,–
ISBN 3-7841-0838-5
Literaturliste auf Diskette, 1996, DM 25,–/öS 183,–/sFr 25,–,
halbjährliche Update-Version, DM 10,–/öS 73,–/sFr 10,–
ISBN 3-7841-0852-0

Lambertus-Verlag GmbH, Postfach 1026, D–79010 Freiburg